Ein Löwe für Oberösterreich · Dr. Erwin Wenzl

Ein Löwe für Oberösterreich

Dr. Erwin Wenzl

Landesverlag

Die Deutsche Bibliothek – CIP-Einheitsaufnahme

Ein Löwe für Oberösterreich · Dr. Erwin Wenzl
Linz, Landesverlag, 1991
ISBN 3 85214 556 2

Gedruckt in Österreich; 1. Auflage 1991
Druck: Druckerei Rudolf Trauner, Linz
Umschlaggestaltung: Willi Mayr, Linz
ISBN 3 85214 556 2

Inhaltsverzeichnis

Vorwort

„Nicht ich habe meine Memoiren geschrieben, sondern man wollte mir zum 70. Geburtstag mit diesem Buch eine Freude bereiten", zeigte *Dr. Erwin Wenzl* in einem Gespräch die Motivation zu diesem Buch auf.
Das Werden und Wirken des früheren Landeshauptmanns von Oberösterreich und des späteren Generaldirektors der OKA wird von Freunden, Wegbegleitern und Publizisten in kurzen Kapiteln dargestellt und zeigt das „Mosaik eines interessanten Lebens". *Dr. Erwin Wenzl* ist ein Mann, der in bemerkenswerter Weise als Politiker und Manager wirkte und in beiden Positionen neue Ideen realisierte, die weit über Oberösterreich hinaus wegbereitend waren.
Nach einem bewußt locker formulierten Lebensbild *Dr. Wenzls* befassen sich verschiedene Artikel mit speziellen Arbeits- und Aufgabengebieten des früheren Politikers und Managers. Mit diesem Buch wollen die Herausgeber dem Jubilar und – so ist zu hoffen – auch den Lesern eine Freude bereiten und ein interessantes Nachschlagewerk bieten.

Die Herausgeber

Mosaik eines interessanten Lebens

Wolfgang Sperner

Ein Rückblick auf den Politiker und Manager zum 70. Geburtstag

Als der frühere Landeshauptmann von Oberösterreich und spätere Generaldirektor der Oberösterreichischen Kraftwerke AG (OKA) im Alter von 68 Jahren in den Ruhestand ging, wurde *Doktor Wenzl* gefragt, ob er nicht seine Memoiren schreiben werde. Da meinte *Wenzl:* „Nicht einmal *Doktor Gleißner* hat Memoiren geschrieben, was soll ich da von mir erzählen?"

Nun, die Lebensgeschichte dieses Mannes, der sowohl in der Politik wie in der Wirtschaft beachtliche Erfolge erzielt hat, wird jetzt doch geschrieben. Nicht von ihm. Aber ein Kreis seiner Freunde und Weggefährten regte den Landesverlag an, daß man zum 70. Geburtstag *Dr. Wenzls* ein Buch über diesen Mann herausbringen sollte, das die faszinierende Verbindung von Politiker und Wirtschaftsmanager in einzelnen Kapiteln darstellt.

Die sachlichen Daten seines Lebenslaufes sind im Buch gesondert aufgenommen. Dieser Beitrag soll vor allem persönliche Hintergründe einzelner Entwicklungsphasen wiedergeben. Entstanden in mehreren Gesprächen an verschiedenen Orten, gedacht als das „Mosaik eines interessanten Lebens".

Zum ersten Gespräch trafen wir uns in einem erlesenen Speiselokal am Froschberg in Linz. Die Atmosphäre war mir etwas zu steril. Ein Arbeitsessen eben. Rundum vorbeieilende Kellner, das Geklapper von Besteck und Tellern und über allem der gedämpfte Gesprächslärm vieler Gäste. Da kam wenig innere Bewegung auf. Die brauchte ich aber, um dem ohnedies stets sehr reservierten Gesprächsstil *Doktor Wenzls* mehr persönliches Engagement bei Fragen aus seinem Leben zu entlocken. Denn das war und ist wohl immer eine Grundhaltung *Wenzls:* Er kann ins Schwärmen und Erzählen geraten, wenn es um die Darstellung seiner politischen oder wirtschaftlichen Gedanken geht, aber er zieht sich wie hinter einen persönlichen Schutzwall zurück, wenn man „zur Person" kommt. Ein „Löwe" also, von dem es in einem Handbuch der Astrologie heißt: „Als Politiker können sie ihrer Leidenschaft frönen, andere zu führen und zu leiten, Verantwortung zu tragen und die Gesellschaft entscheidend zu beeinflussen."

Wie sollte man *Doktor Wenzl* titulieren? Generaldirektor? Landeshauptmann? Immer mehr setzt sich die letztere Bezeichnung durch. Der Österreicher liebt graduelle Reminiszenzen. Sie sind irgendwie bleibende Ehrerbietungen für Menschen, die zwar längst aus ihrem Amt ausgeschieden sind, die sich aber bleibende Erinnerungen bewahrt haben. Man läßt ihnen ihren Titel, wenn sie ihn sich verdient haben.

Erfolgreicher Niederösterreicher

Nun also, Herr Landeshauptmann *Doktor Wenzl*: „Welche Kindheitserinnerungen waren für Sie bestimmend, wo haben Sie Ihre Kindheit verbracht?"

Der Mann, der es zum höchsten Amt in Oberösterreich gebracht hat, ist ein Niederösterreicher. Und es zeigt sich auch am Beispiel *Dr. Wenzls* wieder einmal, daß Niederösterreich offenbar ein besonders guter Boden für österreichische Talente sein muß. Der Staatsvertragskanzler *Ing. Julius Raab* aus St. Pölten war ein Niederösterreicher – und viele andere Persönlichkeiten auch, wie etwa Bundeskammerpräsident *Ing. Leopold Maderthaner* oder der Wirtschaftspolitiker *Trauner*, die in vielen Belangen wegbereitend wurden.

Erwin Wenzl wurde am 2. August 1921 in Annaberg, Bezirk Lilienfeld, in Niederösterreich geboren, wo der Vater *Alois Wenzl* Bergverwalter eines Schweizer Bergbaubetriebes war.

Irgendwie würde jedoch die Identifizierung „*Wenzl* – ein typischer Niederösterreicher" nicht ganz passen, denn da greift eher das Bild vom „typischen Österreicher". Er ist ein Gemisch von Einflüssen seines Lebens. Sowohl Vater *Alois* wie Mutter *Josefa Wenzl* sind nämlich Böhmerwäldler. Sie stammen aus dem südböhmischen Bezirk Krumau, wo Vater *Alois* zunächst Bergmann im Graphitwerk Schwarzbach-Stuben des *Fürsten Schwarzenberg* war. Der aufgeweckte Bergmann *Alois Wenzl* durfte als Werkstudent die Bergbauschule Leoben in der Steiermark besuchen und kam dann zum niederösterreichischen Steinkohlenbergbau in Annaberg. Hier in Annaberg wurden *Erwin Wenzl* und vier Jahre danach sein Bruder *Herbert* geboren.

Kindheitserinnerungen? Eher karg, blockt *Dr. Wenzl* ab. Er war nicht allzu lange dort. Denn Vater *Alois* war nach dem Ende des Weltkriegs im Jahr 1918 als Leiter des dortigen kleinen Bergbaubetriebes nach Annaberg gekommen, der jedoch bereits im Jahre 1927 als Folge der damaligen Weltwirtschaftskrise vom streng kommerziellen Schweizer Eigentümer geschlossen wurde. *Erwin Wenzl* besuchte in Annaberg nur zwei Jahre die Volksschule. Bis – nach fast zweijähriger Arbeitslosigkeit – der Vater im Frühjahr 1929 als Obersteiger bei der Wolfsegg-Traunthaler-Kohlenwerk Aktiengesellschaft einen Posten fand und die Familie nach Kohlgrube, Gemeinde Wolfsegg, übersiedelte. Dort schloß *Wenzl* dann die Volksschule ab – und da gibt es für ihn manche nette Erinnerung. Sie wird wachgehalten durch Schülertreffen, die der frühere Gemeindesekretär von Wolfsegg, *Franz Ullmann*, organisiert. Der achtjährige *Erwin Wenzl* ist von da an zum „echten" Oberösterreicher geworden. Und hat von da an viele menschliche Kontakte. Als er Jahrzehnte später als OKA-Generaldirektor bei einer Studienreise durch Südafrika in Kapstadt auf den Tafelberg fährt, kommt eine ältere Dame, die mit in der Kabine zum Tafelberg emporfuhr, auf *Dr. Wenzl* zu und freut sich: „Herr Generaldirektor, wir zwei sind miteinander in Kohlgrub' in die Schule gegangen."

Berufswunsch: Jus

Die persönliche Bindung an seine neue Heimat Oberösterreich wird schließlich immer enger. Das mag wohl auch erklären, weshalb sich *Dr. Wenzl* auch als Landeshauptmann und dann als Generaldirektor stets echt darauf freut, wenn alle fünf Jahre der frühere Gemeindeamtsleiter zum „Schülertreffen" nach Wolfsegg lädt, zu dem manchmal mehr als 200 frühere Volksschüler zusammenkommen. Eine eher ungewöhnliche und originelle Aktion dieser Volksschüler, die schließlich gestandene Männer in verschiedensten Berufen wurden, die aber ihre Kindheit im Hausruck-Kohlerevier nicht vergessen können.
So wie Vater *Alois* vom Bergmann als talentierter Bursche zur Bergbauschule Leoben – einer Art HTL (höhere technische Lehranstalt) für Bergwesen – kam, so wollte auch *Erwin* studieren. Wenn man fragt, welchen Berufswunsch er schon in der Jugend gehabt habe, dann ist die Antwort überraschend klar: „Ich hatte schon in der Jugend vor, Jus zu studieren." War das nicht für den Vater ein finanzielles Problem? „Nein, mein Vater war sehr dafür", erinnert sich *Wenzl*. Die Eltern waren sehr sparsam, und die Arbeitslosigkeit hatte alle Ersparnisse aufgebraucht. Aber der Bub sollte studieren. Damals, im Jahr 1931, hat es wenig Gymnasien in Oberösterreich gegeben, und es war sehr schwer, einen Platz in einem Gymnasium zu bekommen. Durch einen guten Bekannten erhielten die Eltern eine Befürwortung, daß *Erwin* im Petrinum in Linz angemeldet wurde. Ein Knabenseminar zur Vorbereitung für das Priesterseminar eigentlich. Sollte *Erwin Wenzl* Priester werden? Dazu *Dr. Wenzl*: „Bereits im Untergymnasium wurde mein Interesse für das Jusstudium immer stärker." Das Studium im Petrinum war jene Chance zum Studieren, wie sie damals von vielen anderen jungen Menschen wahrgenommen wurde. Wie etwa von *Wenzls* späterem sozialistischem Gegenspieler, Landeshauptmann-Stellvertreter *Dr. Rupert Hartl*. Da im ersten Jahr keine Aufnahme im Petrinum möglich war, besuchte *Erwin Wenzl* zunächst ein Jahr lang die Hauptschule in Lambach und trat erst 1932 in das Petrinum in Linz ein. Er kam damit von daheim weg, war im Internat des Petrinums und besuchte hier die ersten sechs Klassen. Nur in den Ferien, zu Ostern

und Weihnachten, ging es heim zu den Eltern. Heimweh? Nein, das habe er nicht gehabt.
Was waren die Lieblingsgegenstände? „In Geschichte haben wir immer sehr gute Professoren gehabt. Sowohl im Petrinum wie auch später im Staatsgymnasium Linz." Daher wohl auch sein besonderes Interesse für historische Bücher, wenn man heute nach der Lieblingslektüre fragt. Aber auch Latein war wertvoll, wenngleich es für den späteren Politiker vorteilhafter gewesen wäre, wenn eine lebende Fremdsprache im Vordergrund der Sprachstudien gestanden wäre. Daß Deutsch sein Lieblingsgegenstand war, mag das spätere Hinwenden zur Bedeutung der Medien erklären. Englisch gab es jedenfalls nur im Nebenfach, und später habe er viel davon verschwitzt. „Aber ich kann eine englische Zeitung durchblättern und weiß, was drinnen steht. Doch englisch reden kann ich eigentlich nicht." Das Schicksal vieler Humanisten, das man im Berufsleben mehr oder weniger geschickt überbrücken muß.
Als im Jahr 1938 das bischöfliche Gymnasium Petrinum von den Nationalsozialisten aufgelöst wurde, besuchte *Wenzl* die beiden letzten Klassen am Akademischen Gymnasium auf der Spittelwiese in Linz, wo er auch mit zwei schriftlichen Prüfungen in Mathematik und Latein und einer mündlichen Reifeprüfung in Latein die Kriegsmatura ablegte. Maturakollegen waren übrigens der spätere SPÖ-Landeshauptmann-Stellvertreter *Dr. Rupert Hartl* und der spätere FPÖ-Landtagsabgeordnete *Dr. Walter Bauer.*

Im Krieg ein Funker

Der Krieg griff ins Leben ein. Zuerst rückte der Gymnasiast *Wenzl* im April 1940 zum Reichsarbeitsdienst ein. Bis August 1940. „Es war für mich die intensivste militärische Schulung", blickt *Dr. Wenzl* zurück. Erster Einsatz war in Natternbach in Oberösterreich. Arbeiten an der Ortswasserleitung. Eine kuriose Reminiszenz, wenn man bedenkt, daß der spätere Landesrat *Dr. Wenzl* viel mit Wasserbau in seinem Ressort zu tun hatte. „Bei einer Versammlung in Natternbach habe ich einmal gesagt, daß mir die Natternbacher noch etwas schuldig sind! – Zum Spaß natürlich", setzt *Dr. Wenzl* nach.
Später kam *Wenzl* in die Nähe von Rastatt in Baden-Württemberg, und erst im September 1940 erfüllte sich – für kurze Zeit, bis Februar 1941 – der Wunsch nach dem Jusstudium. An der juridischen Fakultät der Universität Wien. Aber schon im Frühjahr 1941 mußte der Jusstudent einrücken. In eine Horchfunkkompanie der Luftnachrichtentruppe, wo er zum Funker ausgebildet wurde. Späterer Einsatz: Abhören des gegnerischen Funkverkehrs. An der Ostfront. Eine interessante Tätigkeit, erinnert sich *Wenzl.* Aufgrund der Spezialausbildung war im Soldbuch vermerkt, daß der Funker „Geheimnisträger erster Ordnung" war, was etwa beim Zusammentreffen mit der gefürchteten Feldgendarmerie bei Kontrollen von erheblichem Vorteil war.

Der Siebziger wurde nicht nur im Kreise der Familie, sondern auch offiziell gefeiert. Im Bild von links nach rechts: LH Dr. Ratzenböck mit seiner Gemahlin, Dr. Wenzl mit Tochter und Gemahlin sowie Bundespräsident Dr. Waldheim mit Gattin.

Bundespräsident Dr. Kurt Waldheim verbindet mit der Familie Wenzl langjährige Freundschaft. Kein Wunder also, daß bei der Geburtstagsfeier zum Siebziger Elisabeth Wenzl dem prominenten Gast viel zu erzählen wußte.

Gab es besondere Kriegserinnerungen, hatte *Wenzl* den Marschallstab im Tornister? Keineswegs. Sein höchster Militärdienstgrad war Obergefreiter. Aber es gab interessante Erlebnisse als Funker in Südrußland und im Kaukasus. „Wir haben gut ein halbes Jahr vor dem Fall von Stalingrad bereits dem Oberkommando des Heeres gemeldet, daß kolossale Massierungen sowjetischer Einheiten aus dem Funkverkehr erkennbar wurden." Obzwar Funkverkehr und Peilung alarmierten, daß Fliegerregimenter bei Stalingrad zusammengezogen würden, seien ihre Meldungen vom deutschen Generalstab nicht beachtet worden. Das habe später ein hoher Militär bestätigt, mit dem *Dr. Wenzl* nach dem Krieg zusammentraf. Was nach damaliger Strategiebeurteilung bei Stalingrad nicht sein konnte, wurde als nicht möglich beurteilt. So kam es zur Katastrophe der deutschen Armee bei Stalingrad, bei der die sechste Armee von den Sowjettruppen eingekesselt und vernichtend geschlagen wurde.

Als die Truppe im Herbst des Jahres 1944 nach Horn im Waldviertel kam, war der Luftraum Süd das Abhorchziel, speziell die Luftwaffenplätze bis Süditalien. Auch hier hatte *Wenzl* das Ohr an der – tragischen – Kriegspolitik.

Kam der Obergefreite *Wenzl* in Kriegsgefangenschaft? Nie. Der Soldat bekam auf dem Rückzugweg in die Alpenfestung bei Liezen in der Steiermark ein paar Tage Urlaub. Mit Urlauber-Marschpapieren ausgestattet, kam er Anfang Mai in sein heimatliches Wolfsegg und meldete sich ordnungsgemäß nach Kriegsende bei der amerikanischen Entlassungsstelle in Lambach.

Zuerst einmal erarbeitete er sich die Lebensmittelkarten als Telefonist bei der Wolfsegg-Traunthaler.

Im Oktober 1945 setzte er sein Jusstudium an der Universität Innsbruck fort. Für Wien, das in der russischen Zone lag, gab es keinen Passierschein.

Gibt es heute noch Verbindung zur früheren Luftnachrichtentruppe? Gewiß. Der Obergefreite *Wenzl* hat als Schriftführer der einstigen Einheit alle Adressen der Kriegskameraden gesammelt, und alle fünf Jahre organisiert er mit dem Gärtnereibesitzer *Hans Ramharter* in Wien und Gymnasialdirektor i. R. Hofrat *Hans Fremd* in Ried i. I. das Kameradschaftstreffen in Münzkirchen bei Schärding, das immer recht bewegend vom Gottesdienst bis zur Totenehrung begangen wird.

„War das Erlebnis des Krieges für ihr Wesen, für die Politik bestimmend?" frage ich. Zweifellos, sagt *Dr. Wenzl.* Wenn er auch nicht direkt im Fronteinsatz war und keine Verletzungen erlitten hat, der Krieg wurde zum mahnenden Erlebnis, zum Richtsatz: „Nie wieder Krieg", ein Leitwort, das sich in der späteren Parteipolitik bis hin zum verantwortlichen Landespolitiker bestimmend auswirkte.

Für *Wenzl* war auch das Evakuieren der Deutschen aus Rußland, Bessarabien und Moldawien, das er selbst miterlebt hat, ein starker Eindruck. „Daß die Menschen dort vertrieben wurden, wie sie ihr Schicksal ertragen haben, das hat mich kolossal beeindruckt", erinnert er sich.

Daß er einmal die Geschicke Oberösterreichs entscheidend beeinflussen würde, fiel zum Zeitpunkt, als dieses Foto gemacht wurde, wohl niemandem ein.

Dr. Wenzl und der CV

In Innsbruck vollendete *Erwin Wenzl* sein Jusstudium. Am 19. Juli 1947 erfolgte seine Promotion zum Doktor beider Rechte. Hier in Innsbruck wurde er auch in die CV-Studentenverbindung „Alpinia Innsbruck“ aufgenommen, in der viele später bekannte Oberösterreicher Mitglieder waren, wie etwa der Arzt-Priester *Dr. Herbert Watschinger,* der in Tansania in Ostafrika ein Urwaldspital aufgebaut und es bis zu seinem Tod im Jahre 1991 geleitet hat.
Die CV-Studentenverbindung wurde zum bestimmenden Lebenselement *Wenzls.*
Auf die Frage: „Was sehen Sie im CV, ist das eine geistige und weltanschauliche Auslese?“ antwortete *Dr. Wenzl,* das Wort „Auslese“ werde zwar im Zusammenhang mit dem Begriff CV vielfach mit dem Beigeschmack eines Vorteilsbündnisses gebraucht. „Ich würde das aber nicht so sehr in den Vordergrund stellen. Es gab doch Zeiten, da die Mitglieder keine Vorteile hatten; in der NS-Zeit etwa wurden CVer nachhaltig verfolgt und benachteiligt.“ Der CV hat diese Zeit überstanden. Er ist, so *Wenzl,* eine weltanschauliche Organisation, die sich grundsätzlich dem Gründungsauftrag einer katholischen Studentenverbindung, nämlich damals dem Kampf gegen den Liberalismus, verschrieben hat, was sich später zum Kampf gegen den Marxismus verschoben habe. „Er ist eine Gesinnungsgesellschaft, die zweifellos auch zur Zielsetzung hat, ihre Mitglieder auch in beruflicher Hinsicht entsprechend zu fördern, aber immer unter der Bedingung, daß sie qualitativ und weltanschaulich die entsprechenden Voraussetzungen mitbringen“, erläutert *Dr. Wenzl,* der heute Mitglied von sieben CV- sowie acht MKV-Verbindungen (Mittelschüler-Kartellverband) sowie einer katholisch-österreichischen Landsmannschaft ist und dem am 14. Mai 1989 die höchste Auszeichnung des oberösterreichischen MKV-Landesverbandes, der Ehrenschild, verliehen worden ist.
Dr. Wenzl kehrte nach der Promotion in Innsbruck 1947 nach Oberösterreich zurück. Landesrat *Felix Kern* hatte mit 1. Oktober 1947 dem jungen Juristen *Wenzl* eine Stelle bei der Anwaltschaft der land- und forstwirtschaftlichen Genossenschaften Oberösterreichs (heute Raiffeisenverband) verschafft. Der markante, urwüchsige Landespolitiker und Bauernbunddirektor *Kern* hatte indes rasch das politische Talent im Juristen *Wenzl* erkannt und machte ihn noch 1947 zu seinem Sekretär. Eine Position, die für viele den „Marschallstab im Tornister“ eines Landespolitikers bedeutet hat.

Die politische Karriere begann

„Bauernbunddirektor *Kern* hat mich bald immer mehr für politische Aufgaben herangezogen“, erinnert sich *Wenzl.*
Der eigentliche Start, an den erinnert sich *Dr. Wenzl* heute noch deutlich. Es war

Das SOS-Kinderdorf Altmünster war Wenzl stets ein großes Anliegen. Im Bild mit dem Kinderdorfvater Dr. Gmeiner.

Einmal ein Pfadfinder – immer ein Pfadfinder..., sogar über lange Jahre hinweg als deren Präsident.

der 19. Dezember 1947. *Kern* hatte *Wenzl* zu einer Bauernbundversammlung nach Waldzell mitgenommen. „Wir waren schon im Ort beim Gasthaus angekommen, wo die Versammlung stattfinden sollte", erzählt *Dr. Wenzl*, „da sagte Landesrat *Kern* zu mir: ‚Jetzt redest du eine halbe Stunde.'" *Kern* hatte also den Jungpolitiker *Wenzl* völlig unvorbereitet „ins eiskalte Wasser gestoßen". *Wenzl* mußte „schwimmen". Da an diesem Tag gerade das Währungsschutzgesetz in Kraft getreten war, das *Wenzl* kurz vorher durchstudiert hatte, war dieses Gesetz sein Redethema. „Die Leute haben zunächst sicher wenig Freude mit diesem Referat gehabt", erinnert sich *Wenzl*. Aber *Kern* wollte ihn testen. Und *Wenzl* bestand in den Augen *Kerns* den Test. „Für das, daß ich dir erst bei unserer Ankunft gesagt hab', daß du als mein Sekretär reden mußt und daß du also unvorbereitet warst, hast du die Sache gut gemacht", gab es Lob. Und da damals das Gesetz in den Medien und in der Öffentlichkeit heftig diskutiert wurde, kam letztlich auch dieses Thema bei den Bauern sehr an.

Unser Gespräch im Restaurant erwies sich als problematisch. Nicht nur der Lärm des Lokals störte, immer wieder ging ein Gast vorbei, der mit „Grüß dich, lieber Freund" oder „Verehrung, Herr Landeshauptmann" die Begegnung mit *Dr. Wenzl* zu einem kurzen Gespräch nützte. Die weiteren Gesprächstermine absolvierten wir in der erfreulichen Abgeschiedenheit eines Büros.

In seiner politischen Karriere mußte der Jungpolitiker *Wenzl* eine Erfahrung durchmachen, die wohl kaum einem Politiker erspart bleibt. Seine erste politische Kandidatur wurde zum Flop. Bei den Nationalratswahlen im Jahre 1949 hatte man *Dr. Wenzl* an achte Stelle im Wahlkreis Innviertel gesetzt. Ein aussichtsloser Platz, noch dazu bei jener Wahl, bei der der VdU (Verband der Unabhängigen) erstmals antrat. Die Freiheitlichen sahnten bei dieser Wahl ab. Auf Kosten der ÖVP und der SPÖ. Oberösterreichs ÖVP tauchte tief ab. Von stolzen 59 Prozent im Jahr 1945 sank die Volkspartei im Jahre 1949 auf 45 Prozent. Aus war der Traum vom Nationalratsmandat, aus auch der geheime Plan von Bauernbunddirektor *Kern*, mit seinem Freund *Wenzl* einen verlängerten Arm im Parlament zu installieren.

Wenzl mußte zunächst zurück aus der Politik an der vorderen Front, zurück als Jurist in die Anwaltschaft. Eine gute Lehre für einen Politiker, der eben viel einstecken lernen muß.

Straffe Parteiorganisation

Im Herbst 1951 schlug dann jedoch für *Wenzl* wieder die Stunde. Die gestandenen Landespolitiker wie *Kern* und der damalige Landeshauptmann-Stellvertreter *Johann Blöchl* hatten den dreißigjährigen *Wenzl* nicht aus den Augen verloren. Im Gegenteil. *Blöchl* schlug ihn dem damaligen Landeshauptmann *Dr. Heinrich Gleißner*, der im Oktober 1951 als Nachfolger von *Dr. Albert Schöpf* auch Landesparteiobmann geworden war, als neuen Landespartei-

sekretär der ÖVP vor. *Dr. Gleißner* stimmte zu, und nach kurzem Test im Büro *Gleißner* wurde *Dr. Erwin Wenzl* mit 1. Jänner 1952 Landesparteisekretär der ÖVP Oberösterreich, eine Funktion, die er 16 Jahre bis 1968 innehatte.
Das war die richtige Aufgabe für einen engagierten Politiker wie *Dr. Wenzl.* Denn nach dem Abgang des seinerzeitigen ÖVP-Landesparteisekretärs *Walter Resinger* war die Geschäftsstelle des Landesparteisekretariats mehr interimistisch von dem pensionierten Regierungsrat *Josef Makk* geführt worden, der diese Funktion redlich verwaltete.
Die bündischen Sekretariate hatten vor allem das Sagen. Nach der Wahlschlappe von 1949 brauchte die ÖVP aber eine schlagkräftige Organisation. Das war so recht nach dem Geschmack *Wenzls.* Und das war auch die Zeit, während der er das Land, das später irgendwie sein Land werden sollte, durch Abertausende Kilometer Fahrt bis in die kleinste Ortschaft kennengelernt hat.
Damals, im Jahre 1952, begann der Aufbau der 15 Hauptbezirkssekretariate der ÖVP in Oberösterreich, es kam zur Anstellung hauptamtlicher Bezirkssekretäre. Die Parteifinanzierung wurde neu organisiert, und der Manager im Politiker *Wenzl* kam so recht zum Durchbruch, indem eine straffere Organisation mit monatlichen Sitzungen der Landesparteileitung und des Landesparteivorstandes die Führungsschicht noch enger in die Verantwortung einband.
Die Sitzungen der erweiterten Landesparteileitung wurden seither zur geschickt eingesetzten parteipolitischen „Tour d'horizon". Bald mußte jeder erkennen, daß hier ein Fehlen nicht nur wenig geschätzt war, da die bei den Sitzungen weitergereichte Anwesenheitsliste mit persönlicher Unterschrift für den Landesparteisekretär als wichtige Kontrolle galt. Überhaupt entwickelten sich diese Landesparteileitungssitzungen zur wichtigen Informationsquelle. Wenn der Landesparteiobmann und der Landesparteisekretär Bericht erstatteten und aktuelle Themen kurz behandelten, da konnte man immer wieder heraushören, wer in der abgelaufenen Zeit als Politiker oder Funktionär gepatzt oder wer sich den – gefürchteten – Unmut zugezogen hatte.
Als der spätere Landesparteiobmann *Dr. Wenzl* dann die Übernahme des „Linzer Volksblattes" vom Katholischen Preßverein in die Volkspartei durchsetzte, nützte der engagierte Medienpolitiker *Wenzl* gerade diese Landesparteileitungssitzungen, um in der ÖVP intensiv für die Stärkung „unserer Parteizeitung" zu werben.
Die organisatorische Arbeit des neuen Landesparteisekretärs *Wenzl* trug schon bei den Nationalratswahlen 1953 erste Früchte. Die ÖVP Oberösterreich hatte den freiheitlichen Trend stoppen können und verbesserte ihr Ergebnis gegenüber 1949 um 1,2 Prozent. Nicht allzu viel, aber es war der „Umkehrtrend", der geglückt war. Und der sich dann bei den Landtagswahlen im Jahre 1955 festigte. Es gab den ersten entscheidenden Erfolg. Die 1949 verlorengegangene absolute Mehrheit an Mandaten wurde zurückerobert.
Es war dies auch ein Erfolg des „Managers" *Wenzl.* Er hatte moderne Werbemit-

tel wie etwa erste Postwurfsendungen mit der Broschüre „Heimatruf" an alle Haushalte eingesetzt. Dieser „Heimatruf" tat den Sozialisten weh. So weh, daß der Linzer Bürgermeister *Dr. Ernst Koref* bei einer Wahlveranstaltung am Linzer Hauptplatz beziehungsvoll rief: „Heimat, du bist besser als dein Ruf!" Aber kurz darauf probierte die SPÖ eine ähnliche Aktion, eine Nachahmung – eben nur eine Nachahmung, auch in der Wirkung.

Als Dr. Wenzl Landesrat wurde

Und der Taktiker *Wenzl,* der einst in Mathematik maturiert hatte, setzte seine Vorliebe für Statistik und statistische Untersuchungen und Analysen ein. *Professor Dr. Lackinger* brillierte. In wissenschaftlich fundierten Auflistungen der Wahlen wurden Stärken und Schwächen sachlich bloßgelegt und für die taktische Arbeit der Partei genützt.
Im Herbst 1955 stand *Dr. Wenzl* ein neuer Schock bevor. Zehn Tage vor der Landtagswahl am 24. Oktober 1955 erlitt *Felix Kern* eine Herzattacke, von der er sich zunächst gut erholte. Zur allgemeinen Bestürzung erlag dann Landeshauptmann-Stellvertreter *Felix Kern* am Vormittag des Wahltages einer neuen Herzattacke. Für *Wenzl* in mehrfacher Hinsicht ein schwerer Schlag. Denn *Kern* war nicht nur sein politischer Mentor, sondern auch sein väterlicher Freund. Von dem erfahrenen Spitzenpolitiker *Kern* hatte der Jungpolitiker *Wenzl* viel gelernt. In der Politik wie auch in der Bewertung der Bedeutung der Medien, vor allem des „Linzer Volksblattes" und des Oberösterreichischen Landesverlages, der ein wichtiges Organ des Katholischen Preßvereins zur Durchsetzung seiner Ziele war. *Wenzl,* der bei den Landtagswahlen 1955 im Wahlkreis Innviertel, den *Felix Kern* anführte, kandidierte, rückte in der Abgeordnetenliste nach und wurde Landtagsabgeordneter. Es war dann wiederum *Johann Blöchl,* dieser kluge Bauernpolitiker aus Lasberg im Mühlviertel, der sich für *Wenzl* einsetzte und den Vorschlag machte, *Wenzl* solle als Nachfolger von *Kern* Landesrat werden. Landesparteiobmann *Dr. Gleißner* und der Landesparteivorstand stimmten zu. So wurde Abgeordneter *Dr. Erwin Wenzl* mit 19. November 1955 vom oberösterreichischen Landtag als Landesrat für Straßen- und Bauwesen in die oberösterreichische Landesregierung entsandt. Seine Funktion als Landesparteisekretär behielt Landesrat *Dr. Wenzl* noch weitere 13 Jahre bei.
Im Hauserhof (Sitz des Bau-Landesrates) strukturierte der Bau-Landesrat in vielen Sitzungen mit den Spitzenbeamten und dem Landesbaudirektor den Ausbau des Straßenwesens im Lande. Eine Aufgabe, die dem Politiker besonders wichtig war. Unter *Wenzl* wurde nicht nur der Ausbau der Westautobahn und der Bundesstraßen entscheidend vorangetrieben, ihm lag auch an der so wichtigen Asphaltierung aller bedeutenden Landes- und Bezirksstraßen. Der dem bäuerlichen Wesen von Anfang an besonders verbundene Politiker achtete darauf, daß so viel bäuerliche Zufahrtsstraßen wie nur möglich asphaltiert wurden.

Immer wieder fanden Bürgermeister bei ihren Vorsprachen ein offenes Ohr bei Landesrat *Wenzl*. Die in jener Zeit immer aktueller gewordenen Ortsumfahrungen wurden freilich manchmal zum bitteren Erlebnis. Die Bürgermeister und die Ortsbewohner sowie die Geschäftsleute mußten vielfach erst mühselig davon überzeugt werden, daß eine Ortsumfahrung nicht das „Absterben" eines Ortes, sondern eher eine neue Blüte bedeuten konnte. Besonders schwierig gestaltete sich die Durchsetzung der – ohnedies enorm kostspieligen – Umfahrung des Salinenortes Hallstatt. Wahre Volksaufstände galt es zu beruhigen. In zeitraubenden Versammlungen wurden Für und Wider behandelt. Aber *Dr. Wenzl* erwies sich da immer wieder als geduldiger Zuhörer, der freilich auch mit ausdrucksstarken und zahlenmäßig belegten Bilanzen nachweisen konnte, wieviel bereits für das Land getan worden war und wie gut sich die Lösungen für die Betroffenen bewährt hatten. *Wenzl* reiste da wie ein politischer Missionar durchs Land.

Wenn heute Oberösterreich eine so vorbildliche Infrastruktur hat, dann geht dies im wesentlichen auf jene Zeit des Straßen-, Kanal- und Wasserleitungsausbaues zurück, der unter Landesrat *Wenzl* energisch betrieben wurde. Der politische Hintergrund: Wo immer ein Bürger im Land wohnt und lebt, er sollte sich nicht allzu benachteiligt fühlen. Chancengleichheit für alle war die politische und gesellschaftspolitische Motivation. Daß diese Arbeit nicht immer politisch bei Wahlen belohnt wurde, hatte wohl verschiedene andere Ursachen.

Bevor wir uns nun speziell mit den verschiedenen Aktivitäten *Dr. Wenzls* als Politiker, Ressortchef sowie als Generaldirektor der Oberösterreichischen Kraftwerke AG (OKA) befassen, seien hier knapp die Daten zusammengefaßt:

Am 24. Jänner 1966 wurde *Dr. Wenzl* zum Landeshauptmann-Stellvertreter gewählt, am 1. Dezember 1968 erfolgte die Wahl zum Landesparteiobmann von Oberösterreich der Österreichischen Volkspartei (ÖVP), am 3. Mai 1971 wurde er Landeshauptmann von Oberösterreich, am 21. Oktober 1973 erfolgte seine Wiederwahl zum Abgeordneten des Landtages für sechs Jahre, und wenige Wochen später, am 16. November 1973, erfolgte die Wiederwahl zum Landeshauptmann durch den oberösterreichischen Landtag. Am 19. Oktober 1977 legte er aus gesundheitlichen Gründen seine Funktion als Landeshauptmann zurück und am 3. November 1977 sein Mandat als Abgeordneter zum oberösterreichischen Landtag. Mit Wirkung vom 1. November 1977 wurde *Dr. Wenzl* zum Generaldirektor und Vorsitzenden des Vorstandes der OKA bestellt, eine Funktion, die er bis 31. Oktober 1989 innehatte.

Das erste Umweltschutzjahr der Welt

Blickt man zurück auf die Zeit des Landespolitikers *Wenzl*, dann setzte er Aktivitäten, die die Menschen heute noch mit den Worten „...das hat eben der *Doktor Wenzl* gemacht" verbinden. Es sind dies vor allem der Ausbau des

Autobahn- und Straßennetzes in Oberösterreich, der Bau von Donaubrücken, die Durchsetzung vieler Ortsumfahrungen, sein konsequentes Engagement für die Kanalisation und den Wasserleitungsbau. Aber auch das unter ihm erreichte Freihalten der Salzkammergutseen von Motorbootfahrten während der Sommersaison.

Und als *Wenzl* im Jahr 1972 die Trommel für ein Umweltschutzjahr rührte, da wußten die heutigen Grünen nur, daß Grün eine Farbe ist. Gerade mit der Initiative zum Umweltschutzjahr war Oberösterreich beispielgebend für Österreich. Bleiben wir beim Baureferenten *Wenzl*, eine Funktion, die er 22 Jahre lang (von 1955 bis 1977) in der oberösterreichischen Landesregierung innehatte. *Dr. Wenzl* hatte dieses größte Referat der Landesregierung nach dem plötzlichen Tod von Landeshauptmann-Stellvertreter *Felix Kern* übernommen, der dieses Ressort nach 1945 zu einem der angesehensten Instrumente der Landespolitik ausgebaut hatte. *Kerns* Straßenwärter waren eine respektierte „Truppe", die der gestrenge *Kern* straff, aber wohlbehütet herangezogen hatte. Straßen waren ja die Blutadern, durch die der Wiederaufbau des Landes kreisen konnte, und so stärkte man auch in der Landesbaudirektion diese prestigeträchtigen Agenden der Landespolitik kräftig. „Ich führte das Ressort im Geiste meines Vorgängers *Kern* und, wie ich glaube, mit gleichem Einsatz", konnte *Wenzl* rückblickend feststellen.

Straßenbau war gesellschaftspolitisch und wirtschaftlich enorm wichtig. Seine Bedeutung wuchs, als um das Jahr 1955 die Motorisierung voll einsetzte. Es war *Wenzls* Bestreben, nicht nur die noch bestehenden Lücken in der Trassierung der Westautobahn quer durch Oberösterreich Zug um Zug zu schließen, ihm war vor allem auch an der Asphaltierung der Bundes-, Landes- und Gemeindestraßen gelegen. Er forcierte den Güterwegebau, um damit der Landwirtschaft zu helfen. Unter ihm setzte aber auch das Anlegen von Radwegen ein. Gerade hier zeichnen sich die in vielen Bereichen zukunftsweisenden Aspekte des „Polit-Managers" *Wenzl* ab.

In seiner zweiundzwanzigjährigen Tätigkeit als Landesbaureferent wurden an die 100 Ortsumfahrungen realisiert. Zu seinem Amtsantritt gab es in Oberösterreich nur eine Donau-Straßenbrücke – nämlich die Nibelungenbrücke in Linz. Nach dem unter *Wenzl* erstellten Brückenplan wurden von acht geplanten Donaubrücken unter *Wenzl* sechs verwirklicht (VOEST-Brücke Linz, Steyregg, Mauthausen, Grein, Aschach und Niederranna). Jede Donaubrücke war wie ein Handreichen zu den Mitbürgern, ein „Seht-her-wir-brauchen-Euch". Und diese Donaubrücken erleichterten ja auch den in der Wirtschaft als besonders fleißig und wertvoll geschätzten Arbeitskräften aus dem Mühlviertel das Pendeln zu den Betrieben „drüber der Donau". Natürlich wurde durch den verstärkten Autobahn- und Straßenausbau aber auch die zügige Einbindung des Urlaubslandes Oberösterreich und seiner Wirtschaft in das europäische Straßennetz vorangetrieben.

115mal Ehrenbürger

Immer wieder machte *Dr. Wenzl* bei seinen zahllosen Referaten, Debatten und Diskussionen im Land den Menschen an Hand von Statistiken und Zahlen bewußt, welch große Entwicklungen es seither auf diesem Gebiet gegeben hat. Oft mußten die Menschen erst zu ihrem Glück gezwungen werden, wenn etwa eine lokal heftig diskutierte Ortsumfahrung oder eine Neutrassierung im Interesse des fließenden Verkehrs, aber auch zur Sicherheit der Kinder und der Bürger durchgesetzt werden mußte. So manche ursprüngliche Verbitterung im Ort wich später der Erkenntnis, daß es doch so richtiger war, wie das der Baureferent gewollt hatte. Und dem einst scharf kritisierten Baureferenten dankte man es später mit der Ehrenbürgerschaft – eine Auszeichnung, die *Dr. Wenzl* insgesamt 115mal bekommen sollte.
Zum Ressort des öffentlichen Bauwesens gehörten aber auch der Wasserleitungsbau und die Kanalisation. Zunächst mag ja all das, was „unter der Erde", also öffentlich nicht sichtbar, gebaut wird, einem Ortspolitiker nicht besonders einträglich sein, langfristig aber kommen diese Aktivitäten sehr zur Geltung. Etwa im Fremdenverkehr, wo eine ordentliche Versorgung des Ortes mit gutem Leitungswasser, besonders aber eine umweltgerechte Beseitigung des Abwassers der Reputation als gute Urlaubsgemeinde sehr zugute kommt. Im Wasserwirtschaftsfonds des Handelsministeriums in Wien war *Dr. Wenzl* ein steter Gast, viele seiner Wien-Reisen galten der Durchsetzung seiner Projekte, und dieses Engagement wurde in Wien letztlich auch immer wieder durch öffentliche Zuwendungen honoriert. Da ließ *Wenzl* nicht locker, und mit stillem Vergnügen konnte er schließlich registrieren, daß Oberösterreich unter den Ländern vielfach am besten bei der Dotierung mit öffentlichen Mitteln abschnitt.

Motorbootsperre auf Salzkammergutseen

Zu den Agenden des Landeshauptmanns gehörten aber – neben der Leitung des Schulreferates und des Landesschulrates für Oberösterreich – auch die Raumordnung und der Umweltschutz. Zwei wichtige, aber eben auch besonders heikle Agenden, wenn man bedenkt, wie oft bei der Erstellung von Raumordnungsplänen in die Sphäre der Bürger eingegriffen wird beziehungsweise eingegriffen werden muß, um die bauliche Entwicklung des Landes so zu gewährleisten, daß das Land ein modern strukturiertes Land wird, ein Land mit vernünftig ausgerichteten Gebietsentwicklungsplänen, in denen die Wirtschaft im Interesse gerade auch der Arbeitsplätze ihren gesicherten Raum vorfindet, ohne daß dabei Lebenswerte wie Ruhe und gesunde Umwelt allzu arg darunter leiden.
Eine besondere Leistung, gerade auch für den Fremdenverkehr im Salzkammergut, war es, daß unter Landeshauptmann *Dr. Wenzl* die Freihaltung der Salz-

kammergutseen von Motorbooten während der Sommersaison erreicht wurde. Eine besonders kitzlige Angelegenheit, wenn man bedenkt, daß Motorbootbesitzer meist der parteipolitischen Richtung *Wenzls* angehören und Männer mit berufsbedingter persönlicher Durchschlagskraft und mit hochreichenden Beziehungen sind. „Ein norddeutscher Generaldirektor hat mich einmal aus einer wichtigen Regierungssitzung ans Telefon holen lassen“, erinnert sich *Dr. Wenzl.* Mit kräftigen Worten und saftigen Drohungen versuchte der Manager, *Wenzl* kleinzukriegen. Elastisch in der Argumentation, aber energisch und konsequent in der Beibehaltung seiner Ziellinie gegenüber Motorbootfahrten blieb Wenzl bei seiner Aktion. Er hat es dabei seinerzeit wohl zu schätzen gewußt und auch stets öffentlich hervorgehoben, daß ihn dabei der damals ressortmäßig zuständige sozialistische Landesrat *Franz Enge* unterstützt hatte und daß auch dieser Politiker gegenüber vielen Interventionen aus seinen Kreisen dabei blieb. Wenn heute der Umweltschutz ganz allgemein stark in das Bewußtsein der Menschen und in die Aktivität der Politik gerückt ist, dann kann *Dr. Wenzl* heute feststellen, daß er es war, der in ganz Österreich und eigentlich auch weltweit der erste Politiker war, der dem Umweltschutz gesetzgeberisch Bedeutung beimaß. Landeshauptmann *Dr. Wenzl* kündigte bereits Anfang Dezember 1971 in einer Pressekonferenz in Linz an, daß das Jahr 1972 in Oberösterreich zum „Umweltschutzjahr“ deklariert werde. Durch besondere gesetzgeberische und administrative Maßnahmen sollte nicht nur das Bewußtsein der Bürger für eine saubere Landschaft und eine gesunde Umwelt geweckt und gefestigt werden, *Wenzl* ging es dabei auch um legislative Maßnahmen zur Absicherung der Umweltschutzaktivitäten. Es kam zu einem Landesgesetz für die Abfallbeseitigung, und jede Gemeinde sollte über eine behördlich festgelegte Lärmauszeichnungspflicht für alle Arten von Maschinen verfügen. Durch ein Motorschlittengesetz sollte eine allgemeine Verwendung von Motorschlitten untersagt werden und durch ein Landschaftsschutzgesetz die Beeinträchtigung des Landschaftsbildes kontrolliert und, wenn nötig, verhindert werden. Mit einem Abfallbeseitigungsgesetz sollten – über das praktisch nur auf Hausmüll beschränkte Müllabfuhrgesetz hinaus – die Anlage von Deponien sowie die umweltfreundliche Verbrennung und Vernichtung oder Verwertung von Abfällen aller Art, einschließlich des besonders schwierigen Sonderabfalls, eindeutig geregelt werden. Um diese Vorhaben auch wirklich durchführen zu können, präsentierte *Wenzl* ein Zehn-Jahres-Sanierungsprogramm für Oberösterreich. Es wurde ein „Beirat für Umweltfragen“ eingerichtet, und im Oktober 1972 wurde die Bevölkerung zum „Landschaftsputz“ aufgerufen. Es wurden vom Land entsprechende Sammeltonnen beigestellt, und es gelang in der Tat, die Jugend, die Feuerwehren, die Arbeitnehmer und viele Organisationen für diesen „Landschaftsputz“ zu gewinnen, ja zu begeistern. Wenn später das gefürchtete „Umweltauge“ des ORF über dem Land kreiste und versteckte üble Deponien von Unrat in den Orten aufspürte, dann ist das mit ein Erfolg jener schon vor Jahrzehnten unter Landeshauptmann *Dr. Wenzl* initiierten Umweltmaßnahmen. Oberösterreichs Landespolitik unter Führung der Volkspartei war also schon „grün", bevor noch die später – erfreulicherweise – so aktiv gewordenen politisch „Grünen" ihr Programm des Umweltschutzes entdeckten und politisch vertraten. Das sollte man heute nicht vergessen, wenn oft so getan wird, als gäbe es Umweltschutz erst seit einigen Jahren. Schließlich geht auch die Schaffung eines Umweltschutzinstitutes an der Linzer Universität auf die Initiative von Landeshauptmann *Dr. Erwin Wenzl* zurück.

Das G'spür für gute Lösungen

Als *Dr. Wenzl* im Oktober 1977 seine Funktion als Landeshauptmann zurücklegte, folgten ihm seine engsten Mitarbeiter im Bauressort nach. Zunächst wurde *Hans Winetzhammer* Landesrat und Landesbaureferent. Als Landesrat *Winetzhammer* 1986 tödlich verunglückte, folgte ihm der einstige Landesparteisekretär *Mag. Helmut Kukacka* als Bau-Landesrat. In allen Belangen des Bauwesens in Oberösterreich erwies es sich als besonderer Vorteil, daß der einstige Kammeramtsdirektor der Handelskammer Oberösterreich, *Dr. Vinzenz Kotzina,* mehrere Jahre lang als Bautenminister wirkte und hier hervorragende Qualitäten entwickelte. Seine Kenntnis der Anliegen und Probleme Oberösterreichs und die ausgezeichneten Kontakte zwischen Linz und *Kotzina* wurden zum großen Vorteil für das öffentliche Bauwesen im Lande.
Dieses feinfühlige Hineinwachsen in eine bedeutende politische Funktion, wie es gerade auch den einstigen Kammerbeamten *Kotzina* als Bautenminister ausgezeichnet hat, ist ein Charakteristikum eines erfolgreichen Politikers. Man denke da etwa auch an den heute schon legendären Landeshauptmann *Dr. Heinrich Gleißner.* Der Arbeitersohn wurde Kammeramtsdirektor der Landwirtschaftskammer – und er war und blieb ein ausgezeichneter Kenner und Förderer der Landwirtschaft, der später so beispielhaft als Landeshauptmann ein „Mann für alle Schichten" wurde. Und auch der Bergbauangestelltensohn *Erwin Wenzl* begann seine berufliche Karriere über die Landwirtschaft, war er doch als junger Jurist in den Revisionsverband der land- und forstwirtschaftlichen Genossenschaften gekommen und mit 1. Juli 1964 zum Oberlandwirtschaftsrat ernannt worden. Als „Bauern-Beamter" war er später für seine politische Karriere beurlaubt worden, für sein Heranwachsen in die Politik war aber wohl gerade diese Zeit besonders wertvoll, denn dies ermöglichte es ihm, einen Bereich der Bevölkerungsschichten im Lauf der Jahre in allen seinen weit verästelten Einzelproblemen gut kennenzulernen, ohne dabei aber später den Blick auf das Ganze zu verlieren. Die Bünde hatten gerade in den Nachkriegsjahren in der Volkspartei besonderes Gewicht, doch ein Landeshauptmann muß ein Mann für das ganze Land sein. Dafür das rechte Gespür zu bekommen, das war eines der zentralen Probleme jener Zeit und die gründlichste Lehre. Mit aller

Wucht hatte sich in Oberösterreich der Wandel vom Agrarland zum Industrieland vollzogen. Aus vielen Bauern wurden Nebenerwerbsbauern, viele Mühlviertler Landwirte pendelten in die VOEST, in die Stickstoffwerke (später Chemie) oder in andere Linzer Fabriken, in denen man besser verdienen konnte. Viele Bürgermeisterposten, die früher traditionell von Bauern besetzt waren, wechselten in den Einflußbereich des AAB (Arbeiter- und Angestelltenbund), und zugleich wurde die Wirtschaft immer einflußreicher. Dieser radikale Strukturwandel erforderte eine kluge, elastische Anpassung. Der oberste Landespolitiker mußte ein Mittler zwischen den Bünden und den Berufsschichten sein – eine Aufgabe, die viel politisches Fingerspitzengefühl, aber auch Geradlinigkeit in der Entscheidung erforderte. Und das lag *Dr. Erwin Wenzl.* Quereinsteiger, wie sie heute in der Politik modern geworden sind, wären damals schwer vorstellbar gewesen. Denn um dem Strukturwandel im Land wissend und ausgleichend gerecht werden zu können, dafür war es eben von besonderem Vorteil, daß der Parteisekretär Zehntausende Kilometer durch das Land gefahren war, und in Abertausenden nächtelangen Sitzungen, Versammlungen und Sprechtagen nicht nur die menschlichen und beruflichen Probleme der Menschen kennengelernt hatte und so zum Kenner oft regional- oder landschaftsbezogener Sonderprobleme geworden war. Menschenkenntnis, Sachwissen, Fähigkeit zum raschen Erfassen der Probleme, Organisationsgabe und Mut zur klaren Entscheidung, auf die man bauen konnte, das waren die „Rohstoffe", aus denen ein guter Landeshauptmann sein mußte. Und *Wenzl* wuchs in diese Aufgabe hinein.

Den Wert der Werbung genützt

Eine Lehre, auch für spätere Zeiten: Um solch eine politische Spitzenposition erfüllen zu können, bedarf es mancher klugen flankierenden Maßnahmen. Damit ist nicht nur eine straff und gut organisierte Basis in der Parteipolitik gemeint. Dafür entwickelte *Wenzl* auch andere Strategien. Er erkannte, wie wichtig Statistik, Politologie und Marktforschung für politisches Handeln sein können. So kam es Anfang 1961 zum Kontakt mit dem Meinungsforscher *Neumann* (Institut Allensbach), der bestimmend für weitere Aktivitäten *Wenzls* auf diesem gerade für die Politik so wichtigen Gebiet wurde.
Damals begann der kluge Einsatz von Werbung verschiedenster Art. Mit der Plakatwerbung der Firma „Heimatwerbung" begann man im ganzen Land zu „tafeln" und verband damit zwei Erfolge in einem: Gerade in Wahlzeiten war es wichtig, optisch landesweit präsent zu sein, noch dazu in einer Zeit, die durch das Fernsehen immer stärker visuell beeinflußt wurde. *Franz Übleis* und *Helmut Bergthaler* wurden zu entscheidenden Motoren für den Erfolg der „Heimatwerbung", die heute in fast ganz Österreich „tafelt". Und *Wenzl* wußte auch um die Bedeutung einer politischen Tageszeitung. Er förderte als Mitglied des Preßver-

einskomitees nicht nur das Erstarken und den Ausbau der oberösterreichtypischen Wochenblätter, in der Zeit 1970 bis 1971 realisierte er durch Gründung der Österreichischen Zeitungs-, Verlags- und Vertriebsgesellschaft m. b. H. die Überführung der Tageszeitung „Linzer Volksblatt" in die Verantwortung der Volkspartei. Während man sich in der Volkspartei in Wien nicht in der Lage sah, das einst so gewichtige parteipolitische Sprachrohr „Kleines Volksblatt" vor dem Einstellen zu bewahren, machten es *Wenzl* und der ihn gerade auch in dieser Sparte besonders unterstützende ÖVP-Finanzchef, Landesrat *Rudolf Trauner,* vor, wie man eine defizitäre Parteizeitung dennoch am Leben erhält, und zwar durch die wirtschaftliche Koppelung der finanziell bessergestellten „Heimatwerbung" mit dem Parteiorgan. Gerade auch auf diesem Sektor wie in manchen anderen auch erwies sich die Strategie der Volkspartei in Oberösterreich als beispielhaft für ganze Österreich.
Zum Werden eines politischen „Stars" bedurfte es freilich auch anderer, psychologischer Mittel. Es war dies die große Stunde des jungen Landesparteisekretärs und geschickten Politmanagers *Dr. Josef Ratzenböck,* der zum klugen Taktiker und Wahlkampfmanager heranwuchs und mit modernen Mitteln dem Namen *„Wenzl"* Farbe verlieh und ihm eine politische Strahler-Punze aufdrückte. Es galt immer mehr, gerade die Jugend verstärkt anzusprechen, es mußte in vielfältiger Form gezeigt werden, wie das Anliegen einer gesunden Umwelt nicht nur plakativ, sondern auch durch praktische Beispiele (etwa durch das Beistellen von Müllsammeltonnen im Mühlviertel) durchgesetzt wird. Es mußte der Spitzenkandidat zum möglichst populären Leitbild aufgebaut werden. Es war das die Zeit, da mit dem Einsatz der Jugend die *„Wenzl-Rallye"* gestartet wurde und die ÖVP-Spitzenpolitiker auf einem Motorrad Plakatwerbung für ein flottes Image gestandener Männer machten.
Tiere sind in der modernen Werbung ein beliebtes Attribut für das Signet eines Politikers. Als die Landtagswahl 1973 anstand, brillierte der damalige Landesparteisekretär *Dr. Josef Ratzenböck* mit seinen Fähigkeiten und seiner Ideenvielfalt als Politmanager. Der damalige Landesparteisekretär und heutige Landeshauptmann *Dr. Ratzenböck* rückblickend: „So eine Wahlwerbung hat es in Oberösterreich noch nie gegeben!" „Wir waren das kleinste Wahlteam", erinnert sich *Dr. Wenzl. „Dr. Ratzenböck,* der Angestellte der Landesparteileitung *Mag. Helmut Kukacka, Hans Winetzhammer,* der damalige Klubsekretär *Josef Hackl* und ich. Wir haben verschiedene Werbebüros getestet und kamen so auf die Agentur von *Mag. Rainer Sery." Sery* begann schon 1971 mit einer Informationskampagne, um den Bekanntheitsgrad von *Wenzl* zu steigern. Eines Tages sagte *Sery* zu *Wenzl:* „Sind Sie nicht im August geboren?" Und als *Wenzl* sein Geburtsdatum, 2. August, sagte, blitzte es bei *Sery* auf: „Dann sind Sie im Sternzeichen des Löwen geboren! Sie sind ein Löwe!" Und obzwar *Wenzl* nichts von Astrologie hielt, ja sogar anfänglich Bedenken hatte, ob man auf einem Sternzeichen eine Wahlwerbung aufbauen sollte, setzte sich letztlich doch das Signet

vom „Löwen *Wenzl*" durch. Und mit viel Erfolg – bis weit über das Land hinaus. Als *Wenzl* einmal in München im Hofbräuhaus mit seiner Familie speiste, sah er an einem Nebentisch den bayerischen Ministerpräsidenten *Franz Josef Strauß* und begrüßte ihn. *Strauß* sprang auf und eilte herbei und rief: „Also, das freut mich, den Löwen zu sehen!"

Vor schweren Aufgaben

Die Landtagswahl 1973 brachte die Wiederwahl *Wenzls* als Landeshauptmann. Immer war für *Wenzl* Landeshauptmann *Dr. Gleißner* ein Vorbild in Popularität und politischem Erfolg. Dem menschlich eher scheuen und mehr der Sacharbeit verbundenen *Wenzl* machte sicher das weithin Volkstümlichkeit ausstrahlende Bild des Landeshauptmannes *Gleißner* das Hineinwachsen in die Führungsposition nicht gerade leicht. Die Rolle eines Stellvertreters, noch dazu unter einer so überragenden Persönlichkeit wie *Gleißner*, erfordert eine ganz besondere Fähigkeit zur Geduld, zur unbedingten Treue und zu einer Korrektheit im Handeln, die immer wieder höchste Ansprüche an die Ausdauer und politische Klugheit stellt. Auch und gerade der Stellvertreter muß handeln, muß Aktivitäten entwickeln, um sich nicht die Frage stellen lassen zu müssen: Wofür brauchen wir den denn überhaupt? Und der Stellvertreter muß die Klugheit und Fähigkeit zur gedämpften Aktion perfektionieren, um nur ja nicht das Strahlerbild des Chefs anzukratzen. *Wenzl* war drei Jahre Landeshauptmann-Stellvertreter, und diese „Kronprinzen-Zeit" (1965 bis 1971) war wohl für ihn mit die interessanteste, aber auch menschlich schwierigste politische Reifezeit und Erprobung.
Gleißner trat 1968 als Landesparteiobmann der Volkspartei zurück, und *Wenzl* folgte ihm nach. Am 3. Mai 1971 wurde *Dr. Erwin Wenzl* mit den Stimmen der ÖVP und der FPÖ zum Landeshauptmann von Oberösterreich gewählt, nachdem *Dr. Gleißner* zurückgetreten war. Durch sechs Jahre (1971 bis 1977) war *Wenzl* Landeshauptmann, der zweite seit Ende des Zweiten Weltkrieges und der zehnte seit Beginn der modernen Demokratie in Oberösterreich im Jahre 1861. Auch in der Zeit des Übergangs vom Stellvertreter zum Landeshauptmann wurde *Wenzl* immer wieder mit recht schwierigen Situationen konfrontiert.
Es war das etwa jene Zeit, da die Volkspartei immer schwerer ihre Spitzenposition bei Wahlen halten konnte und der Strukturwandel vom Agrar- zum führenden Industrieland in Oberösterreich die sozialistische Partei erstarken ließ. Es war das auch jene Zeit, da sich die FPÖ als politischer Gegenpol immer mehr zum Zünglein an der politischen Waage entwickelte und unter Persönlichkeiten wie FPÖ-Bundesparteiobmann *Friedrich Peter* ihre Position als kleiner, aber entscheidender Faktor bei den Landtagswahlen geschickt ausnützte. Es kam jene Wahl 1967 heran, bei der die ÖVP in Oberösterreich mit nahezu 5.000 Stimmen von der SPÖ überflügelt wurde und der Landeshauptmann für die ÖVP gefährlich wackelte. *Dr. Gleißner* erlebte eine für ihn auch menschlich enorme

Belastungsprobe. Doch da bewies sich das Verhandlungsgeschick eines *Wenzl* und des insgeheim agierenden, aber in Wahrheit ungemein maßgeblichen Taktierers *Rudolf Trauner*. *Trauner*, auch heute ein unverzichtbarer Verfechter der Bünde der ÖVP, erinnert sich noch innerlich bewegt an jene Nachtsitzungen zwischen ÖVP- und FPÖ-Spitzenpolitikern, in denen es gelang, *Friedrich Peter* und seine FPÖ zum Mitziehen bei der Wahl des Landeshauptmanns zu gewinnen und so auch nach der verlorenen Wahl von 1971 die Position *Dr. Gleißners* als Landeshauptmann abzusichern. Wäre dies damals schiefgegangen – die Volkspartei wäre damit in Oberösterreich wohl für lange Zeit zurückgedrängt gewesen. Das Leitbild *Gleißner* konnte so weiter für die ÖVP leuchten, und wenn man nachträglich die Situation überblickt, dann bestätigen die Erfolge für Oberösterreich, wie hervorragend sich das Land unter *Gleißner* entwickelt hat. Die Mithilfe der FPÖ kostete die ÖVP freilich einiges. Bedeutende Positionen wurden quasi „über Nacht" von der ÖVP geräumt. Auch hierbei gab es zwei wichtige Erkenntnisse für die gute Politik in Oberösterreich. Zum einen konnte solch ein „Personalaustausch", bei dem gestandene ÖVP-Positionen in FPÖ-Hand übergingen, nur unter einer ÖVP-Führung möglich sein, die in den Bünden perfekt organisiert war und sich dank ihrer Erfolge selbst in Krisenzeiten auf die Parteitreue ihrer Funktionäre verlassen konnte. Und das zweite Oberösterreich-Spezifikum dieser Zeit war es, daß die Parteien auch miteinander reden konnten. Auch dies machte einen Teil jenes bald österreichweit beneideten „oberösterreichischen Klimas" des Ausgleichs und des Miteinanders aus.
Die große Bewährungsprobe für den mit 50 Jahren zum Landeshauptmann aufgerückten Politiker *Wenzl* stand jedoch bei der Landtagswahl des Jahres 1973 bevor. Die ÖVP befand sich in einer Pattsituation. Der Landtag bestand zwischen 1967 und 1973 aus jeweils 23 ÖVP- und 23 SPÖ-Abgeordneten, die 2 FPÖ-Abgeordneten konnten das Zünglein an der Waage spielen.
In dieser heiklen Lage bewies sich das Managementtalent des jungen ÖVP-Landesparteisekretärs *Ratzenböck*. *Dr. Ratzenböck* startete einen modernen Wahlkampf, wobei die Sozialisten davon zu profitieren hofften, daß „ein *Wenzl* nach einem *Gleißner*" wenig Chancen hätte. Das Bauen auf die „Schwäche" *Wenzls* geriet jedoch zum Vorteil für den ÖVP-Kandidaten. Der „Löwe *Wenzl*" ließ seine Krallen spüren. Der 21. Oktober 1973 wurde zum großen Triumph für *Dr. Wenzl*, die ÖVP sackte nicht ab, sondern legte bei dieser Landtagswahl sogar um 2,5 Prozent zu und erreichte mit 47,68 Prozent der Stimmen wieder die relative Mehrheit im oberösterreichischen Landtag, der sich nun zwischen 1973 und 1979 (allerdings von bisher 48 auf nun 56 Sitze erhöht) aus 28 ÖVP-Abgeordneten, 24 SPÖ-Abgeordneten und 4 FPÖ-Abgeordneten zusammensetzte.
Wenn je die vollständige Geschichte der Volkspartei in Oberösterreich geschrieben werden sollte, dann wird jene Zeit eine besonders interessante, zeitweise gar pikante Rolle spielen. Vor allem, wenn deutlich wird, wie in jener Zeit ent-

scheidende Landespolitik nicht nur im Landtag, sondern in mancher Privatwohnung und zu nächtlicher Stunde gemacht wurde. Eine Politik, die, wenn man sie rückblickend betrachtet und das Miteinander von ÖVP und FPÖ zu jener Zeit bedenkt, für beide Seiten von Vorteil war. So war es vor der Landtagswahl 1973 zu einem Abkommen zwischen *Wenzl* und dem damaligen FPÖ-Parteiobmann *Horst Schender* über die Wahl des Landeshauptmanns gekommen, ähnlich wie es früher schon nach 1967 zwischen *Gleißner* und *Peter* eine Absprache gegeben hatte. Bei der Landeshauptmannwahl am 16. November 1973 stimmten jedenfalls die 4 FPÖ-Abgeordneten mit der ÖVP, so daß *Dr. Wenzl* mit 32 Stimmen (ÖVP und FPÖ) gegenüber den 24 Stimmen der SPÖ zum Landeshauptmann von Oberösterreich gewählt wurde. Wenzl hatte sein Ziel erreicht, mit enorm viel politischer Geduld, aber mit unabdingbarem Gehorsam und voll Loyalität, Gefolgstreue, aber eben auch mit enorm viel Fleiß und dank einer hervorragenden Werbeszene. Der Wahlerfolg hatte den „Löwen *Wenzl*" aber nicht machthungrig gemacht, er kräftigte ihn nur und machte ihn nun stark und frei für die Verwirklichung seiner politischen Ziele, die ganz im Geiste des „oberösterreichischen Klimas" standen.

Kampf um die VOEST in Linz

In seiner Grundsatzerklärung als neuer Landeshauptmann nannte *Wenzl*, bewußt in dieser Reihenfolge, folgende Schwerpunkte seiner Arbeit: 1. Zusammenarbeit, 2. modernen Föderalismus, 3. Raumordnung, gerichtet auf Chancengleichheit der Menschen im Land und gegen die Entvölkerung des ländlichen Raumes, 4. Neuschaffung von Arbeitsplätzen und Sicherung der Arbeitsplätze, 5. Umweltschutz und 6. Wohnraumbeschaffung, vor allem für junge Familien. Schon vor seiner Wiederwahl zum Landeshauptmann hatte sich *Wenzl* im Jahre 1972 energisch für den Verbleib der Generaldirektion der VOEST in Linz eingesetzt und dabei zweifellos ganz besonders an politischer Popularität im Land gewonnen.

Denn „die VOEST" war zu jener Zeit nicht nur der größte Industriebetrieb Oberösterreichs, ja Österreichs, „die VOEST" hatte sich zum Reibebaum der Politik in Österreich entwickelt. Der damalige Bundeskanzler *Kreisky* sah in der geplanten Fusion der Stahlwerke VOEST und ALPINE mit Kopf in Wien die Lösung für eine Sanierung der immer defizitärer gewordenen Situation, was freilich ein Absinken der Zentrale Linz mit sich gebracht hätte. Nicht nur Zehntausende VOEST-Arbeiter in Oberösterreich waren aufgebracht, mit dem Schicksal der VOEST identifizierte sich immer mehr der Großteil des Landes und seiner Bürger, die in dieser oder jener Form vom Wohl und Wehe des Linzer Stahlriesen abhängig waren. Kein Wunder, daß man mit wacher Aufmerksamkeit den „Machtkampf" zwischen der Strahlerfigur *Kreisky* und dem Landespolitiker *Wenzl* verfolgte – und dann umso bewegter mit *Wenzls* „Anti-*Krei-*

sky-Plänen" mitzog. Daß damals die Verlegung der VOEST-Generaldirektion von Linz nach Wien verhindert wurde, verschaffte *Wenzl* nicht nur in seiner Partei, sondern gerade auch in Kreisen der SPÖ-Arbeiterschaft Respekt. Dies mochte mit ein Grund dafür gewesen sein, daß *Wenzl* dann bei der Landtagswahl durch ein Stimmenplus sein schönes politisches Honorar bekam.
Wenzl erlebte es und dem Land diente es, daß ein mit demokratischen Wählerstimmen ausgestatteter Politiker auch persönlich gekräftigt wird und bessere Chancen hat, seine Ziele durchzusetzen. So realisierte *Wenzl* in seiner Amtszeit als Landeshauptmann unter anderem beispielhafte Gesetze wie das Abfall- und das Umweltschutzgesetz, das Luftreinhaltegesetz, die neue Bauordnung und die Objektivierung der Vergabe der Schulleiterposten, um nur einiges zu nennen, wovon andere Spezialkapitel dieses Buches eingehender berichten.
Auch um das Werden von Linz als Hochschulstadt hat sich *Wenzl* Verdienste erworben. Für sein entscheidendes Mitwirken im Hochschulfonds wurde ihm 1969 der Titel eines Ehrensenators der Johannes-Kepler-Universität und im Februar 1977 der akademische Ehrentitel „Ehrenmitglied der Hochschule für künstlerische und industrielle Gestaltung in Linz" verliehen.

Die Zeit bei der OKA

Als *Dr. Erwin Wenzl* am 3. Oktober 1977 dann überraschend aus gesundheitlichen und familiären Gründen seinen Rücktritt als Landeshauptmann erklärte (der am 19. Oktober 1977 erfolgte), bewies sich gerade auch in jenen Stunden die innere Stärke der Volkspartei, die unter *Dr. Gleißner, Dr. Wenzl* und *Dr. Ratzenböck* entwickelt worden war. Nicht nur, daß die Ämternachfolge *(Dr. Josef Ratzenböck* als Landeshauptmann) bis in alle nun notwendig gewordenen Umbesetzungen nahtlos erfolgte, auch die Landespolitik wurde ohne Bruch weiter vollzogen. Hier kam sicher auch zum Tragen, daß *Wenzls* Landesparteisekretär *Ratzenböck* bereits einen so großen Bekanntheitsgrad und Durchsetzungserfolg gezeigt hatte, daß er sofort als neuer Landeshauptmann akzeptiert wurde.
Wenzl, der schon 1956 als Landesrat Aufsichtsrat der Oberösterreichischen Kraftwerke AG (OKA) geworden war und nach dem Rücktritt *Dr. Gleißners* 1971 auch die Funktion des Aufsichtsratspräsidenten der OKA übernommen und dabei natürlich eingehende Kenntnisse der Energiepolitik gewonnen hatte, wurde nun mit 1. November 1977 als Nachfolger von *Dipl.-Ing. Klimesch* Vorstandsvorsitzender und Generaldirektor der Landesenergiegesellschaft OKA. In dieser Funktion konnte *Wenzl* sein Managementtalent und seine Begeisterung für die Förderung neuer Energiequellen und für ein effizientes Energiesparen voll entfalten. Mit 1. Juni 1981 rückte er auch in die Funktion des Präsidenten des Verbandes der Elektrizitätswerke Österreichs und zum Vorsitzenden des Verbandes der Arbeitsgemeinschaft der Landeselektrizitätswerke Öster-

reichs auf. In seine Zeit bei der OKA (1. November 1977 bis 31. Oktober 1989) fielen unter anderem die Förderung der Idee der Wärmepumpen und der Solaranlagen und der Ausbau der Wasserkraft in Oberösterreich. Es war mit ein Gewinn für die Wirtschaft, daß die OKA trotz mancher Quertreibereien seitens des „Diktats der Minderheiten" vernünftige Ausbaupläne für die Nutzung der Wasserkraft vorangetrieben hat, daß das Land und die Energiepolitik Österreichs die Absage an das geplante Kernkraftwerk Zwentendorf energiemäßig überwinden konnten und daß – um nur ein wichtiges politisch-wirtschaftliches Detail zu nennen – die OKA weiterhin die weit teurere Kohle aus dem Hausruck-Kohlenrevier übernahm, um damit diesem in Absatzschwierigkeiten geratenen Notstandsgebiet tatkräftig zu helfen. Eine Aktion, die sowohl politische Verantwortung wie auch wirtschaftliches Geschick erforderte und die dem Land und der Wirtschaft außer der Belebung durch die Milliardeninvestitionen der OKA für verschiedenste Bauprojekte auch wirtschaftliche Stabilität brachte.

Dr. Wenzl zu Themen der Zeit

In unseren Gesprächen hatten wir verschiedene Bereiche eingehender diskutiert. In der Rückerinnerung formten sich da griffige Aussagen *Dr. Wenzls* zu Themen und Problemen, die auch heute ihre Gültigkeit haben.

Bedeutung der Kammern: *Dr. Wenzl:* „Ich messe den Interessenvertretungen, wie sie nach 1945 geschaffen wurden, auch heute noch eine außergewöhnlich große Bedeutung zu. Irgendwie ist das die Fortsetzung der großen Koalition, wie sie nach 1945 so erfolgreich für Österreich tätig war. Durch Kooperation und Zusammenarbeit ist gerade in der Handelskammer, der Arbeiterkammer und der Landwirtschaftskammer enorm viel geleistet worden. Trotz der großen wirtschaftlichen Probleme der Nachkriegszeit wurde Österreich zu einem Musterland in Politik und Wirtschaft. Die Tatsache, daß wir in Österreich die Streikzeiten in Minuten zählen können, nicht in Stunden wie anderswo, hat dem Volk und der Wirtschaft kolossal viel Geld erspart und unsere wirtschaftliche Leistungsfähigkeit und Konkurrenzfähigkeit in der Welt gesteigert. Wenn es die Kammern nicht geben würde, gäbe es doch nur Lizitationserfolge.
Im Jahr 1973 hat mich als Landeshauptmann der neuseeländische Botschafter in Linz besucht und dabei gesagt, er komme aus einem schönen Land und Österreich sei ein schönes Land, aber es sei ihm nicht erklärlich, daß in Österreich nur drei oder vier Präsidenten zusammenkommen, Löhne und Preise vereinbaren und daß das hält. In Neuseeland gebe es das nicht. In Österreich, so habe ich dem Botschafter erklärt, in Österreich werde eben die Politik der einzelnen Parteien gerade durch die Arbeit der einzelnen Kammern zur Realpolitik.
In Österreich wird vernünftige Politik besonders durch die engagierte Arbeit im Nahbereich gemacht. Die kleinen Funktionäre und die Institutionen in den Län-

dern, sie vertreten das in ihrer Region, was im Parlament und in den gesetzgebenden Körperschaften beschlossen wird. Das ist eine Arbeit, die Politik volksnah macht. Auch wenn man den einen oder anderen Abgeordneten im Parlament, Bundesrat oder Landtag nicht im Vordergrund erlebt, er macht das, was ‚oben' beschlossen wird, ‚draußen' plausibel und macht es im wirtschaftlichen, sozialen und politischen Bereich zur Realpolitik. Die Arbeit der Kammern und Institutionen in den Ländern und ihre Funktionäre sind das Geheimnis unserer demokratischen Ordnung."

Motorisierung und Wohlstand: „Ich halte die Motorisierung für die entscheidende Voraussetzung und die Ursache dafür, daß wir heute einen gewissen Wohlstand und Vollbeschäftigung haben", sagt *Dr. Wenzl* zu diesem Thema. Aber es gibt nichts, was nur eine gute Seite hat. Motorisierung bringt natürlich auch eine gewisse Belästigung der Bevölkerung durch Lärm und Abgase. Mit dem Ausbau des Straßennetzes und der Ermöglichung der Motorisierung habe man aber die Förderung der Wirtschaft und die Vollbeschäftigung erreicht, stellt der einstige Straßenbaureferent fest. Man habe sich dabei darum bemüht, möglichst lärmmindernd und anrainerschonend zu planen und vorzugehen. „Wenn man heute manchmal energisch darauf hinarbeitet, daß Österreich umfahren wird, dann wird sich das auf die Wirtschaft, noch dazu in einem Tourismusland, schädlich auswirken. Man muß das eben regeln, man muß eine Generallinie festlegen, was geht auf die Schiene, was auf die Straße oder den Fluß, und dann muß das durchgeführt werden. Aber sich nur dagegen zu wehren, daß Österreich ‚durchfahren' wird, das halte ich für absurd", sagt *Dr. Wenzl.* Andere Länder wären froh, wenn sie durchquert würden. Aber es muß eben mit Vernunft und Blick auf die Wirtschaft geschehen, von der guten Zufahrtsstraße zum Bauernhof bis zur Autobahn.

Die Bedeutung der Medien: Seine politischen Ambitionen dürfte *Dr. Wenzl* vom Vater haben. „Mein Vater hat sich immer politisch interessiert", erinnert sich *Dr. Wenzl.* Selbst in einer Zeit, da es der Familie wegen Arbeitslosigkeit wirtschaftlich schlechtging, hatte der Vater eine Tageszeitung abonniert.
„Sie waren eigentlich in der ÖVP der einzige Politiker, der sich engagiert für die Bedeutung und das Existieren einer politischen Zeitung der Volkspartei eingesetzt hat", wenden wir uns im Gespräch der Zeit nach 1945 zu. Und *Dr. Wenzl* hebt hervor, daß es vor allem sein väterlicher Freund, Landeshauptmann-Stellvertreter *Felix Kern,* war, der ihm die Bedeutung der Zeitung als gesellschaftspolitischer Faktor bewußtgemacht hat. *Kern* hat schon 1948 den Sekretär beim Raiffeisenverband in das Preßvereinskomitee entsandt. Die Bedeutung des Katholischen Preßvereins und des Oberösterreichischen Landesverlages und seiner Wochenblätter war klar. „Schon ein Bischof *Rudigier,* der den Preßverein Ende des 19. Jahrhunderts gegründet hatte, wußte ja um die große gesellschafts-

politische Wichtigkeit der Presse, was heute meiner Ansicht nach zuwenig beachtet wird", sagt *Wenzl.*

Wenzl war es ja auch, der Ende 1970 das „Linzer Volksblatt" als Organ der Volkspartei Oberösterreich übernommen hat. „Weil ich überzeugt war, daß eine christlich-demokratische Gesinnungsgemeinschaft ein solches Medienorgan braucht", sagt *Wenzl.* Finanziell abgestützt wurde das Volksblatt durch die Gründung eines Werbe- und Plakatierungsunternehmens, der „Heimatwerbung". Ein besonders kluger Schachzug, denn die Volkspartei brauchte ja auch für Vorwahlzeiten entsprechende Plakatflächen. Die bestehenden Plakatierungsunternehmen hatten wenige günstige Affichierungsflächen, zudem kamen diese sehr teuer. Heute ist die „Heimatwerbung" nicht nur in Oberösterreich vertreten, sondern sie „tafelt" in vielen anderen Bundesländern – mit entsprechenden Erträgen. Und damit wiederum kann die andere Parteiwerbung, nämlich das „Linzer Volksblatt", heute „Neues Volksblatt" genannt, finanziert werden. Und für Wahlzeiten haben die Partei und die Kammern, in denen die Volkspartei vertreten ist, entsprechende Plakatierungsflächen. Eine Königsidee, die das Geheimnis der wirtschaftlichen Stabilität der Parteizeitung ist. Der Modellfall für die Existenz einer Parteizeitung, der in dieser Art wohl einzigartig im deutschen Sprachraum ist.

Aber über dieses Engagement hinaus waren Zeitungswesen und Zeitungsförderung immer ein Anliegen, ja eine Art Hobby *Dr. Wenzls.* Als er 1965 mit seinem indes leider tödlich verunglückten Freund Landesrat *Hans Winetzhammer* eine Studienreise durch die USA absolvierte, traf er durch Zufall beim Besuch einer Zeitungsredaktion in Washington mit dem Chefredakteur der größten finnischen Tageszeitung „Helsingin Sanomat" zusammen, dessen Redaktion er später einmal in Helsinki besuchte. Es war eine wichtige Begegnung für *Wenzl.* Sie faszinierte ihn besonders deshalb, weil sich hier jene Überlegung *Wenzls* festigte, daß „das schönste gedruckte Wort jeder Muttersprache der eigene Name ist". Die finnische Tageszeitung hatte ihren Auflagenerfolg wohl auch deshalb, weil sie alle familiären Ereignisse im Leserkreis besonders liebevoll als Meldung druckte, mit Namen etwa der Hochzeitspaare, einschließlich der Namen aller Gäste. *Wenzl* bedauert es noch heute, daß es ihm bisher nicht gelungen ist, diese Art des Journalismus auch in seinem Einflußbereich durchzusetzen. „Aber vielleicht mach' ich noch einmal so eine Zeitung – und die wird ein Erfolg!" schwärmt *Wenzl* optimistisch.

Auch im Bereich der elektronischen Medien war er Pionier. Ihm ist es vor allem zu verdanken, daß der ORF und besonders das Studio Oberösterreich immer stärker die vom Publikum sehr begrüßten Regionalsendungen eingerichtet hat. „Im Fernsehen", so *Wenzl,* „interessiert doch nicht nur das Weltgeschehen. Auch lokale kulturelle, wirtschaftliche und andere Ereignisse aus Oberösterreich wollen die Mitbürger in ‚ihrem' Fernseher sehen. Und die technischen Möglichkeiten geben gerade dem Lokalfernsehen die Chance, ganz besonders aktuell zu sein. In Oberösterreich wird das vom Landesstudio hervorragend genützt und realisiert", hebt *Dr. Wenzl* hervor.

Die Frau in der Politik: „Die Rolle der Frau ist sicher im privaten und gesellschaftspolitischen Bereich unumstritten und von größter Bedeutung", meint dazu *Dr. Wenzl*. Schon in der Zeit um 1960 hat er im Einvernehmen mit Landeshauptmann *Dr. Gleißner* in seiner damaligen Funktion als Parteisekretär die Parole ausgegeben, daß in jedem Gemeinderat von der ÖVP – in wählbarer Position – eine Frau nominiert werden solle. Was damals nicht überall von der Männerwelt akzeptiert wurde. Aber es wurde dem doch, so *Wenzl* heute, „in sehr erheblichem Ausmaß Folge geleistet". Also zu einer Zeit, da von Quotenregelung noch keine Rede war. Der oberösterreichische Landtag hat dann mit *Ottilie Liebl* aus Steyr eine Frau in den Bundesrat entsandt, und die profilierteste Frau in der Politik wurde die spätere Landtagspräsidentin *Johanna Preinstorfer*, die sich ausgezeichnet bewährt hat.

Was bedeutet Macht? „Macht ist in einer Demokratie automatisch begrenzt dadurch, daß es mehrere Gruppen gibt, die Macht und Einfluß haben – und die sich damit aber auch gegenseitig kontrollieren", argumentiert *Wenzl*. Die Tatsache, daß in einem Landtag mehrere Parteien vertreten sind, die gegenseitig im Wettbewerb stehen und natürlich auch gegenseitig Kontrolle ausüben, zeige die Begrenzung der Macht in der Demokratie. „Macht also nicht im Sinne einer Diktatur, sondern in einer echten demokratischen, gegenseitigen Kontrolle, um einen gewissen Wettbewerb der guten Ideen zu erreichen", formuliert *Dr. Wenzl*. „Macht bedeutet, Einfluß zu nehmen auf das gesellschaftliche und wirtschaftliche Leben im Interesse einer Gruppierung, sei es eine Gesinnungsgemeinschaft oder eine wirtschaftliche Vereinigung, um deren Interessen entsprechend zu vertreten. Also nicht Macht um jeden Preis. Es ist wie bei der Freiheit, all dies kann nur wirklich gut bestehen, wenn man die Grenzen respektiert", sagt *Dr. Wenzl* im Gespräch.

Der Begriff Heimat: „Die Heimatverbundenheit ist etwas Urwüchsiges, etwas, das im Menschen schlummert, auch wenn es manche vorerst nicht zugeben wollen", sagt *Dr. Wenzl*. Oft habe er im Ausland Oberösterreicher angetroffen, die zu großem Erfolg gekommen sind, aber wenn diese Menschen älter werden, wächst in ihnen die Sehnsucht nach daheim. Als heimatverbundener Mensch schätzt *Wenzl* auch besonders die Landeshymne, das „Hoamatland". Ihm sei als Landeshauptmann stets viel daran gelegen, daß diese „Landeshymne" auch gesungen wird. Hier hat *Stelzhamer* so recht das ausgedrückt, was Heimat bedeutet. In den Schulen habe er als Landeshauptmann und Landesschulratspräsident immer genau beobachtet, ob bei den Feiern am Schluß von den Schulkindern auch wirklich das „Hoamatland" mitgesungen wurde. Das habe sich bei den Lehrern herumgesprochen, und so wurde die Landeshymne auch ordentlich gelernt – und in jungen Menschen wurde auch auf diese Weise das Heimatbewußtsein gestärkt, sagt *Wenzl*. Er selbst hat als Kind von Böhmerwäldlern, die in Schwarzbach und Honetschlag bei Oberplan daheim waren, alle Ferien bis zum Jahr 1940 in seiner Heimat verbracht. Das hat *Wenzls* Verbundenheit zu den Böhmerwäldlern und zu allen Heimatvertriebenen mitbestimmt.

... und nun ein bisserl privat

Das Farbwochenmagazin der „Frankfurter Allgemeinen Zeitung" veröffentlicht seit Jahren einen Fragebogen, der an Prominente verschiedenster Art gerichtet wird. Der französische Dichter *Marcel Proust* hat diesen FAZ-Fragebogen zweimal beantwortet, rühmt man sich mit gewissem Stolz. Die Fragen sind freimütig, oft auch kurios, aber so sucht man ein besseres Bild der Prominenten zu bekommen. Und da die Antworten teilweise recht amüsant sind, wird der Fragebogen auch gerne gelesen. Auch wir wollten durch vielfältige und teilweise recht unkonventionelle Fragen ein abgerundetes Bild *Dr. Wenzls* erhalten, wollten ein wenig auflockern, ein bisserl „privat" hineinblicken in den Menschen *Wenzl*. So auch mögen die oft recht kontroversen Fragen verstanden sein.
Sind Sie Tänzer? „Ja, ich tanze gerne", bekennt *Dr. Wenzl* und erinnert sich, daß er einmal im Fasching als Landeshauptmann vom damaligen Landesrat *Dr. Ratzenböck* gebeten wurde: „Ich kann heute nicht aus, Herr Landeshauptmann, übernimm du diesen Ball, denn du tanzt ja gerne." Aber mehr die klassischen Tänze, Walzer, Tango, Foxtrott, die waren *Wenzls* Passion.
Wenzl ist auch Bastler. Wie so manch andere prominente Akademiker hat er eine kleine Werkstatt im Keller seines Wohnhauses in Gmunden. Besonders Tischlerarbeiten macht er gerne, „was im Haushalt halt so anfällt". Von der Hobelbank bis zu Sägen und Feilen, alles ist einsatzbereit, und auch einige Tische im Hause *Wenzl* stammen aus seiner Werkstatt.
„Sind Sie musikalisch?" Seit Jahren hat *Dr. Wenzl* mit seiner Gattin ein Abonnement im Brucknerhaus. Und da hört er am liebsten klassische Komponisten: Bruckner, Mozart, Beethoven, Mahler. Als Schüler hat er Violine spielen gelernt und wirkte später im Studentenorchester im Petrinum mit. Dort hat er auch Trompete geblasen, sein späterer politischer Gegenspieler *Rupert Hartl* blies dort die Posaune. Und bis zum Mutieren war er auch Sänger im Petrinum-Chor.
„Wenn Sie woanders leben könnten?" Darauf kommt es spontan: „In Neuseeland oder in Südafrika." Aus klimatischen Gründen und auch wegen der Schönheit der Landschaft.
„Was sind für Sie die besten, was die schlechtesten Eigenschaften?" Darauf antwortet *Wenzl* klar: „Die besten Eigenschaften sind für mich natürlich Ehrlichkeit, Verläßlichkeit, Pünktlichkeit und Loyalität." Bei aller notwendigen Kritik,

die dann aber offen vorgebracht werden soll, ergänzt *Wenzl*. Als schlechteste Eigenschaft nennt er „Unpünktlichkeit." Punktum.
Und wie steht es mit der Malerei? Da nennt *Wenzl* die Maler *Waldmüller* und *Caspar David Friedrich*. Eigentlich überraschend, daß sich ein nüchterner Politiker für einen Romantiker interessiert. Von den modernen Malern schätzt er unter anderem *Paul Flora, Ernst Balluf* – vor allem aber auch *Vilma Eckl* und den Linzer Maler *Prof. Anton Lutz*.
„Glauben Sie an Ufos?" Darauf kommt es spontan: „Bestimmt nicht!" Und er setzt nach: „Ich bin ein furchtbarer Realist. Ich glaub' auch nicht an ein Leben im Weltall, an die großen Gefahren durch das Ozonloch und solche Sachen", antwortet er verblüffend lässig.
Ob er ein Morgen- oder ein Abendmensch sei? „Ein typischer Abendmensch." Am Morgen sei er halt aufgestanden, weil die Dienstpflicht rief. Aber „am Abend ist es oft sehr spät geworden". Vor allem die vielen Unterschriften unter Akten, die habe er „nach Dienstschluß" erledigt, wenn es im Landhaus still wurde. Und für den ursachlichen Korrektheitsfan überraschend, bekennt *Wenzl*, er sei oft auch spätabends in sein Büro im Landhaus gegangen. Dann habe er die Akten, „damit ich sie nicht wieder schön aufschlichten muß, neben mich auf den Boden gelegt und erledigt. Stück um Stück".
Wieso so schlank geblieben? Als Politiker, vor allem als Landeshauptmann, muß man doch immer wieder an „Arbeitsessen" oder Feiern teilnehmen. Wie macht man es, daß man dabei dennoch so schlank bleibt? „Das geht nur mit Disziplin und FdH (Friß die Hälfte)." Bis zum Jahr 1965 habe er – bei 1,89 Meter Körpergröße – so an die 104 Kilo auf die Waage gebracht. In der Zeit vor der Landeshauptmannwahl und danach, wo er oft nur sechs Stunden Schlaf gehabt habe, keinen freien Samstag und Sonntag, da sackte das Gewicht gehörig ab. Auf etwa 86 Kilo. Vor allem ältere Frauen haben *Dr. Wenzl* besorgt auf der Straße gefragt: „Sind Sie krank, Herr Landeshauptmann? So mager und so bleich." Heute ist der „Pensionist" *Wenzl* braun gebrannt und im Gewicht „normal".
Sind Sie ein Sportler? Da hält es *Dr. Wenzl* heute mit *Winston Churchill*, der auf die Frage nach seiner Gesundheit antwortete: „No sports." Nix mit Sport... Als Student war *Wenzl* freilich Handballer, und der hochgewachsene Bursche war als Faustballer geschätzt. Aber morgendliche Liegestütze? „No sports"... Dafür lebt er beim Essen und Trinken diszipliniert – wobei er freilich ein legeres, exzellentes Abendessen und einen edlen Tropfen Wein nicht verachtet.
„Welche Farbe, welche Blume, welches Tier lieben Sie?" Lachend meint dazu *Wenzl*: Grün habe er als Farbe am liebsten, bei Pflanzen nennt er Rhododendron („Davon habe ich etliche in meinem Garten"), und in seinem Haus in Linz hält er sich einen Münsterländer.
„Und welches Hobby hat der Pensionist *Wenzl*?" In seinem Garten beim Haus in Gmunden am Traunsee, da gartelt er gerne. Im richtigen Gartler-Dreß. Wird Gemüse angebaut? Kaum, lieber Blumen und Sträucher.

Welche Jahreszeit liebt er besonders? „Den Frühling." Da sieht man auch im Garten, wie alles gedeiht. Die keimende Natur, da freut er sich immer wieder neu. Die Familie Dr. Wenzls. Zum Siebziger gratulierten Dr. Wenzl drei Enkelkinder. Die Enkelin *Caroline Recsey* ist die Tochter von *Gabriele Wenzl,* die mit dem Linzer Zahnarzt *Dr. Zoltan Recsey* verheiratet ist, und Enkelsohn *Lukas Gattringer* stammt aus der Ehe der zweiten Tochter von *Dr. Wenzl, Claudia,* die mit dem Internisten *Dr. Hermann Gattringer* verheiratet ist. Die Töchter *Gabriele* und *Claudia* stammen aus der Ehe *Dr. Wenzls* mit *Dr. Charlotte Wenzl,* die verstorben ist. Aus der zweiten Ehe *Dr. Wenzls* mit seiner Frau *Ilse* stammt die Tochter *Elisabeth.* Bei *Dr. Wenzls* Geburtstagsparty gab die zwölfjährige Gymnasiastin am Bundesinternat Schloß Traunsee Proben ihres Könnens am Klavier.
„Sind Sie eigentlich wirklich richtig in Pension?" – die Schicksalsfrage wohl an viele Pensionisten. Nun, *Dr. Wenzl* „bekennt" sich zur Pension, und er genießt es besonders, daß er – der eigentlich ein Abendmensch ist – morgens nicht mehr pflichtgemäß aufstehen muß. Der tägliche Arbeitsstreß vom Büro ist weg, und Termine gibt es zwar, „aber die vereinbare ich mir selber".
Noch einmal zurück zur Politik. Es gibt faire politische Gegner und andere, die enttäuschen. Wie war es da? „Nun ja, ich muß sagen, im Rahmen der Landesregierung und mit Landtagsfraktionen, da gab es, alles in allem genommen, immer eine korrekte und faire Art", antwortet *Dr. Wenzl.* Besonders korrekt und gut zusammengearbeitet habe er mit dem sozialistischen Landeshauptmann-Stellvertreter *Ludwig Bernaschek.* Den Respekt vor dem „anderen Standpunkt" habe er auch bei der Zusammenarbeit mit *Friedrich Peter* von der FPÖ gehabt. „Ein sehr kritischer, wohlinformierter Mann, der aber auf politische Formen und Umgang Wert gelegt hat", denkt *Wenzl* zurück.
Und heute, welche Ziele? Vorsichtig antwortet da *Wenzl:* „Berufliche oder politische Ziele habe ich keine – das heißt aber nicht, daß ich mich nicht da und dort noch für etwas interessiere und sogar mit herangezogen werde." Und das ist beileibe nicht gar so wenig. In der Verbundgesellschaft ist er noch im Aufsichtsrat, ebenso bei den Donaukraftwerken AG und bei der VOEST-ALPINE. Und wer *Dr. Wenzl* und seine exzellenten Kontakte kennt, der weiß, daß da manches für manchen drin ist... Andere interessante Aufgaben ergeben sich für *Dr. Wenzl* in der Linzer Internationalen Managementakademie und als Vorsitzender des Raiffeisen-Wirtschaftsforums. Wer *Wenzls* politisches Talent, sein Gespür für notwendige Entwicklungen, seine weitgefächerten Beziehungen zu wichtigen Persönlichkeiten in Politik und Wirtschaft kennt, der weiß, daß der einstige Landeshauptmann von Oberösterreich heute noch ein hochgeschätzter Berater, ein geschickter politischer und wirtschaftlicher „Einfädler" und ein Mann des Handelns ist. Ein Mann, auf den man bauen kann und dessen Unterstützung, Rat und Hilfe man nach wie vor schätzt. Auch wenn er diese Darstellung selbst abwehrt – er ist jene Persönlichkeit geblieben, als die man ihn immer gewertet hat: ein „Löwe für Oberösterreich".

Bilanz einer erfolgreichen Zusammenarbeit

Josef Ratzenböck

Gefürchtetes Maß für taktische Züge

Meine Begegnung mit *Dr. Erwin Wenzl* im Jahr 1953 war für mich geradezu schicksalshaft, ohne daß ich dies damals auch nur ahnte: Ich hatte soeben in Linz als junger Jurist mein Gerichtsjahr abgeschlossen und suchte Arbeit in meinem Beruf. Das war damals gar nicht so einfach. Auf eine Empfehlung hin stellte ich mich schließlich bei *Dr. Wenzl* vor, der für die oberösterreichische Volkspartei einen juristisch sachkundigen Angestellten suchte, um schriftliche Ansuchen und Interventionen von Bürgern auch fachlich richtig für eine weitere Bearbeitung beurteilen zu können. *Dr. Erwin Wenzl,* seit Jänner 1952 Landesparteisekretär der ÖVP in Oberösterreich, zeichnete mit dieser Aufgabenstellung, die er mir gab, eine Zielrichtung vor, die mich seitdem faszinierte und im Verlauf meines weiteren Lebens nicht mehr losließ: Menschen zu helfen, ihnen bei der Bewältigung von Schwierigkeiten beizustehen, über Parteischranken und Ideologien hinweg zu dienen.

Dr. Wenzl verstand es, über die vielen Jahre, in denen wir zusammenarbeiteten, Ideen von Mitarbeitern auf ihre Realisierung hin zu prüfen und zu fördern, er konnte eine Loyalität der gemeinsamen Tätigkeit entwickeln und zur steten Mitarbeit motivieren. Er hörte sich Argumente an, kommentierte seinen Standpunkt, ließ aber auch andere Ansichten zu. Vor allem aber war er aufgeschlossen für künftige, sich anbahnende Entwicklungen, hatte ein Gespür für neue, auf die Menschen in Oberösterreich zukommende Probleme und die zu treffenden Entscheidungen und Maßnahmen.

Es gibt hierfür viele Beispiele. So oblag es ihm, der ÖVP im Jahr 1955 zur Wiedererringung der absoluten Mehrheit im Landtag mit gezielter Partei- und Werbearbeit ein neues, wählerwirksames Ansehen zu verschaffen, was auch mit einer eigenen, damals völlig ungewohnten neuen Zeitung und einem in Farben gehaltenen Film überzeugend gelang. Charakteristisch war, daß er mit diesen Werbemaßnahmen vor allem das Heimatbewußtsein der Oberösterreicher ansprach. Kurze Zeit später trat er nicht zuletzt auf Grund der Vorschläge seiner

Mitarbeiter dafür ein, daß die Bildungsarbeit im Hinblick auf den Strukturwandel aufgewertet werden müsse. Eine von ihm 1958 veröffentlichte Analyse war ein ausgezeichneter konstruktiver, soziologischer Beitrag zur Gegenwartskunde Oberösterreichs, der weit über die ÖVP hinaus Beachtung erweckte. *Wenzl* war es auch, der schon zu diesem Zeitpunkt, etwa um 1959, mahnte, das Verhältnis der Partei zur Öffentlichkeitsarbeit grundsätzlich neu zu überdenken. Ein Wort, das an Aktualität auch heute nichts eingebüßt hat.

Als ich 1956 als Landessekretär des Pensionisten- und Rentnerbundes ein Aufgabengebiet übernahm, das heute der Seniorenbund mit seiner Beratungs- und Informationstätigkeit in einem beachtlichen Umfang ausübt, zeigte sich sehr bald, daß die ÖVP Oberösterreich hier eine Pionierrolle innehatte, die ganz im Sinne der von *Dr. Wenzl* mitgetragenen neuen Aufgabenstellung der ÖVP im Lande stand. Ich denke nur daran, daß *Wenzl* als Landesparteisekretär nicht nur der Arbeit für die Pensionisten Aufmerksamkeit zollte, sondern auch die Jugendarbeit ganz massiv förderte. Pionierarbeit wurde etwa mit den „Jugendparlamenten" geleistet. Andere Parteien waren damals von solchen Experimenten weit entfernt! Auch als späterer Landesrat war Landesparteisekretär *Dr. Wenzl* überzeugt, daß das wahltaktische Rüstzeug für Funktionäre nicht in einem Sack voll gängiger Halbwahrheiten, sondern in der genauen Kenntnis der Wählerstruktur bestand, aus der sich die Schwerpunkte der politischen und propagandistischen Arbeit logisch herauszukristallisieren hatten.

Dr. Wenzl besaß auch ein von seinen politischen Gegnern gefürchtetes Maß an Gefühl für taktische Züge auf dem Schachbrett der Landespolitik. Das bewies er beim Ausgang der Landtagswahl im Oktober 1967, als es zu einer Pattstellung zwischen ÖVP und SPÖ im Landtag kam und der FPÖ bei der Wahl des Landeshauptmannes eine entscheidende Rolle zukam. In den damaligen Verhandlungen gelang es dem Landesparteisekretär *Dr. Wenzl*, die FP zur Wahl des damaligen Landeshauptmannes *Dr. Gleißner* zu gewinnen und dieses Abkommen auch mit einer Gültigkeitsklausel für die Wahl eines *Gleißner*-Nachfolgers zu versehen. Dadurch konnte *Dr. Erwin Wenzl* im Jahr 1971 zum Landeshauptmann gewählt werden.

Auch 1968, als die Neuordnung des Wohnungswesens dem Land die entsprechende Kompetenz zuwies, zeigte *Dr. Wenzl*, damals noch Landeshauptmann-Stellvertreter, als Vorsitzender des Wohnungsförderungsbeirates, daß er die Zeichen der Zeit verstand. Da ich seit 1958 Geschäftsführer der „Wohnungsfreunde" war, kannte ich die Problematik rund um die allgemeine Wohnungspolitik und wurde in den Beirat berufen. *Dr. Wenzl* war sofort einverstanden, in einem gezielten und umfangreichen Aufklärungsfeldzug die Möglichkeiten der neuen Wohnbauförderung aufzuzeigen, sehr zum Unwillen des sozialistischen Wohnbau-Landesrates, weil es die ÖVP war, die erklärte, wie man unter Anwendung der gesetzlichen Möglichkeiten besser und sozialer bauen konnte. Als im Dezember 1968 Landeshauptmann-Stellvertreter *Dr. Erwin Wenzl*

Bei seinem Ausscheiden aus dem oö. Landtag rückte Dr. Josef Ratzenböck als Nachfolger von LH Dr. Erwin Wenzl nach. Beide hatten lange Jahre hindurch für Oberösterreich und seine Menschen eng zusammengearbeitet.

anstelle von Landeshauptmann *Dr. Gleißner* zum Landesparteiobmann gewählt wurde, erfolgte mit 1. Jänner 1969 meine Bestellung zum neuen Landesparteisekretär. Damit war ein weiterer Meilenstein unserer gemeinsamen Arbeit gesetzt. Hiebei bewies *Dr. Wenzl* erneut seine Aufgeschlossenheit für zugkräftige Ideen, wie er dies schon bei der Wohnbauinitiative im Land gezeigt hatte. So wurde nun darangegangen, den Parteiapparat gründlich zu überholen. Fast alle Ortsparteileitungen wurden neu gewählt und anschließend Hauptbezirksparteitage abgehalten. *Wenzl* teilte die Überzeugung, daß, wie schon bei der Erläuterung der Wohnbauförderung praktiziert und etwa auch im Seniorenbund verwirklicht, die Volkspartei den verstärkten Einsatz für den einzelnen Staatsbürger anpeilen müßte, das heißt, die ÖVP für eine individuelle Beratung und Hilfe zur Verfügung stehen sollte.
Zu dieser Zeit wurde der Gedanke des umfassenden „Wählerservice" geboren. Es soll hier vermerkt werden, daß die unter *Dr. Wenzl* als Parteiobmann in die Tat umgesetzte Idee ihre Rückwirkung in den nächsten Jahren auch auf das Land und die übrigen Behörden hatte. Dies läßt sich rückschauend nachprüfen. Heute ist es fast überall selbstverständlich, daß in den verschiedensten Institutionen ein wesentlich bürgerfreundlicheres Klima herrscht als noch vor etlichen Jahren. Auch hiefür übte *Dr. Wenzl* Schrittmacherfunktion aus.
Unser Ziel war es zu dieser Zeit, neue Methoden und Grundsätze im Umgang mit dem Staatsbürger zu entwickeln. Rat und Hilfe den Bürgern anzubieten sollte nicht heißen, zu warten, bis jemand komme, sondern die Mitmenschen von sich aus aufzusuchen, um sich nach ihren Anliegen, Sorgen und Problemen zu erkundigen, ihnen möglichst steuerliche und sonstige Vorteile aufzuzeigen und ihnen Mithilfe bei der Erlangung dieser ihnen rechtens zustehenden Vorteile anzubieten. Die Landes- und die Bezirksparteileitungen wurden so zu „Tankstellen der Information" und erhielten einen echten Servicecharakter. Es darf hier am Rande vermerkt werden, daß diese Initiativen auch im Ausland Interesse erweckten. Bayerns CSU und Württembergs CDU entsandten Abordnungen zu den diversen Wählerserviceveranstaltungen und informierten sich in der Linzer Parteizentrale.
Wir waren damals besonders auf dem Wohnungssektor, dank unseres gemeinsamen Wollens, sehr aktiv. So wurde im Jahr 1970 eine „100.000-Schilling-Aktion" für Eigenheimbauer eingeführt, die um ein Wohnungsförderungsdarlehen angesucht hatten, aber auf die Auszahlung wegen längerer Fristen nicht warten wollten. Sie konnten mit Zinsenzuschuß des Landes ein Darlehen von 100.000 Schilling für die Dauer von zehn Jahren aufnehmen. Auch die Hausratsdarlehen für junge Eheleute wurden verbessert. 1971 wurde das Pflegegeld auf Initiative der ÖVP eingeführt.
Eine weitere Initiative muß erwähnt werden, weil es bis in die Gegenwart gedauert hat, sie zu verwirklichen: Die schon 1971 verlangte Änderung der versteinerten Statuten der sozialistisch dominierten Städte. Schon damals wurde die Ent-

Der 1972 amtierende Landeshauptmann von Oberösterreich, Dr. Erwin Wenzl, und sein langjähriger Vorgänger, Dr. Heinrich Gleißner, im intensiven Gespräch.

flechtung der Machtkonzentrationen in den Händen der Bürgermeister gefordert.
Wenzls Mut zu neuen Vorstellungen zeigte sich auch darin, daß er die Idee aufgriff, den Landesparteitag am 23. April 1972 der umfassenden Diskussion der Delegierten zu widmen. Eine fünfstündige Aussprache über das mit exaktem Zeitlimit selbstgewählte Thema zeigte, daß das Experiment geglückt war. Auch die erste systematische und umfassende Kandidatenvorwahl in Österreich lief unter *Wenzls* Parteiobmannschaft im Jahr 1973 im Lande ab. Daran sollte erinnert werden, wenn Vorwahlen heute allgemein bei den Parteien üblich geworden sind. Die Landes-VP zeigte schon damals ihr Selbstverständnis zu einer bürgernahen Kandidatenauswahl.
Mit *Dr. Wenzl* gelang es auch in Oberösterreich, was kaum in anderen Bundesländern möglich war, nämlich 1973 eine glückhafte Symbiose zwischen Sach- und Personenwerbung durchzuführen, bei der zwar *Dr. Wenzl* die Pläne seiner Mitarbeiter unter meiner Führung als Landesparteisekretär zur Kenntnis nahm, aber dennoch bei allen Entscheidungen das letzte Wort behielt. Die Plakatserie mit dem „Löwen *Wenzl*" gilt auch heute noch in der politischen Werbung als besonders gelungen. Hinzu kam aber auch noch die Vorstellung von Landesplänen, die unter der Devise standen, „Wir tun mehr für ein modernes Oberösterreich". Landeshauptmann *Dr. Wenzl* zeigte aber vor allem in den Diskussionen, daß er sich dem provokanten Motto „Politiker in der Zange" zu stellen wußte, was ihm besonders bei der Jugend Sympathien einbrachte.
In der Ära der Zusammenarbeit mit *Dr. Wenzl* konnte ich immer sicher sein, daß er für reformierende Gedankengänge aufgeschlossen war, die dem Oberösterreicher das Bild vermittelten, daß die Landes-VP mit ihrem Führungsteam anstehende Probleme erkannte, sie aber auch zu lösen verstand. Ein Beispiel dafür war die 1973 gemeinsam mit Landeshauptmann *Dr. Wenzl* ausgetüftelte Idee der Vergabe von zinsenlosen Wohnbaudarlehen für kinderreiche Familien oder für Jungfamilien bei einem Höchstalter des Familienerhalters von 30 Jahren oder bei mindestens drei Kindern. Sie wurde „Aktion 30 plus 3" genannt, später wurde die Altersgrenze für den Familienerhalter auf Vorschlag der ÖVP auf 35 Jahre erhöht. Der Erfolg der fruchtbaren Zusammenarbeit stellte sich bei den Landtagswahlen 1973 ein, bei der die ÖVP wieder zur stimmen- und mandatsstärksten Partei wurde.
Zu dieser Zeit wurde ich von *Dr. Wenzl* in die Landesregierung berufen, was die Möglichkeit eröffnete, die schon bisher enge Zusammenarbeit noch profilierter zu gestalten. Das gelang besonders dadurch, daß ich mit Einverständnis des Landeshauptmannes mehr Gewicht auf soziale Anliegen legen konnte, was sich etwa in einer Sofortmaßnahme für sozial Bedürftige in Form einer Heizbeihilfe auswirkte, damit die damals schlagartige Verteuerung des Heizöls um über 35 Prozent einigermaßen aufgefangen werden konnte. Auch eine Teuerungsabgeltung für alle Bezieher von Sozialhilfe, Pflegegeld und Blindenbeihilfe wurde

beschlossen. Mit *Dr. Wenzl* konnten auch programmatische Ziele für die Landtagsarbeit gesetzt werden, so hinsichtlich der Bauordnung, im Natur- und Umweltschutz. Hinzu kam eine weitblickende Planung in der Wirtschaftspolitik, die ihre Krisenfestigkeit auch in Zeiten nachlassender Bundeshilfe unter Beweis stellen sollte.

Rückblickend gesehen, war die Regierungstätigkeit der damaligen Zeit äußerst fruchtbar. So wurden unter anderem auch in der schon immer heiklen Personalpolitik neue Zeichen gesetzt. Landeshauptmannn *Dr. Wenzl* als Schulreferent beauftragte den neuen amtsführenden Präsidenten des Landesschulrates, den heutigen Landeshauptmann-Stellvertreter *Dr. Karl Albert Eckmayr*, die Objektivierung der Besetzung von Posten der Schulleiter anzugehen. Es sollte ein wichtiges Etappenziel für die Ämterbesetzung überhaupt werden. Oberösterreich übernahm damals auf diesem Gebiet die Rolle eines Vorreiters.

Ich schätzte an Landeshauptmann *Dr. Wenzl* immer, daß er es als Voraussetzung für die Gestaltung der Gesellschaft ansah, wesentliche Tendenzen und Zusammenhänge seinen Mitarbeitern sichtbar zu machen. So wichtig ihm Fingerspitzengefühl und politischer Instinkt waren, für ihn mußten diese Gaben durch Fakten und durch Wissen ergänzt werden, wobei er sich nachhaltig für die Zusammenarbeit von Politikern und Experten aussprach. Die Landespläne etwa waren ein Beispiel für diese seine Ansicht. *Wenzl* war auch auf seine Art flexibel genug, um deren systematische Realisierung mit neuen Impulsen zu versehen. Für ihn war politische Planung ein sich stets erneuernder Prozeß, bei dem die verschiedenen Stadien der Planung und Verwirklichung aufeinander harmonisch abzustimmen waren.

Wenzl hatte auch die Gabe, in allen seinen Funktionen, die er ausübte, eine besondere Qualität der persönlichen Lernfähigkeit zu entwickeln. Das gab der Landes-ÖVP auch die Kraft zu einer dynamischen Politik, einem sich stets erneuernden Engagement auf den verschiedensten Gebieten. Sei es etwa in der Form eines neuen Stils der Betriebsbesuche, bei kommunalpolitischen Initiativen oder bei der Bewältigung von Strukturproblemen, vornehmlich bei den Berg- und Nebenerwerbsbauern.

Als Landesrat konnte ich auch immer wieder feststellen, wie wichtig ihm das Schicksal der älteren Generation war und wie sehr sich *Wenzl* dafür einsetzte, den Pensionisten wirksam zu helfen. Seine Aufgeschlossenheit bewies *Dr. Wenzl* auch gegenüber kulturellen Aufgaben des Landes. So konnte 1976 dem Landtag ein Gesetzeswerk vorgelegt werden, das die Übernahme der Musikschulen und die Besoldung der Musiklehrer durch das Land ermöglichte. Dieses Landesmusikschulgesetz war die Plattform für den bis heute noch nicht abgeschlossenen Aufschwung der Musikerziehung in Oberösterreich, besonders auch im ländlichen Raum.

Wenn heute viel für den Umweltschutz getan wird, wofür die Ausgaben des Landes Oberösterreich beispielhaft sind, so ist vielleicht schon in Vergessenheit

geraten, daß es Landeshauptmann *Dr. Wenzl* war, der bereits vor zwanzig Jahren für ein Umweltschutzjahr in Oberösterreich die Trommel gerührt hatte. Dies war ein im gesamten Bundesgebiet völlig einsamer Schritt der Oberösterreicher. *Wenzl* vertrat damals die Meinung, daß durch besondere gesetzgeberische und administrative Arbeiten nicht nur das Bewußtsein für den Grundsatz einer sauberen Landschaft verankert werden solle, sondern auch Initiativen gesetzt werden müßten, um die klare Durchführung notwendiger Maßnahmen zu gewährleisten.
Schon damals war etwa die Rede von einem Landeskonzept für die Abfallbeseitigung, das die Anlage von Deponien, die Verbrennung, die Vernichtung oder Verwertung der Abfälle eindeutig zu klären hatte. Ein Sanierungsprogramm für die heimischen Gewässer und ein Umweltschutzinstitut, wie es heute die Umweltakademie darstellt, waren ebenfalls bereits in *Wenzls* Konzept enthalten. Den Gedanken an einen besseren Umweltschutz mit gezielten Maßnahmen verfocht er bis nahe zu seinem Rücktritt im Oktober 1977 intensiv weiter. Im Arbeitskreis „Umweltschutz" hatte er Zeichen für eine stärkere Förderung des Immissionsschutzes gesetzt. Seine Auffassungen deckten sich mit den Ansichten von 76 Prozent der Oberösterreicher, die 1976 in einer Umfrage erklärt hatten, die Reinhaltung der Umwelt sei so wichtig, daß dafür auch Opfer gebracht werden müßten.
Dr. Wenzl war kein Landespolitiker, mit dem es sich die Mitglieder der Bundesregierung leichtmachen konnten. Er vertrat rückhaltlos die Interessen Oberösterreichs, war ein geschickter Verhandler bei der Lösung von schwierigen Problemen und immer eine Persönlichkeit, die Wert auf eine gute Zusammenarbeit legte. Als er einmal in einer Frage des Landes ein Gespräch mit dem damaligen Bundeskanzler *Kreisky* terminiert hatte, dieser dann aber auch einen sozialistischen Vertreter des Landes beizuziehen versuchte, pochte *Dr. Wenzl* auf die einmal getroffene Abmachung, allein, kraft seines Auftrages als Landeshauptmann, mit *Kreisky* zu sprechen. Was selbst *Wenzl* zunächst nicht für möglich gehalten hatte, trat ein. *Kreisky* akzeptierte die Haltung *Wenzls.* Ähnlich seine feste Haltung im Jahr 1972, als es darum ging, den sozialistischen Plänen Einhalt zu gebieten, die VOEST-Generaldirektion im Zuge einer Reorganisation und Fusionierung der verstaatlichten Industrie nach Wien zu verlegen. Beinhart war auch seine Haltung, wenn es darum ging, Gelder des Bundes für sein Bautenressort einzufordern. War es doch jahrelang so, daß das Land mit finanziellen Mitteln einspringen mußte, um auf diesem Gebiet die Arbeitsplätze zu sichern. „Ich geh' zwar meistens etwas gebeugt daher, aber mit krummem Buckel bin ich nie nach Wien gezogen", konnte er seine Vorsprachen in den Bundesministerien lachend kommentieren.
Eines ergibt sich für mich aus unserer langjährigen Zusammenarbeit im Dienste des Landes Oberösterreich: *Dr. Wenzl* hat in seiner Tätigkeit als Landesrat, Landeshauptmann-Stellvertreter und Landeshauptmann, aber auch als Landespar-

teisekretär und ÖVP-Landesobmann in guter Gemeinsamkeit fruchtbringend und zielbewußt Wege eingeschlagen, die zukunftsweisend waren und über Jahre hinaus ihre Gültigkeit bewahrten. Es wurden in Oberösterreich auf zahlreichen Gebieten nicht nur Probleme aufgegriffen, sondern auch deren Lösungen angepeilt und gefunden. Mit *Dr. Wenzl* bewies die Volkspartei des Landes im wirtschaftlichen, kulturellen und sozialen Bereich, daß sie die führende Kraft ist. *Dr. Wenzls* Leistungen in seinem politischen Wirken, sein rückhaltloses Engagement für die Sache, aber auch seine persönlich und menschlich hoch einzuschätzende Loyalität gegenüber jedem einzelnen Mitarbeiter bleibt ein gewichtiges Merkmal seiner Persönlichkeit, das mit der äußerst seltenen Verleihung des Goldenen Ehrenzeichens der ÖVP gewürdigt wurde. Alle, die mit ihm, so wie ich, eine weite Wegstrecke des politischen Lebens erfolgreich zurückgelegt haben, sind ihm zu tiefem Dank und großem Respekt verpflichtet.

Bei den Überschwemmungen im Sommer 1975 informierte sich LH Dr. Wenzl, begleitet von Landesgendarmeriekommandant Deisenberger und Landesfeuerwehrkommandant Salcher, an Ort und Stelle über das Ausmaß der Schäden.

Oberösterreichs Landeshauptleute von 1861 bis zur Gegenwart

Harry Slapnicka

Bei aller Vielfalt einig bei der Zusammenarbeit der politischen Kräfte

Seit den Anfängen der modernen Demokratie und des modernen Landtages im Jahre 1861 zählte Oberösterreich relativ wenige Landeshauptleute: acht in der Monarchie, drei in der Zwischenkriegszeit und schließlich drei in der Zweiten Republik. Das für Oberösterreich Wesentliche dabei war, daß der letzte Landeshauptmann der Monarchie *(Hauser)* gleichzeitig der erste in der Republik wurde und der letzte Landeshauptmann 1938 *(Gleißner)* gleichzeitig für den Wiederaufbau nach 1945 verantwortlich wurde. Dem Land Oberösterreich wurden damit Reibungsverluste und unnütze Experimente erspart.

In den Anfängen des Landtages hatte der erste Landeshauptmann *Dominik Lebschy* (1861–1868), Abt des Prämonstratenserstiftes Schlägl, die nicht leichte Aufgabe, einen überwiegend liberalen Landtag zu leiten, eine Landesverwaltung aufzubauen und ein Budget für das Land zu erstellen, dessen Hauptaufgabe es war, die Beiträge für die Grundentlastung sicherzustellen. Vor allem aber ging es um ein „Einüben in die Demokratie", auch wenn diese nach unseren Begriffen noch sehr fragmentarisch und der Kurienlandtag noch weit weg von Gerechtigkeit war. Bezeichnenderweise beschwerten sich weder die Liberalen noch die wenigen katholisch-konservativen um Bischof *Rudigier* gruppierten Landtagsabgeordneten über seine Amtsführung.

Die restliche Zeit einer liberalen Ära in Oberösterreich wurde von dem Rechtsanwalt *Dr. Moriz Ritter von Eigner* (Landeshauptmann 1868–1871 und 1871–1884) abgedeckt. Er war der einzige Liberale unter Oberösterreichs Landeshauptleuten. *Eigner* mußte sich vor allem der Landwirtschaft widmen, die nach der Grundentlastung eine krisenhafte Entwicklung durchmachte. Auch die liberalen *Hasner*schen Schulgesetze hatte er zu realisieren. In der Wertung der Statthalterei wurde vor allem seine maßvolle Haltung herausgestellt. Auf diese Eigenschaft ging bei seinem Tod auch Landeshauptmann *Dr. Ebenhoch* ein, der ihm „Mäßigung, Sachkenntnis und Gewandtheit" bescheinigte.

Eine Gastrolle für wenige Wochen gab im Jahre 1871 Landeshauptmann *Julius Graf Falkenhayn,* der auf Grund eines Schachzuges von Statthalter *Hohenwart* an die Macht gekommen war und infolge eines ähnlichen Schachzuges der Liberalen wieder abtreten mußte. Innerhalb von drei Monaten konnte der konservative *Falkenhayn* nicht mehr als geschickt und maßvoll taktieren; seine Führungsqualitäten bewies er, als er später durch 16 Jahre das Ackerbauressort im Wiener Ministerium leitete. Für *Eigner* waren die nachfolgenden 13 Jahre angesichts der zunehmenden Stärke des Katholischen Volksvereins die weit schwierigere Zeit, doch gelang es ihm vorerst noch, den Großgrundbesitz im Lager der Liberalen zu halten.

Der katholisch-konservative Durchbruch beim Adel und damit auch bei der Landtagsmehrheit führte 1884 dazu, daß *Leonhard Achleuthner* (1884–1897), Abt von Kremsmünster, zum neuen Landeshauptmann gewählt wurde. Seine Wahl zeigte gleichzeitig die noch bescheidene Führungsschicht der katholisch-konservativen Gruppe auf, deren erste drei Landeshauptleute *(Falkenhayn, Achleuthner, Kast)* entweder Stiftsäbte oder Adelige waren. Und wäre es nach Statthalter *Puthon* gegangen, wäre 1898 neuerlich ein Stiftsabt, der von Wilhering, *Theobald Grasböck,* anstelle von *Ebenhoch* neuer Landeshauptmann geworden.

Als Landeshauptmann war *Achleuthner* für den Ausbau des Eisenbahnwesens im Lande verantwortlich; es ging um die finanzielle Absicherung der Handwerkerschulen und der gewerblichen Fachschulen. Schließlich wurde 1886 der Landeskulturrat (die spätere Landwirtschaftskammer) gegründet; Grundlagen für die Errichtung einer Landeshypothekenanstalt wurden gelegt; Musterstatuten der Hagel- und Brandversicherung waren weitere damals wichtige Aufgabengebiete. Der Latein- und Griechischprofessor meisterte geschickt und mit Augenmaß den Übergang von der liberalen zur konservativen Ära.

Sein Nachfolger als Landeshauptmann gab wie *Baron Falkenhayn* wieder nur ein kurzes Gastspiel: *Michael Kast von Ebelsberg* (1897–1898). Aber wie manche andere entfaltete *Kast* Initiativen, die seine Nachfolger fortsetzten, während er im Wiener Ministerium das Landwirtschaftsressort für die westliche Reichshälfte übernahm.

Seine Wertung als Landeshauptmann: „*Baron Kast* gehört gleichfalls der clericalen Partei an, doch wird ihm bei Leitung der Landesverhandlungen große Objektivität nachgerühmt." (Kommentar des „Illustrierten Wiener Extrablatts".)

Neuerlich schlug der Statthalter den Abt von Wilhering zum neuen Landeshauptmann vor, doch wurde dies *Alfred Ebenhoch* (1898–1907), der kurz vorher Obmann des Katholischen Volksvereins geworden war. Er war der einzige Oberösterreicher, der an *Prälat Schindlers* berühmten „Entenabenden" teilgenommen hatte und die christlichen Sozialthesen sehr geschickt in der Praxis und auf Oberösterreich und seine andere Sozialstruktur anwendete. Auch er setzte sich für den Mittelstand und das Kleingewerbe ein; im Agrarbereich meinte er, daß die Hofübergabe zu früh erfolge und der Hofübernehmer kaum tragbare Lasten zu übernehmen habe. Er trat als einer der ersten für das „allgemeine, gleiche Wahlrecht" ein und sorgte dafür, daß der Übergang von den Konservativen zu den Christlichsozialen in Oberösterreich langsam und behutsam und ohne Erschütterungen erfolgte. Auch *Ebenhoch* wechselte – fast schon eine Tradition für einen oberösterreichischen Spitzenpolitiker – ins Landwirtschaftsministerium über. Bei seinem Ableben schrieb die österreichische Presse, die ihn zu Lebzeiten herb kritisiert hatte, nur Lobendes: daß er sich bemüht hatte, daß dem arbeitenden Volk die gleichen politischen Rechte zuteil würden; daß „er sich zahlreiche Sympathien auch in Kreisen erwarb, die ihm politisch fernstanden"; „daß ihn die Sachlichkeit selten verließ".

Ebenhoch folgte 1907 der damals 41jährige Weltpriester *Johann Nepomuk Hauser* (1907–1927) nach; bei seinem Wirken in den ersten elf Jahren (bis 1918) stach vor allem die Wahlreform hervor, die im Jahre 1909 zur Einführung einer „allgemeinen Kurie" (und damit zum Wahlrecht auch aller Nichtsteuerzahler) und 1914 zum uneingeschränkten Frauenwahlrecht führte, das allerdings angesichts des ausgebrochenen Ersten Weltkrieges vom Kaiser nicht mehr sanktioniert wurde und somit erst 1918 in Kraft treten konnte.

Während also das „Land ob der Enns" in der Schlußphase der Monarchie sieben Landeshauptleute aufwies (*Eigner* war zweimal Landeshauptmann), hatte es gleichzeitig 16 kaiserliche Statthalter, also Vertreter des Kaisers, gegeben. Diese hatten als wichtigste Aufgabe, die Landeshauptleute und auch die Bischöfe dem Kaiser zur Ernennung vorzuschlagen. Sie alle waren keine gebürtigen Oberösterreicher – entsprechend der Maxime jener Zeit: Korrektheit durch Distanz. Von den Landeshauptleuten war nach dem Wiener *Lebschy*, dem Niederösterreicher *Eigner* und dem Wiener *Falkenhayn* erst Landeshauptmann *Achleuthner* ein gebürtiger Oberösterreicher. Bei den Linzer Bischöfen war erst der siebente Linzer Bischof, *Franz Maria Doppelbauer*, ein gebürtiger Oberösterreicher.

Man sieht deutlich die ursprünglich dominierende Rolle der kaiserlichen Statthalter und der kaiserlichen Behörde, der Statthalterei: Der Statthalter hat sozusagen liebevoll-väterlich den Aufbau der Demokratie im Lande zu überwachen. Man fragte ihn, ob dieses oder jenes Landesgesetz die Chance der kaiserlichen Gegenzeichnung habe, denn Landesgesetze traten in der Monarchie erst nach Gegenzeichnung des Kaisers und des Ministerpräsidenten in Kraft. Schrittweise aber sieht man auch die wachsende Bedeutung des Landtages und der Landesverwaltung, etwa in der Ausweitung des Landesbudgets oder im Ausbau der Landesverfassung. Ein Murren im Landtag spürt man erstmals in den neunziger Jahren des vergangenen Jahrhunderts, als die vom Landtag beschlossenen Sprachengesetze nicht die kaiserliche Sanktion erhielten; auch 1898, als gegen den Vorschlag des Statthalters *Ebenhoch* zum Landeshauptmann ernannt wurde.

Man kann schwer sagen, ob der erste Teil der Ära *Hauser* (in der Monarchie) oder der zweite, die zehn Jahre in der Ersten Republik, die bedeutsameren waren. Der seinerzeit erhobene Vorwurf, er habe zwei Kaisern *(Franz Joseph* und *Karl)* den Eid geleistet und hätte daher in der Republik nicht weiter Landeshauptmann bleiben sollen, spricht eher für *Hauser,* der in schwerer Übergangszeit die Führung im Lande nicht abgeben wollte. Nach 1918 ist seine Führungsrolle in der christlichsozialen Partei zu erwähnen, wo er in kritischer Zeit mit der Führung der Geschäfte eines Parteiobmannes betraut war und als Klubobmann wirkte. Gleichzeitig war er überdies zweiter Präsident der Provisorischen Nationalversammlung. In beiden Funktionen trat er für eine enge Zusammenarbeit aller politischen Kräfte im Lande ein. Parallel dazu war sein Wirken in Oberösterreich, wo er das meist schwierige, insgesamt aber erfolgreiche „Zusammenraufen" schon vor 1914 kennengelernt hatte und nach 1918 durch zehn Jahre praktizierte. In der Zeit nach dem Ersten Weltkrieg ging es darum, den Hunger im eigenen Lande zu beseitigen, aber auch dem hungernden Wien so weit wie möglich beizustehen. Als sein politisches Testament wurde eine seiner letzten Reden gewertet, in der er die Bewaffnung der verschiedenen Bünde im Lande als lebensgefährlich bewertete. Sein ungewöhnliches Verhandlungsgeschick erleichterte den Weg der politischen Zusammenarbeit mit allen Gruppen im Lande.

Sein Nachfolger als Landeshauptmann wurde sein langjähriger Mitkämpfer am politischen Parkett, *Dr. jur. Josef Schlegel* (1927–1934). Sein einziger Nachteil – er war nur um drei Jahre jünger als *Hauser,* so daß es zu keinem Generationensprung kam. Es war vielleicht auch die schwierigste Zeit für einen Landeshauptmann: *Pfrimer*-Putsch und sozialdemokratischer Aufstandsversuch. Dazu Weltwirtschaftskrise und Arbeitslosigkeit. Durch extreme Sparsamkeit, in die er auch seine Person mit einbezog, und durch richtige Wirtschaftsmaßnahmen, die angesichts der großen Not in dieser Zeit allerdings nur spärlich finanziert werden konnten, versuchte er, gegen die Weltwirtschaftskrise anzukämpfen. Diese Bemühungen wurden aber durch die feindselige Haltung der bürgerlichen Heimwehren unter *Fürst Starhemberg,* des sozialdemokratischen Republikanischen Schutzbundes unter *Bernaschek* und der stärker werdenden Nationalsozialisten unter *Eigruber* zunichte gemacht. Während man aber eher eine nationalsozialistisch-sozialdemokratische Auseinandersetzung erwartete, kam es zu *Bernascheks* Aufstandsversuch, der nicht nur *Dr. Josef Schlegel* sein politisches Amt kostete, sondern auch die noch demokratisch zusammengesetzte Landesregierung (mit den sozialdemokratischen Landesräten *Euller* und *Jetzinger* und dem Großdeutschen *Franz Langoth)* in die Luft sprengte.

Dr. Schlegel, der 1931 die einzige Landesverfassung der Zwischenkriegszeit schuf, war ungewöhnlich lang, durch 31 Jahre, Landtagsabgeordneter (15 Jahre in der Monarchie und 16 Jahre in der Republik). Die Zusammenarbeit aller politischen demokratischen Gruppen war sein Ziel, ähnlich wie das *Prälat Hausers.* In einer schrittweise undemokratisch werdenden Zeit blieb er der aufrechte Demokrat, der das Glück hatte, in der Nachkriegszeit als Präsident des Rechnungshofes mit der Leitung der wichtigsten Kontrollbehörden der Republik betraut zu werden.

Ähnlich wie vor ihm schon *Hauser* war der Nachfolger *Dr. jur. Heinrich Gleißner* (1934–1938 und 1945–1971) zweimal Landeshauptmann. Während aber *Hauser* kontinuierlich regierte, nur anfänglich noch in der Monarchie und später in der Republik, war die Regierungszeit *Gleißners* durch die sieben Jahre des Nationalsozialismus unterbrochen.

Gleißners erste Aufgabe in Oberösterreich (er war zum Unterschied früherer Minister vor seiner Tätigkeit als Landeshauptmann Staatssekretär für Landwirtschaft im Wiener Ministerium) war die Teilnahme am Staatsbegräbnis für die Opfer des Februar-Aufstandes. Das hat ihn sicher ähnlich geprägt wie die nachfolgende nationalsozialistische Zeit und der Aufenthalt in einem deutschen Konzentrationslager. *Gleißner* übernahm von seinem Vorgänger *Dr. Schlegel* die schweren Probleme der späten dreißiger Jahre: Arbeitslosigkeit und sinkende Landesbudgets sowie die trotz Parteienverbots unstabile, ja bürgerkriegsähnliche Lage im Lande.Die Nationalsozialisten versuchten immer unverhohlener, ihre Macht zu demonstrieren, etwa durch die Tausend-Mark-Sperre von außen her und durch Sprengstoffattentate im Inneren bis hin zum mißglückten NS-Putsch, der in Wien zur Ermordnung von Bundeskanzler *Dollfuß* führte, in Oberösterreich vor allem zu mißglückten Grenzaktionen der nach Deutschland geflüchteten österreichischen Nationalsozialisten.

Zwischendurch führte noch der Gauleiter der NSDAP, *August Eigruber,* den Titel eines „Landeshauptmannes", wie die Mitglieder seiner anfänglichen „Landesregierung" gern den österreichischen Titel eines „Landesrates" benutzten, auch als sie diese Funktion nicht mehr innehatten und gewöhnliche Beamte waren. Bald aber hatte auch *Eigruber* den an sich völlig richtigen Titel eines „Gauleiters und Reichsstatthalters" übernommen, wie ja die nationalsozialistische Zeit (1938–1945) auch jene war, in der kein Landtag existierte. Zwischen 1938 und 1945 ruhte also die Funktion des Landtages!

Nach Kriegsende ging es unter *Heinrich Gleißner* vor allem um den Wiederaufbau Oberösterreichs. Das Land war wie noch nie zuvor durch den Luft- und Landkrieg zerstört worden. Gleichzeitig mußte die Eingliederung gewaltiger Flüchtlingsmassen bewältigt werden. Bei Kriegsende 1945 gab es in Oberösterreich mehr Flüchtlinge als Einheimische, die noch dazu vorwiegend in der amerikanischen Zone des Landes in Erdlagern, Baracken, Schulen und Gasthäusern untergebracht waren, weil die russische Besatzungsmacht sämtliche Flüchtlinge weiterzutransportieren wünschte. Auch wenn zahlreiche der Ungarn- und Jugoslawien-Deutschen, der Siebenbürger Sachsen und Sudetendeutschen weiter nach Deutschland gingen, blieb doch ein sehr großer Teil im Lande, erhielt hier Wohnung, Arbeit und schrittweise auch die österreichische Staatsbürgerschaft und war bald aus dem Wirtschaftsleben nicht mehr wegzudenken. *Dr. Gleißner* war den Vertriebenen ein menschlich aufgeschlossener Landeshauptmann.

Das dritte Problem der ersten Nachkriegsjahre neben Zerstörung und Vertriebenen war die doppelte Besatzung des Landes durch die Amerikaner und (ab August 1945) des Mühlviertels durch die Russen; ein Abschnitt der Landesgeschichte, der erst durch den Staatsvertrag 1955 sein Ende fand. Immerhin wurden die Wahlen durch die Besatzungsmacht nicht gestört. Die Russen hinderten auch die im Mühlviertel gewählten Abgeordneten nicht daran, den in der amerikanischen Zone gelegenen Landtag zu besuchen. Der Chef der Zivilverwaltung Mühlviertel, *Johannes Blöchl,* war als Landesrat und späterer Landeshauptmann-Stellvertreter der Landesregierung ein wichtiges Bindeglied.

Dr. Heinrich Gleißner, aus der ständisch-autoritären Ära kommend, war ein überzeugter Demokrat geworden, an dessen Zuverlässigkeit niemand zweifelte. Schließlich hatte die unter seiner verantwortlichen Leitung entstandene ständisch-autoritäre Verfassung vom Jahre 1935 auch noch einen Ausbau der Demokratie durch die klare Trennung von Gesetzgebung und Verwaltung durch die neue Funktion eines Landtagspräsidenten gebracht. Mit seinem 30jährigen Wirken als Landeshauptmann deckte er fast die ganze Zeit des Wiederaufbaues im Lande ab.

Dem 78jährigen *Dr. Heinrich Gleißner* folgte *Dr. jur. Erwin Wenzl* (1971–1977) nach, nachdem er schon 1955 Landtagsabgeordneter und gleichzeitig Landesrat und schließlich 1966 Landeshauptmann-Stellvertreter geworden war. Er hatte in den letzten Jahren vor der Übernahme der Funktion eines Landeshauptmannes zunehmend Agenden und Verantwortung für die Landespolitik zu tragen. *Dr. Wenzl* hatte also seit dem Staatsvertragsjahr 1955 – insgesamt durch 22 Jahre, in denen er auch Landtagsabgeordneter war – oberösterreichische Politik gestaltet, und zwar weit mehr, als dies seine Funktion als Leiter des größten Referates, des Baureferates, gestattete. Schon als Landesparteisekretär der ÖVP seit 1951 und als Landesparteiobmann seit 1968 war er an allen maßgeblichen politischen Entscheidungen beteiligt.

Nach der Landtagswahl von 1973 stellte er in einer Grundsatzerklärung seine Ziele dar, deren Rangordnung auch noch zwanzig Jahre später durchaus modern wirken: Zusammenarbeit aller politischen Kräfte im Lande; einen modernen Föderalismus; eine Raumordnung, die eine Entvölkerung des ländlichen Raumes verhindert; Sicherung und Neuschaffung von Arbeitsplätzen; Umweltschutz und Wohnraumbeschaffung für junge Familien.

Schon vorher hatte *Dr. Wenzl* die innerparteiliche Demokratie gefördert, indem er als Landesparteiobmann eine geheime Wahl durchsetzte. Seine besondere Vorliebe galt der Statistik und der Einbeziehung wissenschaftlicher Erkenntnisse in die Politik, nicht zuletzt durch die Errichtung eines Parteireferates für Planung und Grundlagenforschung. Hier wurde vor allem der Einfluß des gewaltigen Strukturwandels im Lande Oberösterreich auf die Wähler, das Wahlverhalten und auch auf die Nichtwähler untersucht. Schon das Jahr 1972 proklamierte er zum Umweltschutzjahr; im selben Jahr beschloß der Landtag ein Raumordnungsgesetz. Als Baureferent setzte er in 22 Jahren den Bau von rund 100 Ortsumfahrungen durch; von acht geplanten Donaubrücken realisierte er fünf, womit die beiden Teile des Landes enger zusammengehalten wurden. Als Präsident des Landesschulrates forcierte er die Objektivierung der Vergabe von Leiterposten an den Schulen. Vor allem bemühte er sich, das seit *Dr. Ebenhoch* schrittweise gewachsene, milde politische Klima im Lande Oberösterreich, das keiner der nachfolgenden Landeshauptleute – abgesehen von *Eigruber* – unterbrochen hatte, auszuweiten und zu vertiefen, es vor allem realistisch zu gestalten.

Bei seinem Rücktritt erklärte *Dr. Wenzl*, daß er sich in seiner politischen Laufbahn nie gescheut habe, politische Verantwortung zu übernehmen. Er trat zurück, als ein geordneter Übergang der Regierungsgeschäfte gewährleistet war.

Unter *Wenzls* Nachfolger, *Dr. jur. Josef Ratzenböck* (ab 1977), wandelte sich die Welt – und auch Oberösterreich – sichtbar. Die Zeit des schweren Wiederaufbaues lag weit zurück, und die neue Generation wollte sich verständlicherweise weder an die schwere Besatzungszeit noch den Hunger und die Not an Schulen und Wohnungen erinnern. Wieder rauchende Schlote, einst typisch für Aufbau und Aufstieg, verminderten jetzt vor allem die Lebensqualität ähnlich wie die Auspuffgase der Autos, die man noch vor Jahren mühsam gekauft, ja erhungert hatte. Der gute und richtige Kampf gegen Atomkraft, gegen Luftverschmutzung nahm gelegentlich hysterische Züge an. Es ging auch nicht mehr darum, der Vereinsamung und Entvölkerung der Grenzgebiete entgegenzutreten, denn die Staatsgrenzen waren andere geworden. Durch fast 20 Jahre war Österreich zu zwei Dritteln von Stacheldrahtverhauen umschlossen, von der böhmischen bis zur slowakischen, ungarischen und jugoslawischen Grenze. Das hörte 33 Jahre nach Kriegsende auf. Und jetzt erkannte man, daß diese Grenze eine andere geworden war. Nach der Vertreibung der Deutschen des südböhmischen Raumes etwa war aus der einstigen österreichisch-böhmischen Grenze eine österreichisch-tschechische Grenze geworden, und vorsichtig tastend versucht man diese neue Nachbarschaft zu erproben. Im Inneren, in der Landespolitik, sind es Aktionsgemeinschaften, Protestgruppen, Interventionsgruppierungen, Anrainer und Nichtanrainer, die ein Recht zum Mitreden haben. Das alles verlebendigt die Demokratie, macht ihre Führung aber nicht leichter. Der Unterschied zwischen eng begrenzten egoistischen Wünschen und wohlberechtigten allgemeinen Interessen ist oft schwer zu finden. Vielmehr gehen beide Bereiche oft genug ineinander über. Das alles enthebt aber nicht der Pflicht, politische Entscheidungen zu treffen, bestehende Gesetze einzuhalten, Landesverfassungen (wie die von 1989) zu ergänzen und neu zu gestalten, dann aber auch auf ihrer Einhaltung zu bestehen.

Die Aufgabe eines Landeshauptmannes wie die der ganzen Landesverwaltung ist eine radikal andere geworden. Galt es vor Jahrzehnten, vor allem Arbeitsplätze neu zu schaffen, bestehende abzusichern und Wohnungen zu bauen, so stehen heute die Sicherung des Trinkwassers, die Verbesserung der Luftqualität, die Eindämmung des Abfalls, die Kanalisierung des Verkehrs im Vordergrund. Die vielzitierte und gewünschte Mündigkeit des Bürgers ist da, sie zeigt sich aber auch in einer Fülle egoistischer, kleinlicher und oft ausgefallener Vorschläge. Der Wille zum Ganzen überdeckt nicht immer und überall kleinkarierte Wünsche, die allerdings sehr oft gut patriotisch getarnt sind.

Seit dem Beginn der modernen Demokratie hatte Oberösterreich elf Landeshauptleute. Sie alle waren unterschiedlich markante Persönlichkeiten. Sie alle stellten sich in ihrer Zeit den jeweils drängenden Aufgaben. Ausnahmslos waren sie darin einig, daß eine Zusammenarbeit aller politischer Kräfte und Gruppen die gedeihlichste Plattform einer Arbeit für Land und Volk ist.

Die Korporation – eine geistige Heimat

Theodor Detter

Tradition kann man nicht kaufen, sie ist eine Erziehungsgemeinschaft

Unbestreitbar leben wir in einer Massengesellschaft, und unbestreitbar ist die Familie in den letzten Jahrzehnten immer kleiner geworden. Eine Informationsflut hat es den Menschen vielfach unmöglich gemacht, die Spreu vom Weizen zu scheiden. Bewußtseinsänderungen traten ein. Es wird immer schwieriger, die Geborgenheit in der kleinen Einheit zu erleben. In einer solchen Phase erhöht sich der Stellenwert einer Korporation enorm.

Heimat ist etwas sehr Wichtiges für den einzelnen. Leider wurde der Begriff in einer schlimmen Zeit mißbraucht. Daraus folgerten viele, man könne diesen Begriff gar nicht in den Mund nehmen. Zwischenzeitlich hat sich das gelegt, und wir sind uns wieder bewußt, welch großes Geschenk es ist, eine Heimat haben zu dürfen. Dieses Emotionelle des Heimatbegriffes trifft auch für Gemeinschaften zu, in die Menschen ganz eingebettet sind. Wie wir die natürliche Umwelt schützen, aber uns auch darum kümmern müssen, daß die geistige Umwelt nicht verschmutzt wird, so haben wir eine Heimat, die Land und Leute umfaßt, und daneben sind wir in geistiger Hinsicht einem Gedankengebilde, einer Weltanschauung zugeordnet. Eine Korporation mit ihren Prinzipien, aber auch mit ihren Usancen, die geistige Haltungen provoziert, erlaubt es einem Mitglied, das die Mitgliedschaft ernst nimmt, gar nicht, sich dieser geistigen Heimat zu entziehen. Und das ist gut so, denn der Mensch braucht ein Fundament, um heute und morgen bestehen und gestaltend wirken zu können.

Wir wissen, daß die durch lange Zeit hindurch gelebten Wertvorstellungen der Menschen ins Rutschen geraten sind. Nicht die Werte haben einen Wandel erlebt, sondern unser Bewußtsein hat sich gewandelt. Daran können wir uns nicht vorbeischwindeln. Auch in der Hierarchie der Werte ist ein Wandel eingetreten. Ein ganz einleuchtendes Beispiel ist die Veränderung in der Rangordnung, die der Wert Arbeit und der Wert Freizeit mitgemacht haben. Der Lebensgenuß ist gleichwertig oder sogar höherrangig neben die Leistung getreten. In der Wohlstandsgesellschaft gibt es keinen Sinn, mehr zu leisten, wenn man ohnehin schon alles hat. Aus dieser Bewußtseinsveränderung heraus kam auch die Abwertung alter, die Gemeinschaft erhaltender Begriffe wie Gehorsam, Disziplin und Pflichtbewußtsein. Diese Begriffe wurden für viele unverständlich und daher bedeutungslos.

In dieser Situation ist es ganz wichtig, in der Erziehung deutlich zu machen, daß Lebensfreude nicht nur hedonistisch gesehen werden darf, wie es ja den jungen Menschen vorgegaukelt wird; daß Wohlstand nicht zu bloßem Konsumismus führen darf, sondern daß den Menschen, die auch in dieser Wohlstandsgesellschaft letztendlich von ihrer Leistung leben, auch eine geistige Qualität, wofür sie leben sollten, geboten wird. Es erscheint mir entscheidend, die Notwendigkeit der inneren Haltung und der daraus folgenden äußerlichen Ausdrucksweise allen, aber besonders natürlich den jungen Freunden, klarzumachen. „Wenn man das Fest einer Korporation erlebt", so sagte mir ein Außenstehender, „spürt man etwas, das man gar nicht so leicht mit Worten ausdrücken kann. Dieses Fest zeigt Tradition, es ist klar, daß daraus ein Selbstverständnis erwächst." Das Ganze habe ein Gesicht.

Was bewirkt nun die Mitgliedschaft in einer Korporation? Sie setzt Selbstbindung, bewußte Einschränkung des persönlichen Freiheitsspielraumes, abgesteckt durch die Prinzipien und die jeweils gültigen Normen, voraus. Sie fordert Selbstdisziplin, gegenseitige Loyalität und gegenseitigen Respekt. Sie verpflichtet zum öffentlichen Bekenntnis und zur Aktivität. Die Identität in der Korporation kann nur gesichert werden, wenn man weiß, wogegen die katholischen Korporationen angetreten sind. Gegen den Rationalismus, gegen den überspitzten Liberalismus und deren unchristliche und inhumane Konsequenzen. Heute haben wir es zum Teil mit anderen Krankheitserregern zu tun, aber die Konsequenzen sind sehr ähnlich.

Getragen von diesen Grundsätzen, haben wir Mitglieder der katholischen Korporationen am öffentlichen Leben mitgearbeitet und es gesellschaftspolitisch mitgestaltet. Vom Aufbau in der Zweiten Republik seien nur angeführt: *Leopold Figl, Julius Raab, Josef Klaus, Alfons Gorbach, Alfred Maleta, Fritz Bock, Hermann Withalm, Wilfried Haslauer, Ludwig Steiner, Siegfried Ludwig, Heinrich Gleißner, Erwin Wenzl, Josef Ratzenböck* und *Johann Katschthaler.*

Erwin Wenzl, seit 1947 Mitglied der K.Ö.StV. ALPINIA, Innsbruck, wurde für sein Eintreten für diese Prinzipien wiederholt gedankt durch die Verleihung des Ehrenbandes der Verbindungen AUSTRIA, Innsbruck, AUSTRO DANUBIA, Linz, BABENBERG, Graz, KÜRNBERG, Wien, LEOPOLDINA, Innsbruck, und SEVERINA, Linz.

Die Verbindungen des Mittelschülerkartellverbandes (MKV) an den oberösterreichischen Mittelschulorten vertreten die gleichen Grundsätze. *Dr. Wenzl* hat deren Ziele stets unterstützt, wofür ihm Ehrenmitgliedschaften der Verbindungen NIBELUNGIA, Freistadt, NIBELUNGIA, Linz, FLAVIA, Lambach, FRAN-

KONIA, Linz, HILARIA, Wilhering, RUGIA, Ried im Innkreis, SIEGFRIEDIA, Linz, AMELUNGIA, Linz, GAMUNDIA, Gmunden, und der Ehrenschild des oberösterreichischen Landesverbandes des MKV zuerkannt wurden.
Die katholisch-österreichische Landsmannschaft SAXO-MEININGIA, Linz, hat *Dr. Wenzl* ebenfalls die Ehrenmitgliedschaft verliehen.

Beim Stiftungsfest der ALPINIA in Salzburg im Jahre 1974 konnte LH Dr. Wenzl Bundeskanzler a. D. Dr. Kurt von Schuschnigg begrüßen.

Politik als Management – Ein Technokrat macht seinen Weg

Wilfried Haslauer

Persönlichkeit prägte den Inhalt seiner Politik

Der Titel meiner Geburtstagsadresse wurde mir vorgeschrieben. Aber ich hätte ihn auch nicht besser wählen können, weil er einen ganz entscheidenden Aspekt der Persönlichkeit von *Dr. Erwin Wenzl* und der Bedingungen seiner politischen und beruflichen Wirksamkeit zum Ausdruck bringt.

Meine Freundschaft mit dem um fünf Jahre älteren *Erwin Wenzl* reicht weit zurück, genau auf den Herbst des Jahres 1945, als wir an der Universität Innsbruck das Studium der Rechts- und Staatswissenschaften aufnahmen. Zu einer entscheidenden Vertiefung unserer freundschaftlichen Beziehung kam es in der Folge durch unsere gemeinsame Zugehörigkeit zur katholischen Hochschulverbindung Alpinia Innsbruck. Unsere Bundesbrüder nannten uns beide damals angesichts unserer unterschiedlichen Körpergröße nach den Komikerfiguren aus Filmen der dreißiger Jahre oft „Pat" und „Patachon". Ich war natürlich der Patachon.

Wenn uns in der damaligen armseligen Zeit, in der wir oft mehr gehungert und gefroren hatten als im Krieg, jemand vorhergesagt hätte, jeder von uns würde einmal in seinem Heimatland zum Landeshauptmann berufen werden, dann hätten wir den für verrückt erklärt. So fern, fremd, unwirklich und absurd wäre uns ein so hohes Amt vorgekommen. Nicht aus mangelnder Gesinnung, sondern aus dem Blickfeld unserer damaligen dürftigen Lebensumstände und der sehr bescheidenen Berufserwartungen, die wir mit unserem Studium verbanden. Das galt im übrigen für einen weiteren Studienkollegen an der Universität Innsbruck, *Herbert Kessler*, den späteren langjährigen und äußerst erfolgreichen Landeshauptmann von Vorarlberg, mit dem ich am gleichen Tag und zur gleichen Stunde promoviert habe. Und alle drei sollten wir früher oder später in unserer beruflichen Entwicklung „politische Väter" gewinnen, maßgebende Persönlichkeiten, die uns zu einem aktiven politischen Engagement in der ÖVP veranlaßten und uns in der Folge tatkräftigst förderten. Das war bei *Wenzl* der Landeshauptmann-Stellvertreter *Felix Kern*, bei *Kessler* der Landeshauptmann

Ulrich Ilg, und das war bei mir der Landeshauptmann-Stellvertreter *Komm.-Rat Michael Haslinger*. Diesen großartigen Persönlichkeiten verdankten wir eigentlich unsere schließliche Berufung.

Merkmale einer Persönlichkeit

Wir wissen nicht, welche Eigenschaften, Erlebnisse und Einflüsse im einzelnen die Persönlichkeit von *Erwin Wenzl* geprägt haben. Und dennoch waren an ihm schon in der Studienzeit bestimmte Charaktereigenschaften, Begabungen, Fähigkeiten und Interessen zu beobachten, die später in seinen verschiedenen Aufgabenstellungen sehr deutlich zum Ausdruck kamen und Stil wie Inhalt seiner Politik bestimmen sollten. Das war seine unaufdringliche Kameradschaft und Hilfsbereitschaft. Mit wem er einmal Freundschaft geschlossen hatte, dem bewahrte er sie ein Leben lang. Da gibt es für ihn keine Schranken sogenannter „gesellschaftlicher Geltung" oder Barrieren der beruflichen oder politischen Position. Das war schon damals seine Geselligkeit im kleinen Kreis, sein Humor, der nicht in der Öffentlichkeit zum Ausdruck kam und auch nie überschäumte, sondern immer verhalten blieb, aber herzlich und aufrichtig wirkte. Das war sein „nüchterner" Sinn, der für „kraus-romantische" Phantasien wenig Verständnis empfand und gekünstelt-barocken Ausdrucksweisen mißtraute. Damit hing seine Begabung zu rationaler Betrachtungsweise zusammen, seine analytische Gabe. Schon in seiner Studienzeit zeigte sich seine Fähigkeit zur Integration unterschiedlicher Persönlichkeiten und Verhaltensmuster und zum Konsens mit divergierenden Standpunkten und Meinungen, verbunden mit organisatorischem Geschick. Über seine juristischen Studien weit hinaus interessierte er sich schon damals besonders für Zeitgeschichte und für die gesellschaftlichen Zusammenhänge. Er war schon damals von der Interdependenz allen ökonomischen und gesellschaftlichen Geschehens überzeugt, von der Einsicht, daß das gesellschaftliche und ökonomische Leben von einem Netzwerk überzogen wird, in dem Ursachen und Wirkung in wechselhaftem Zusammenhang stehen und sich gegenseitig bedingen.

Der Dualismus von Staat und Gesellschaft

Der freiheitliche, soziale Rechtsstaat steht und fällt mit der Unterscheidung von Staat und Gesellschaft. Diese These ist immer wieder auf Widerspruch gestoßen, nicht nur in marxistischen und sozialistischen Theorien. Gerade für unsere Zeit wird immer wieder behauptet, daß angesichts der engen Verflechtung der Funktionen des Staates mit den gesellschaftlichen Vorgängen von dieser Unterscheidung nicht mehr ernstlich die Rede sein könne. Wer das behauptet, versteht diesen Dualismus nicht. Er begreift ihn lediglich als die Abschichtung zweier Sachbereiche. Aber gerade das ist er nicht!

Nicht nur Dr. Wilfried Haslauer und Franz Josef Strauß verband langjährige Freundschaft, sondern auch Dr. Erwin Wenzl, quasi als den Dritten im Bunde …

Das rechtsphilosophische Konzept des Dualismus von Staat und Gesellschaft geht auf *Hegel* zurück. Für ihn stand die Gesellschaft als System der Bedürfnisse dem Staat als Wirklichkeit der sittlichen Idee gegenüber. Freilich hat der freiheitliche Rechtsstaat im Laufe der Jahrzehnte vielfache Veränderungen erfahren, die vor allem auf eine zunehmende Verschränkung von Staat und Gesellschaft hinauslaufen. Das bedeutet aber nicht ein Aufgehen des Staates in der Gesellschaft oder ein Ersetzen der Gesellschaft durch den Staat. Das sagt vielmehr, daß dem Staat, daß der öffentlichen Hand ganz allgemein immer mehr wirtschaftliche und soziale Kompetenzen zugeordnet werden, die in den gesellschaftlichen Bereich immer stärker hineinwirken, die aber die notwendige Unterscheidung in dieser Dualität nicht aufheben, wohl aber verschieben können.

Auf einem anderen Blatt steht, daß es, was insbesondere die politische Wirklichkeit in Österreich betrifft, schon längst zu einer Überforderung des Staates gekommen ist. Wir leiden heute unter einer „Überwertung" und als zwangsläufige Folge davon unter einer „Überforderung" des Staates mit geradezu schizophrenen Auswüchsen: Immer mehr Menschen wollen immer größere Teile ihres eigenen, persönlichen Lebensrisikos auf den Staat abwälzen, fühlen sich aber zugleich vom selben Staat übervorteilt, weil sie glauben, mehr für den Staat erbringen zu müssen, als sie an Garantien für die Übernahme ihrer eigenen Lebensrisken zurückerhalten. Sie sind zwar „verdrossen" über den Staat und seine Repräsentationen, wollen ihn aber zugleich für alle eigenen Unzulänglichkeiten und Mängel verantwortlich machen.

Diese „Anspruchsinflation", wie sie *Josef Taus* einmal genannt hatte, wurde allerdings, das darf in diesem Zusammenhang nicht verschwiegen werden, von bestimmten politischen Kräften durch viele Jahre mit einer verantwortungslosen „Verheißungspolitik" angeregt und gefördert. Man erweckte in vielen Menschen die Illusion, der moderne Wohlfahrtsstaat könne das dauerhafte Lebensglück garantieren und die Menschen von der Verantwortung für ihr eigenes Leben vollends befreien. Zwangsläufig mußte dieser aus einer ideologischen Faszination von der „Allmächtigkeit" des Staates heraus geförderten Überwertung des Staates alsbald seine Überforderung in finanzieller, organisatorischer und administrativer Hinsicht folgen. Die Parole „mehr privat und weniger Staat" ist daher das einzig richtige und unentbehrliche Signal in eine neue Richtung.

Dieses Ausufern des Staates ist die Folge falscher Politik, aber kein taugliches Argument gegen die Unterscheidung von Staat und Gesellschaft. Freilich haben sich seit *Hegel* und *Lorenz von Stein,* der übrigens in seiner Entschiedenheit, in der er Staat und Gesellschaft voneinander absetzte, die Vorstellungen von *Hegel* noch weit übertraf, sowohl im gesellschaftlichen als auch im staatlichen Bereich mit der Entwicklung der Industriegesellschaft die Bedingungen und Grundlagen dieser Dualität entscheidend geändert.

Vom Staat wird heute erwartet, daß er in wichtigen Bereichen Aufgaben der „Daseinsvorsorge" *(Forsthoff)* übernimmt und zum Träger des gesellschaftlichen Fortschrittes wird. Er hat eine Vielzahl öffentlicher Einrichtungen für die Gesellschaft bereitzustellen (Schulen und Kindergärten, Spitäler und Altersheime). Er hat für die Entwicklung und Verbesserung der Infrastruktur zu sorgen und schließlich einen wachsenden Anteil an den allgemeinen Sozialkosten (zum Beispiel Umwelt, Verkehr) zu übernehmen. Worauf es dabei ankommt, das ist die richtige Rangordnung in der staatlichen Aufgabenerfüllung und ihre Übereinstimmung mit der Leistungsfähigkeit des Staates. Aber gerade darin liegt die aktuelle Malaise, von der schon die Rede war.
Zwischen Staat und Gesellschaft besteht eine Wechselbeziehung, die sich allerdings im Laufe der Entwicklung vom Ordnungsstaat zum Leistungsstaat an Inhalt und Intensität gewandelt hat.

Programm und Pragmatismus

In seiner Grundeinstellung ging *Erwin Wenzl* vom Respekt dieser Unterscheidung von Staat und Gesellschaft aus. Darauf beruhte seine Einsicht über die Möglichkeiten und über die Grenzen seiner landespolitischen Effektivität. Er war sich der Unentbehrlichkeit der Autonomie der gesellschaftlichen Kräfte in seinem Land in ihrer Pluralität und in ihren eigenständigen Initiativen ebenso bewußt wie der Notwendigkeit für die öffentliche Hand, in seinem Bundesland mit tiefgreifenden strukturellen Veränderungen die Voraussetzungen und die Bedingungen zu schaffen, damit sich die gesellschaftlichen Bewegungen möglichst frei entfalten können.
Aus seinem grundsätzlichen Respekt vor dieser Dualität ist auch sein Verhältnis zum Spannungsfeld zwischen Programm und Pragmatismus in seiner politischen Praxis zu verstehen. Für ihn galt das pragmatische Prinzip von der Untrennbarkeit von Gedanken und Handlung. Die Bedeutung und der Wert eines Gedankens kann sich erst aus seinen praktischen Konsequenzen ergeben. Die Schönheit des Gedankens und die Güte der Absicht sagen noch nichts über den politischen Wert aus. Erst die Ermittlung der praktischen Realisationsbedingungen, der wahrscheinlichen Folgen und Nebenfolgen kann Klarheit in ein politisches Konzept bringen, und nur die Realisierbarkeit entscheidet über seine Fruchtbarkeit. Denn in der Politik und gerade auch in der Landespolitik geht es vorrangig um Entscheidungsprobleme und nicht um Darstellungsprobleme.
Leider gilt heute in Österreich das sogenannte „öffentliche Interesse" mehr der Darstellungspolitik als der Entscheidungs- und Handlungspolitik. *Erwin Wenzl* wußte, daß Politik durch Handeln und nicht durch Reden erzeugt wird. Aber Handeln ist nur im Verbund mit anderen möglich, während man beim Reden auch monologisieren und sich sogar im alleinigen Besitz der Wahrheit glauben kann. Das führt dann zu jenen, vor allem in linken Theorien angesiedelten und

von un- oder halbgebildeten Journalisten nachgebetenen Meinungen, „eigentliche“ Politik sei ein heilsgeschichtliches Ereignis, eine Art „eschatologisch-apokalyptischer“ Vorgang, in dem jeder politische Akt schon zum Teil der Geschichte werde. *Wenzl* wußte in seiner politischen Zeit – viele erkennen es leider erst heute –, daß es in einer ehrlichen und aufrichtigen Politik nicht um großartige Zukunftsverheißungen, sondern um machbare Reformen geht, die nicht nur finanzierbar, sondern in ihren Konsequenzen auch noch überschaubar und mit den verfügbaren organisatorischen und administrativen Mitteln zu steuern sind. Für ihn war nicht die Frage, was man alles machen „könnte“, sondern was man machen „muß“ und wie man es machen „kann“.

Das alles ist aber keine Absage an eine Wertordnung, auf der politisches Handeln gründen muß. Er versteht unter Wertordnung mit *Max Scheler* das grundlegende Ethos, die sittliche, geistige und emotionale Grundordnung für die Person und für die Gemeinschaft, die nicht vom „perfekten“ Menschen im Sinne mechanistischer Gesellschaftstheorien ausgeht, sondern vom Menschen in seiner Unverwechselbarkeit und Einmaligkeit, vom Menschen mit seinen Begabungen und Schwächen, mit seinen Vorzügen und Fehlern, mit seiner Unvollkommenheit und seiner Ermüdbarkeit und der Begrenztheit seines Verständnisses. Diese Einsicht geht davon aus, daß der höchste und unter keinen Umständen aufzuopfernde Wert die freie Person und die freie Gemeinschaft ist. *Franz Josef Strauß*, mit dem *Erwin Wenzl* ebenso wie ich über alle politische Verbundenheit hinaus auch persönlich eng befreundet war, hat dazu einmal gesagt: „Diese Wertordnung ist uns nur zum Teil bewußt, und sie ist nur zum Teil rationalisierbar.“ Auf der Grundlage einer solchen Wertordnung kann ein Parteiprogramm nur ein „offenes Programm“ und kein geschlossenes Regelsystem sein. Es verlangt Offenheit und keine Scheuklappen, weil es die Komplexität des politischen Lebens, seine Vielschichtigkeit und seine Veränderbarkeit erkennt.

Sein Erfolg

Wer in diesem Lichte die Persönlichkeit und den Menschen *Erwin Wenzl* zu betrachten versucht, dem werden die Schwerpunkte seines überaus erfolgreichen Wirkens in Politik und Beruf verständlich. Seine rationale Betrachtungsweise hat ihn sofort nach seiner Bestellung zum Landesparteisekretär im Oktober 1951 zu einem völligen Neubau der Organisation seiner Partei bis in die Bezirke hinein veranlaßt, mit klaren, überschaubaren Gliederungen und abgegrenzten Aufgabengebieten. Es war sicherlich vor vierzig Jahren zumindest für die Volkspartei in ganz Österreich der erste Versuch, eine moderne, an Managementgrundsätzen orientierte Organisation aufzubauen und sich vom Improvisieren, von Entscheidungen aus dem Handgelenk, von der Politik nach dem Gefühl zu lösen. Seine analytischen Fähigkeiten ließen ihn sehr bald statistische Unterlagen und Dokumentationen als damals neue Entscheidungsgrundlagen erarbeiten. Seine Einsicht in die tiefgreifenden gesellschaftlichen Veränderungen in Oberösterreich führten ihn zu einem gewaltigen Ausbau der politischen Bildung. Es lag dabei in seinem „nüchternen" Sinn, auch unverzüglich für Ordnung und Sicherung der finanziellen Grundlagen seiner Partei zu sorgen.

In seiner zweiundzwanzigjährigen Zugehörigkeit zur oberösterreichischen Landesregierung, davon sechs Jahre als Landeshauptmann, setzte er vor allem in dem von ihm geführten umfassenden Bauressort Schwerpunkte österreichweiter Dimension. Sie ermöglichten überhaupt erst die schrittweise Bewältigung der Strukturprozesse, trugen den gesellschaftlichen Veränderungen Rechnung und schufen die strukturellen Voraussetzungen für den imponierenden gewerblich-industriellen Aufstieg Oberösterreichs. Auch dabei verließ er sich lieber auf wissenschaftliche Analysen, auf statistische Grundlagen, auf das Rationale, als „über den Daumen zu peilen".

Daraus gewann er die Erkenntnisse und gesicherten Annahmen über reale Entwicklungstendenzen und zu erwartende Bewegungen. So nimmt es auch nicht wunder, daß *Wenzl* zu den ersten führenden Politikern Österreichs gehörte, die schon vor mehr als zwanzig Jahren die Bedeutung der Umwelt und die wachsenden Gefahren ihrer Bedrohung erkannten. Wenn *Wenzl*, vierzehn Jahre nach seinem Rücktritt als Landeshauptmann, das Attest ausgestellt werden kann, daß alle seine großen politischen Entscheidungen im Laufe seines zweiundzwanzigjährigen landespolitischen Engagements nicht nur aus der Sicht ihrer Zeit, sondern auch nach heutigen Maßstäben richtig und gültig sind, so ist das wohl die schönste Befriedigung, die ihm widerfahren kann.

Seine Fähigkeit zur Integration kam nicht nur in der politischen Zusammenarbeit dem Lande zugute, sondern sollte auch zu einer entscheidenden Voraussetzung für die erfolgreiche Führung eines Großunternehmens, wie es die OKA darstellt, werden. Im Verhalten konziliant, in der Führung von Beratungen straff, im Erkennen des Wesentlichen rasch, für neue Aufgabenstellungen aufgeschlossen, für die Anliegen der Mitarbeiter verständnisvoll und stets um die wirtschaftliche Kraft des Unternehmens besorgt, das alles sind die Eigenschaften, die die Führung dieses Unternehmens durch *Wenzl* als Generaldirektor und Vorstandsvorsitzenden für volle zwölf Jahre charakterisierten.

Land und Bund – Föderalismus im Spannungsfeld

Andreas Maurer

Starke Bundesländer, das ist letztendlich ein Vorteil für alle

Wenn ich an meine fast fünfzehnjährige Zeit als Landeshauptmann zurückdenke, dann hat es in dieser Zeit nicht nur einen gewaltigen Aufstieg und einen entsprechenden Modernisierungsschub in meinem Heimatland Niederösterreich, sondern praktisch in allen Bundesländern gegeben. Die sechziger und siebziger Jahre haben damit gleichzeitig, wenn ich dies rückwirkend betrachte, eine mächtige Weiterentwicklung des Föderalismus der Länder, aber auch der Gemeinden gebracht. Mit dieser starken ökonomischen und kulturellen Aufwärtsbewegung in den Bundesländern wurde nicht nur der Gesamtstaat, sondern auch die mehr als 2.300 Gemeinden gestärkt. Der materielle Lebensstandard unserer Mitbürger hat sich wesentlich erhöht, und Österreichs Stellung in Europa und in der Welt konnte auf diese Weise gefestigt werden. Was ich im Zusammenhang mit diesem Thema zum Ausdruck bringen möchte, ist vor allem die Tatsache, daß die autonome Entwicklung der Länder auf der Basis des Föderalismus die beste Voraussetzung für eine entsprechende wirtschaftliche Aufwärtsbewegung ist.

Gestaltungsprinzip Föderalismus

Föderalismus als Gestaltungsprinzip bedeutet daher letzten Endes ein Freiwerden von wirtschaftlichen, kulturellen und sozialen Kräften, wie dies in zentralistisch regierten Staaten nie der Fall sein kann. Es ist daher sicher falsch, in der Stärkung des Föderalismus eine Gefahr für die Weiterentwicklung des Gesamtstaates zu sehen. Ganz im Gegenteil: Nur starke Länder, und natürlich auch Gemeinden – das möchte ich in diesem Zusammenhang immer wieder betonen –, sind in der Lage, dem einzelnen Menschen und damit gleichzeitig einem Staatsgefüge auf den verschiedensten Gebieten eine optimale Entfaltung zu ermöglichen. Heute, in einer Zeit der gestärkten Regionalpolitik, in einer Zeit des gefallenen Eisernen Vorhanges und der Ost-Liberalisierung, in einer Zeit somit der Demokratisierung auch in den ehemaligen Ostblockstaaten, erlebt die Idee des Föderalismus eine Renaissance.

Für föderalistisches Europa

Und wenn von vernünftigen und zukunftsorientiert denkenden Menschen im Hinblick auf die europäische Integration immer wieder ein „Europa der Regionen und Gemeinden" gefordert wird, dann halte ich dies für die einzige Chance einer sinnvollen europäischen Integration unter Einbeziehung Österreichs. Und zwar deswegen, weil ja eine Neuerung, eine Reform – und um eine solche würde es sich im Falle eines österreichischen EG-Beitrittes wohl handeln – immer Verbesserungen und keine Rückschritte bringen soll. Daher ist ein integriertes Europa nur als ein föderalistisches vorstellbar. Alles andere wäre ein zentralistischer Eintopf ohne echte Zukunftschancen. Denn Zentralismus bedeutet letztlich ein Abtöten kreativer geistiger und wirtschaftlicher Entwicklungen in den einzelnen Ländern und Regionen. Nur dort, nämlich in den Regionen beziehungsweise, auf Österreich gemünzt, in den Bundesländern, weiß man am besten, wie optimale Rahmenbedingungen für die Weiterentwicklung der Wirtschaft, der Kultur und damit des einzelnen Menschen geschaffen werden können. Föderalismus als Gestaltungsprinzip – das ist daher die optimale Voraussetzung zur bestmöglichen Entfaltung des Einzelmenschen in der Familie ebenso wie im Beruf.

Das Wesen des österreichischen Staatsgefüges ist und bleibt jedenfalls ein starker Föderalismus, der bei uns historisch gewachsen ist. In Europa gibt es hier ganz wesentliche Unterschiede. So wie in Österreich besteht ein ausgeprägter Föderalismus eigentlich nur in der Schweiz und in Deutschland, wobei in Deutschland die föderalistischen und regionalen Einheiten rein territorial weit größer sind als in Österreich. Die österreichischen Bundesländer haben aus ihrer starken historisch-föderalistischen Stellung heraus entscheidenden Anteil an der Errichtung einer einheitlichen Republik. Die Bildung der Ersten und dann der Zweiten Republik Österreich war nur durch ein gemeinsames Bekenntnis der Länder zum Gesamtstaat möglich. Man sieht daher auch in diesem Fall ganz deutlich: Föderalismus und staatliche Einheit sind absolut kein Gegensatz – im Gegenteil: Die Einheit des Staates und dessen wirtschaftliche Leistungsfähigkeit waren in Österreich immer dann am stärksten, wenn es den Ländern gutgegangen ist. Denn starke Länder stellen an den Bund und damit an die Zentralgewalt weniger Ansprüche als Länder und Gemeinden, die ständig um ihre Existenz ringen.

Auch der Bund müßte größtes Interesse an einer starken, autonomen Stellung der Länder haben und diese Stellung entsprechend fördern. Dieser Standpunkt führt immer wieder zum Problem der verbundenen Steuerwirtschaft und damit des Finanzausgleiches. Das Prinzip des Föderalismus, auch aus Bundessicht, müßte daher sein: Die Gebietskörperschaften sind in die Lage zu versetzen, auch ihren finanziellen Aufgaben nachzukommen, weshalb sie über den Finanzausgleich und mittels anderer Einnahmequellen entsprechend dotiert werden müssen. Denn ohne ausreichende finanzielle Dotierung und entsprechende Finanzhoheit kann es keinen sinnvollen Föderalismus geben. Föderalismus ist aber nicht Selbstzweck: Er dient letzten Endes dazu, eine bürgernahe, den einzelnen Menschen und den Familien gerecht werdende Politik zu ermöglichen. *Erwin Wenzl* und ich haben in unseren jeweiligen Ländern eine eigenständige Politik gemacht. Aber jeder von uns wußte, daß wir uns dann sachpolitisch am raschesten treffen, wenn es um die Erhaltung und den Ausbau der Rechte unserer Bundesländer und damit der Rechte unserer Landsleute ging. So glaube ich, sagen zu können: Der österreichische Staat und gleichzeitig die Gemeinden unserer Länder sind mit diesem betonten Länder-Föderalismus stets gut gefahren. Spannung im föderalistischen Verhältnis Land – Bund ist daher nur positiv zu bewerten. Stärkt der Bund die föderalistischen Rechte der Länder, so stärkt er sich letztlich selbst. So einfach ist Politik, wenn sie mit Augenmaß betrieben wird und bereit ist, über die eigenen Grenzen hinauszublicken. Niederösterreich hat sich dazu immer bekannt.

Zwei Landeshauptleute in wahrer Harmonie: Bei der Eröffnung der Welser Messe im Jahre 1976 etwa, als LH Dr. Erwin Wenzl den Taktstock schwang, während Andreas Maurer, LH von Niederösterreich, sich erfolgreich am Baßflügelhorn betätigte. *Foto: Gangl*

Landeshauptmann Dr. Erwin Wenzl – Brückenbauer zwischen Bayern und Oberösterreich

Max Streibl

Der Bau von Straßen und Brücken war ein Schwerpunkt im Lebenswerk von Dr. Erwin Wenzl

Vielfältig sind die Beziehungen zwischen Österreich und Bayern. Beide Länder haben eine gemeinsame geschichtliche Wurzel. Besonders die Bürger des Landes Oberösterreich und die Bewohner der bayerischen Landkreise am Inn sind seit Jahrhunderten durch Bande der Verwandtschaft und der Freundschaft miteinander verbunden. Um zueinanderzukommen, sind die Menschen auf Straßen und Brücken angewiesen.

Wie oft im Laufe der Geschichte haben Straßen eine für die Staaten und Völker schicksalhafte Bedeutung erlangt. In unserem technischen Zeitalter aber, dem Zeitalter des Autos als Massenverkehrsmittel, sind sie zu einem den menschlichen Alltag in steigendem Maße beeinflussenden Faktor geworden. Ein Großteil des Verkehrsstromes, des Lastentransportes wie des Personenverkehrs, wird auf ihnen abgewickelt, und er befruchtet alle Zweige der Wirtschaft. Durch die jüngste Entwicklung in Europa, die durch den Zusammenbruch der kommunistischen Regime ausgelöst wurde, werden auf Bayern und Oberösterreich neue Verkehrsströme in Ost-West-Richtung zukommen. Das in den letzten Jahrzehnten geschaffene Straßennetz muß sich in dieser neuen Herausforderung bewähren.

Der Bau von Straßen und Brücken war ein Schwerpunkt im Lebenswerk von *Dr. Erwin Wenzl.* Als Landesrat und als Landeshauptmann hat er entscheidend mitgewirkt, daß zwischen Bayern und Oberösterreich das Verbindende und nicht das Trennende im Vordergrund steht. Zwischen unseren Ländern bilden Salzach, Inn und Donau auf etwa 170 Kilometern nahezu auf dem gesamten gemeinsamen Grenzabschnitt eine „nasse" Grenze. Eine Eisenbahnbrücke und neun Straßenbrücken kreuzen diese Flüsse. Alle diese Brückenstellen, besonders die älteren unter ihnen, haben eine zum Teil sehr bewegte Geschichte hinter sich. Oftmals zerstört durch die Naturgewalten, durch Hochwässer, Eis und Feuer, aber auch durch Menschenhand während der Kriege, haben sie sich zu der heutigen Form entwickelt. Die wohl älteste Brücke dürfte nach der Überlie-

ferung die Innbrücke Schärding-Neuhaus sein, die auf das 13. Jahrhundert zurückgeht.
Von den neuen Straßenbrücken zwischen Oberösterreich und Bayern wurden allein fünf zwischen 1955 und 1982 gebaut und eine grundlegend saniert, darunter auch die Autobahnbrücke Suben im Zuge der Innkreisautobahn Passau–Ried–Wels. Am Zustandekommen dieser Bauwerke, sei es Planung, Durchsetzung, Finanzierung oder Bau, war Landeshauptmann *Dr. Erwin Wenzl* ganz maßgeblich beteiligt. Bemerkenswert dabei ist, daß neben vier schon lange bestehenden Brückenbauwerken alle anderen in der Ära von Landeshauptmann *Dr. Erwin Wenzl* gebaut wurden. Mit den neuen Brücken kamen sich das Innviertel und die ostbayerischen Landesteile spürbar näher. Der große Abstand der Grenzbrücken mit bis zu 50 Kilometern konnte damit deutlich verringert werden. Die Realisierung dieser Bauwerke war ein gutes Beispiel für wirksame, unbürokratische, gutnachbarliche Zusammenarbeit.
Im Vorwort der Festschrift für die 1985 eingeweihte Innbrücke Obernberg/Egglfing hat dazu Landeshauptmann *Dr. Erwin Wenzl* folgendes ausgeführt: „Der Neubau von Straßen und Brücken ist über die wirtschaftliche Bedeutung hinaus ein echtes Mittel, Völker einander näherzubringen, Länder und Wirtschaftsräume zu verbinden. Gerade dieser Aspekt soll in unserer Zeit der Bildung weiter Wirtschaftsräume und großer Wirtschaftsblöcke nicht übersehen werden. Ein Vorhaben dieser Art, großzügig und vorausschauend, ist die Errichtung der neuen Brücke über den Inn zwischen Obernberg und Egglfing, zwischen Österreich und Bayern, zwischen den großen Interessengemeinschaften der EFTA und der EWG. Ist doch jede Verbesserung der Verkehrsmöglichkeiten auch ein Beitrag zur Verstärkung und Verdichtung der Zusammenarbeit dieser großen europäischen Wirtschaftsgemeinschaften. Der Errichtung des neuen Inn-Straßenübergangs wurde daher von allem Anfang an in beiden Ländern größte Aufmerksamkeit geschenkt."
In der aktiven Dienstzeit von Landeshauptmann *Dr. Erwin Wenzl* wurde auch der Ausbau der Wasserkraftanlagen am „Unteren Inn", wie er nach seiner Vereinigung mit der Salzach genannt wird, abgeschlossen. Nachdem im 19. Jahrhundert aufgrund eines im Jahre 1855 abgeschlossenen Staatsvertrages die Regulierung des Inns im Mittelpunkt der Bemühungen gestanden war, gewann in diesem Jahrhundert die Energiegewinnung aus Wasserkraft an Bedeutung. Anfang des 20. Jahrhunderts hatte sich die uralte Technik des Bauens von Wassermühlen inzwischen so vervollkommnet, daß sich die Ingenieure auch an einen Strom von der Größe und Kraft des Inns heranwagen konnten.
In den Jahren 1917 bis 1924 wurde als erstes Großkraftwerk am Inn das Kanalnetz Jettenbach-Töging errichtet, welches damit die Grundlage zu der im Inntal seit jener Zeit heimischen elektrochemischen Industrie schaffte. Nach der Errichtung weiterer Stufen im Mittellauf des Flusses folgte diesen am unteren Inn im Jahre 1938 das Flußkraftwerk Ering-Frauenstein. Nach dem Krieg wur-

Enge grenzüberschreitende Zusammenarbeit, vor allem mit Bayern, prägte in hohem Maße Wenzls politische Tätigkeit. Im Bild von links nach rechts: Dr. Gleißner, LR Trauner, Ministerpräsident Streibl und LH Dr. Wenzl.
Foto: O. Prokosch

Beim Zusammentreffen internationaler christlicher Demokraten in St. Wolfgang: der damalige Ministerpräsident Kohl, Bundestagspräsident Carstens und Wenzl im Gespräch.

den weitere Kraftwerke fertiggestellt. Abgeschlossen wurde der Ausbau der Wasserkraftnutzung am unteren Ende 1965 mit der Fertigstellung der Innstufe Passau-Ingling. Landeshauptmann *Dr. Erwin Wenzl* hat somit auch einen wichtigen Beitrag für eine umweltfreundliche Energieversorgung im Bereich der Grenze zwischen unseren Ländern geleistet.
Von Wasserkraftwerken gesäumt ist auch der Rhein-Main-Donau-Kanal. Allerdings ist die Energiegewinnung nur ein Nebenprodukt dieses kühnen Unternehmens. Im nächsten Jahr wird das fehlende Stück einer 3.500 Kilometer langen Verbindung zwischen dem Nordseehafen Rotterdam und dem Schwarzen Meer fertiggestellt. Man sollte daran erinnern, daß Anfang der achtziger Jahre in der damaligen SPD/FDP-Bundesregierung die Einhaltung der 1921 geschlossenen Staatsverträge über den „Bau eines Binnenwasserweges für große Güterschiffe vom Rhein zur Donau" heftig umstritten war. Der damalige SPD-Verkehrsminister *Volker Hauff* bezeichnete den Kanal als das „dümmste Bauwerk seit dem Turmbau von Babel". Zu dieser Zeit standen die Bayerische Staatsregierung und die österreichische Bundesregierung unter Bundeskanzler *Bruno Kreisky* in einer Front gegen die Bremser in Bonn. Bei der politischen Wende hat dann die CSU gegenüber CDU und FDP durchgesetzt, daß der Kanal fertiggebaut wird. In der Sitzung der Gesprächsgruppe Bayern-Oberösterreich am 15. April 1983 berichtete die bayerische Seite über den Vertrag, der zwischen dem Bund und dem Freistaat Bayern zum Zweck der Fertigstellung der Schiffahrtsstraße abgeschlossen wurde. Die oberösterreichische Seite drückte dabei ihre Befriedigung über den Erfolg der langen Bemühungen aus. Heute sind wir froh, daß wir in wenigen Monaten einen preiswerten Transportweg mitten durch Europa haben. So kostet beim Binnenschiff heute der Tonnen-Kilometer etwa vier Pfennige, bei der Eisenbahn zwölf und beim Lastwagen 25. Bayern hat entscheidend mitgewirkt, daß die sich langsam entwickelnden freien Marktwirtschaften in Ost- und Südosteuropa eine leistungsfähige Verbindung zu den Wirtschaftsräumen in West- und Mitteleuropa erhalten. Wir leisten damit auch einen wirksamen Beitrag zur Entlastung der Straßen vom Güterfernverkehr.
Wenn auch *Dr. Erwin Wenzl* sich vor allem als Straßen- und Brückenbauer zwischen Bayern und Oberösterreich verdient gemacht hat, so möchte ich doch auch seinen Einsatz für eine breitangelegte Zusammenarbeit zwischen unseren Ländern erwähnen. So wurde in der Amtszeit von *Dr. Wenzl* die „Gesprächsgruppe Bayern-Oberösterreich" eingesetzt, die am 14. Februar 1973 erstmals tagte. In 13 Sitzungen haben seither Fachleute aus beiden Ländern für viele konkrete Probleme unbürokratische Lösungen gefunden. Ebenfalls in der Amtszeit von Landeshauptmann *Dr. Erwin Wenzl* kam auf seine Einladung erstmals am 16. Mai 1973 eine bayerische Regierungsdelegation zu einem Arbeitsgespräch nach Linz. Ich hatte die Ehre, der bayerischen Delegation, die von Ministerpräsident *Dr. Alfons Goppel* angeführt wurde, als Umweltminister anzugehören.

Wir beschlossen bei diesem Treffen eine Koordinierung beider Länder in Fragen der Raumordnung und Zusammenarbeit bei der Schaffung des Naturschutzgebietes „Unterer Inn". Ferner wurde die gegenseitige Unterrichtung über Einzelfragen auf dem Gebiet des Gewässerschutzes, vor allem der Wassergüte in den Grenzgewässern, vereinbart. Bayern und Oberösterreich kamen auch überein, sich gegenseitig über die beabsichtigte Errichtung, Erweiterung oder Auflassung von Betrieben, deren Emissionen nach fachlicher Voraussicht das benachbarte Staatsgebiet berühren, zu unterrichten. Ich kann mit Befriedigung feststellen, daß im Verhältnis zu Oberösterreich nicht die Konfrontation, sondern der Wille zur Lösung konkreter Probleme im Vordergrund steht.
Das feste Fundament, auf dem die Beziehungen zwischen Bayern und Oberösterreich ruhen, bewährt sich auch in der Gegenwart. So arbeiten Bayern und Oberösterreich nicht nur in der genannten Gesprächsgruppe zusammen, sondern auch in der 1978 gegründeten „Arbeitsgemeinschaft Alpen-Adria" und der 1990 gegründeten „Arbeitsgemeinschaft Donauländer". 1991 war das Land Oberösterreich mit Landeshauptmann Dr. Josef Ratzenböck ein perfekter Gastgeber für die Regierungschefkonferenz der „Arbeitsgemeinschaft Alpen-Adria" und für die vierte Konferenz „Europa der Regionen". Zur ersten Konferenz „Europa der Regionen" hatte ich 1989 nach München eingeladen. Diese Konferenz fand bei den österreichischen Bundesländern ein großes Interesse. Vertreter aus fast allen österreichischen Ländern kamen damals nach München. In den österreichischen Ländern hat der Freistaat Bayern zuverlässige Partner auf dem Weg zu einem Europa des Föderalismus und der Subsidiarität gefunden.

Wenzl bei einem Empfang in der Bayerischen Staatskanzlei mit Ministerpräsident Goppel und seiner Gattin.

Aus der Sicht der politischen Gegner

Friedrich Peter

Dr. Wenzl war nie ein unangenehmer, aber stets ein schwieriger Gegner

Meinen Betrachtungen zu diesem Thema möchte ich einige Gedanken voranstellen: Ich gehöre dem gleichen Geburtsjahrgang wie *Dr. Erwin Wenzl* und somit jener Generation an, welche schon in der Mitte ihres dritten Lebensjahrzehnts stand, als sie die Zweite Republik Österreich zum endgültigen Vaterland bekam. Geboren an der Schwelle der Ersten Republik, im Ständestaat zur Schule gegangen und im Zweiten Weltkrieg zum Manne geworden.

Dies und noch viel mehr lag dazwischen, als *Dr. Erwin Wenzl* und ich einander im Oktober 1955 im oberösterreichischen Landtag wiedersahen. Wieso wiedersahen? Einfach deswegen, weil wir uns schon als Buben in Wolfsegg begegnet waren: Der Sohn eines in der „roten" Kohlgrube von Freund und Gegner geachteten christlichsozialen Angestellten der Wolfsegg-Traunthaler Kohlenwerk AG und ich, der Lokomotivführersbub aus Attnang, der bei seinem bürgerlichen Großvater im Hausruckgebiet stets alle größeren Ferien und somit dort die schönste Zeit seiner Jugend verbrachte.

Und damit sind wir schon hineinversetzt in die dreißiger Jahre mit all ihren politischen Wirren und Spannungen. In jene Zeit also, in der es für unsere Vätergeneration keinen Dialog mehr, sondern nur noch die extreme politische Konfrontation gab, die über den Februar und Juli 1934 in der nationalsozialistischen Katastrophe endete. Von Jugend an waren wir beide also mit allen unerfreulichen Eindrücken und Konsequenzen konfrontiert, die sich daraus ergaben. Gerade jene Konsequenzen, die aus der Arbeitslosigkeit und dem „Ausgesteuertsein" (ein der Jugend heute völlig unbekannter Begriff) zutage traten und die unendlich viel Not und Leid über die Menschen brachten. Sie sind unvergessene Begleiter auf unserem Lebensweg geblieben; ungeachtet des Umstandes, daß *Dr. Erwin Wenzl* und ich das Glück hatten, in unserer Jugend von dieser Not verschont geblieben zu sein. Diesen Kindheitseindrücken wohnt insoferne ein prägender Zug inne, als sie mit dazu beitrugen, dem Problem der politi-

schen Gegnerschaft manches von jener Schärfe im neu entstandenen Österreich zu nehmen, die ihm in der Zeit zwischen den beiden Weltkriegen innewohnte. Damit bin ich beim Oktober 1955, als *Dr. Erwin Wenzl* und ich zum ersten Mal in den oberösterreichischen Landtag gewählt wurden und einander als politische „Gegner" gegenüberstanden. Ich setze dieses Wort deswegen unter Anführungszeichen, um damit zu unterstreichen, daß ich es nach mehr als dreißig Jahren wesentlich anders empfinde als in der Zeit der aktiven Auseinandersetzung. Daß sich diese Gegnerschaft – nicht nur zwischen uns beiden, sondern in der Landespolitik insgesamt – in Grenzen gehalten hat und eigentlich nie eskaliert ist, geht auf jene leidvollen Erfahrungen zurück, welche unsere Altvorderen aller politischen Lager in der Zwischenkriegszeit mit ihren diktatorischen Ausprägungen bis zum Dritten Reich gesammelt haben. Sicher haben auch jene Erfahrungen einen positiven Wert dabei gehabt, die wir in unserem vorzeitigen und komprimierten Reifungsprozeß im Zweiten Weltkrieg erwerben mußten.
Wir Jungen hörten auf die Alten, und ihr Wort galt etwas über Parteigrenzen hinweg. In der Landespolitik hatten wir das Glück, von Persönlichkeiten umgeben zu sein, die befähigt waren, der nachrückenden Politikergeneration Orientierungshilfe zu sein. An der Spitze stand die Vatergestalt *Dr. Heinrich Gleißners,* der auf uns (und unser Schicksal) einging und dem wir manche „Entwicklungsimpulse" verdanken. Er war uns auf Grund all dessen, was er in der Politik erlebt und erlitten hatte, ein wertvoller Mentor, der uns nicht nur im politischen Handwerk unterwies, sondern uns auch die Tugend der Toleranz lehrte. Auch einer Persönlichkeit wie Landesrat *Rudolf Kolb* ordne ich ähnliche politisch-pädagogische Fähigkeiten zu, während Landesrat *Franz Plasser* für mich eine Art Lehrbeispiel in Richtung Bedächtigkeit war.
Landeshauptmann-Stellvertreter *Felix Kern* wiederum war jener Mann, der *Dr. Erwin Wenzl* formte und prägte. Nach *Kerns* Tod am Wahltag des Jahres 1955 vollzog sich der Blitzstart *Dr. Erwin Wenzls* als Abgeordneter und Landesregierungsmitglied. Damit verbunden war die Frage, wie dem „Newcomer" in so jungen Jahren (mit 34 Lenzen also) so viel Macht (und die hatte er) bekommen würde. Er verstand es, die ihm übertragene Macht (ich rede nur von der des Mitgliedes der Landesregierung und nicht von jener des Landesparteisekretärs) zum Nutzen seiner Partei und darüber hinaus zu gebrauchen. Das hat er von und bei seinem persönlichen Mentor *Felix Kern* gelernt. Bei diesem wirkte die Machtanwendung manchmal martialisch. *Dr. Erwin Wenzl* hingegen kleidete sie in der Regel in sachliche Nüchternheit und erreichte dabei das gleiche Ziel. Bei aller politischen Gegensätzlichkeit darf nicht unerwähnt blieben, daß die „*Kern'sche* Landesstraßenverwaltung" von hoher Qualität war, was für *Dr. Erwin Wenzl* ein kapitales politisches Erbe darstellte. Die Straßenwärter des Landes Oberösterreich hatten damals einen legendären Ruf, auch was deren Höflichkeit gegenüber den Verkehrsteilnehmern anbelangte. *Kerns* Nachfolger im Ressort verstand es, seine Landesbaudirektion in Schwung und in techni-

scher Hinsicht stets auf dem aktuellsten Stand zu halten. Besonders der Winterräumdienst funktionierte in extremen Situationen vorbildlich, was in grauer Vorzeit dann augenfällig in Erscheinung trat, wenn nach Überqueren der Landesgrenze noch mit Schneepflügen ausgestattete Traktoren die Bundesstraße 1 auf den Strengbergen mühsam freipflügten. Womit aber nichts Abfälliges über Niederösterreich gesagt sein soll, wo ich mein Altenteil heute recht angenehm verbringe. Das dazu Gesagte unterstreicht, daß der Gegner *Wenzl* in diesem seinem Ressortbereich keine offene Flanke zeigte.

Dr. Erwin Wenzl war nie ein unangenehmer, aber stets ein schwieriger Gegner. Woraus ergab sich aus meiner Sicht die Schwierigkeit des politischen Gegenübers? Vor allem aus zwei Eigenschaften: Er war ein sehr sachlicher, nüchterner und trockener Typ (heute ist er viel lockerer), und zum anderen hatte er sein Ressort – wie schon dargelegt – kompetenzmäßig im Griff, zeigte keine Blößen und Schwächen. Er brachte es in kritischen Situationen im persönlichen Gespräch zuwege, einem eine Ablehnung so ruhig und cool zu überantworten, daß man sie – ohne emotional zu werden – entgegennahm, auch wenn man sich über das Nein ärgerte, was bei mir das eine oder andere Mal in OKA-Angelegenheiten (noch vor seiner Generaldirektorszeit) der Fall war.

Ruhe und Sachlichkeit zählten zu seinen Stärken. Seine Besonnenheit trug mit dazu bei, in kritischen Situationen weder die Übersicht noch die Nerven oder gar den Kopf zu verlieren. Die Landtagswahl 1967 bescherte der ÖVP (und den Freiheitlichen) einen recht unangenehmen Wahlabend. Bei Mandatsgleichstand der ÖVP und der SPÖ hatten die Sozialisten um 5.000 Stimmen mehr als die Österreichische Volkspartei. Eingeweihte berichteten damals, daß die Stimmung im Büro des Landeshauptmannes zwischen 21 und 22 Uhr ihren Tiefpunkt erreicht hätte. Da soll sich *Dr. Heinrich Gleißner* einen Ruck gegeben und gesagt haben: „Jetzt gehe ich zum *Bernaschek* und gratuliere ihm zum Landeshauptmann." Darauf *Dr. Erwin Wenzl* (man stelle sich seine trockene, emotionslose und daher den alten Herrn nicht verletzende Art vor): „Das tust du nicht. Jetzt rede ich mit dem *Peter* und versuche, die beiden freiheitlichen Stimmen für deine Wahl zum Landeshauptmann zu bekommen." Gesagt – getan! Nach Mitternacht trafen wir einander in *Wenzls* Haus in der Römerstraße und führten einen ersten Gedankenaustausch zur Wiederwahl *Dr. Heinrich Gleißners* zum Landeshauptmann.

So erwies sich *Dr. Erwin Wenzl* in einer für die Österreichische Volkspartei äußerst kritischen Situation als jener kühle Kopf, der ihr den Landeshauptmann erhalten und damit auch die entscheidende Voraussetzung für die Wiedergewinnung der späteren absoluten Mehrheit geschaffen hat. Die oberösterreichischen Sozialisten zögerten und zögerten 1967 in der Kontaktaufnahme mit der FPÖ. Es verstrichen Tage, ehe sie dies taten. Erst als mich *Dr. Bruno Kreisky* zu einem diesbezüglichen Gespräch in das Café Landtmann einlud, kamen eher oberflächliche Gespräche mit den Sozialisten zustande. *Dr. Erwin Wenzl* erwies sich in dieser schicksalhaften Stunde der ÖVP als deren ruhender Pol, der den Überblick nicht verlor, die gegebene Lage realistisch zu beurteilen wußte und zielstrebig zu handeln verstand.

Allerdings verfügte die ÖVP im Jahre 1967 über eine vielleicht sogar entscheidende Erfolgsvoraussetzung, die für die SPÖ nicht gegeben war. Seit es ab Oktober 1955 eine freiheitliche Fraktion im oberösterreichischen Landtag gab, räumte ihr *Dr. Heinrich Gleißner* einen Mindestlebensraum ein und pflegte mit anderen Persönlichkeiten seiner Partei entsprechende Kontakte zu uns. Landeshauptmann-Stellvertreter *Ludwig Bernaschek* hatte diesem Problem nie eine Bedeutung zugemessen. Einmal sagte der von mir sehr geschätzte Kollege *Dr. Franz Zamponi* zu ihm, daß man die Freiheitlichen nicht nur „den Schwarzen überlassen" könne, worauf er mürrisch geantwortet haben soll: „Tu, was du willst." Dr. Zamponi tat es und redete mit mir. Daraus entstand eine sehr persönliche Beziehung, nie aber eine solche, die parteioffiziellen Charakter gehabt hätte. Ich schloß daraus, daß der sozialistische Landeshauptmann-Stellvertreter entweder mit uns „nicht konnte" oder „nicht wollte". Dies mag den Intentionen *Dr. Erwin Wenzls* im Jahre 1967 sicher entgegengekommen sein, änderte aber nichts daran, daß die Wiederwahl *Dr. Heinrich Gleißners* zum Landeshauptmann vor allem sein Verdienst war. Das sei noch einmal nachdrücklich unterstrichen.

An dieser Stelle sei an einen Vorfall im Finanzausschuß des Landtages erinnert, der sich lange vor dem Jahr 1967 bei der Beratung des Landesbudgets ereignete. Wir nahmen (einmal mehr) die „Verfügungsmittel" des Landeshauptmannes mit dem Ziel aufs Korn, den einen oder anderen Abstrich zu bewirken, um einige hunderttausend Schilling umzuwidmen. Ein fast schon traditioneller Brauch, den Landeshauptmann *Dr. Gleißner* geduldig über sich ergehen ließ. Ungeduldig dabei wurde Landeshauptmann-Stellvertreter *Blöchl,* als er etwas unmutig, aber hörbar zu *Dr. Gleißner* sagte: „Warum sch... du denn heute mit den Freiheitlichen so lange herum?" Darauf der Angesprochene lapidar: „Weil ich nicht weiß, ob ich sie vielleicht nicht doch noch einmal brauche." Rückblickend erinnert das fast an seherische Gaben.

Als „Gegner" kannten wir einander bislang und wußten uns auch gegenseitig einzuschätzen. Nun waren wir mit der Parteienvereinbarung vom 8. November 1967 in einer sicher nicht einfachen Situation zu „Partnern" in der Gesetzgebung geworden. In der Exekutive, der Landesregierung, war nach wie vor die SPÖ der Partner, weil wir ja dort nicht vertreten waren. In den folgenden und für ihn auslaufenden Jahren hat *Dr. Heinrich Gleißner* als eine Art Krönung seiner Meisterschaft das Kunststück vollbracht, beide Vereinbarungen – die mit der SPÖ in der Exekutive und die mit der FPÖ in der Legislative – ohne größere Reibereien zu vollziehen und das sprichwörtliche „oberösterreichische Klima" zu erhalten.

Nachdem es sich hier um eine Rückbesinnung auf politische Verhältnisse vergangener Jahrzehnte handelt, gelten die Kriterien von damals, die mit der heutigen aufgeheizten bundespolitischen Situation (die aber schon auf den einen oder anderen Landtag übergegriffen hat) in keiner Weise vergleichbar sind. Unserem Landtag haftete damals etwas von einer großen pluralistischen Familie an, in der es natürlich ein außer Streit stehendes Patriarchat in der Person *Dr. Heinrich Gleißners* gab. Es gab verschiedene Richtungen und mehrere Lager, aber dennoch mehr Gemeinsames als Trennendes; ganz anders als eben im Nationalrat. Zählt die politische Brisanz zur Tagesarbeit im Parlament, so ist sie im Landtag eine Ausnahme, welche die Regel bestätigt. Somit hielt sich (und hält sich meist auch heute) eine politische Gegnerschaft in jenen Grenzen, welche durch eine von allen Seiten respektierte und gepflegte politische Kultur gezogen werden. Eine solche politische Kultur läßt sich nicht definieren und nicht proklamieren. Sie muß angewendet und gelebt werden. Das haben *Dr. Erwin Wenzl,* ich und viele andere der Jungen aus allen Landtagsfraktionen von damals bei *Dr. Heinrich Gleißner* und anderen gelernt und bis in unsere alten Tage beibehalten; meine eigenen zwanzig Jahre im Nationalrat eingeschlossen. Bei der Darstellung *Dr. Erwin Wenzls* aus der Sicht nicht der, sondern des Gegners ist zu berücksichtigen, daß es sich aus der Perspektive der Freiheitlichen bis auf die Landeshauptmannwahl im Jahre 1967 ja nie um „große Brocken" handelte, um Sachen also, bei denen es auf „Spitz und Knopf" gegangen wäre. Anders mag das bei den Sozialisten gewesen sein; vor allem in der Zeit des Mandatsgleichstandes bzw. des Stimmenvorsprunges der SPÖ. Da mag es schon vorgekommen sein, daß *Dr. Erwin Wenzl* für diese politische Seite schwerer „verkraft- und verdaubar" gewesen war als für uns. Daher komme ich noch einmal auf den „trockenen" und „nüchternen" Landeshauptmann – das ist er ja inzwischen längst geworden – zurück. Ein „cooler" Typ wirkt in der Politik weniger arrogant und aufreizend. Von ihm geht auch in schwierigen Situationen eher eine beruhigende Wirkung aus. Noch dazu, wenn er mit einer unübersehbaren Eigenschaft ausgestattet ist, nämlich mit einem kräftigen Schuß trokkenen Humors, der sich bei ihm nicht selten als eine seiner weiteren Stärken erwiesen hat.

Mit zunehmenden Jahren und den daraus gewonnenen Einsichten verflachen politische Gegnerschaften und nehmen nicht selten (wie im vorliegenden Fall) die Gestalt einer beständigen Freundschaft an. Man hat ja lange genug miteinander umzugehen gelernt. In unseren auslaufenden Jahren sind *Dr. Erwin Wenzl* und ich einander wieder im Aufsichtsrat der Verbundgesellschaft begegnet, woraus sich dann eine Intensivierung der persönlichen Kontakte ergeben hat. Man sollte sich nun die Zeit nehmen, sie entsprechend zu pflegen und zu nützen. Vor mehr als drei Jahrzehnten haben wir – weil verschiedenen politischen Parteien angehörend – als Gegner begonnen, unsere jeweilige Sache zu vertreten. Als andersdenkende Demokraten sind wir ans Ziel gekommen!

Einer, mit dem man reden konnte

Leo Habringer

Mit Leidenschaft vertrat Erwin Wenzl seine Sache, ohne den anderen vor den Kopf zu stoßen

Wenn Politik das Bemühen ist, Antworten auf die sozialen Fragen der Gegenwart zu finden, ohne dabei im Falle von Auseinandersetzungen zwischen alten und neuen Interessen zu gehässigen Gewaltmitteln Zuflucht zu suchen, dann ist in Oberösterreich nach 1945 eine solche Politik gelungen.

Die Politik der Nachkriegsjahre in Oberösterreich war bestimmt vom sprichwörtlichen „oberösterreichischen Klima", das den nötigen Respekt vor der Position des anderen, seinen Begrenzungen und seinen Möglichkeiten mit so viel menschlicher Achtung voreinander zuläßt, daß eine Verständigung über das Wirkliche möglich wird. Dieses Klima wurde von Persönlichkeiten geprägt, die geläutert durch die Vergangenheit und auf der Grundlage der gemeinsamen schrecklichen Erfahrungen in den Konzentrationslagern Hitlers bestrebt waren, in gemeinsamen Anstrengungen die Demokratie in Oberösterreich in allen Bereichen wiederaufzubauen. An der Spitze dieser Persönlichkeiten standen in unserem Bundesland *Dr. Heinrich Gleißner* und *Dr. Ernst Koref*. Dazu zählen aber auch *Blöchl, Kern* und *Maleta* auf der ÖVP-Seite, *Aigner, Bernaschek* und *Plasser* auf der SPÖ-Seite, um nur die wichtigsten Namen zu nennen. Andere kamen später noch dazu. Sie haben durch ihr Verhalten und ihr Handeln, durch den Geist, der ihre Arbeit belebte, in Wahrheit dieses politische Klima in Oberösterreich geschaffen, von dem auch die politische Nachfolgegeneration – zu der auch ich mich zähle – heute noch zehrt. Einer der Repräsentanten dieser besonderen Art von Politik in Oberösterreich war später auch *Dr. Erwin Wenzl.*

Gerne habe ich die Aufgabe übernommen, aus der Sicht des politisch Andersgesinnten hier über *Dr. Erwin Wenzl* einige Gedanken darzulegen, weil ich ihn aus verschiedenen politischen Positionen heraus beobachten und auch erleben konnte, was – wer *Dr. Wenzl* wirklich kennt – beileibe kein Honiglecken war.

Trotz aller politischen Unterschiede im Denken und Handeln waren aber unsere

Begegnungen immer so, daß wir einander zu jeder Zeit in die Augen sehen und begegnen konnten und daher auch gerne mit menschlicher Achtung begegnet sind. Aus diesen Begegnungen zähle ich hier nur einige wenige Beispiele auf, die – wie ich glaube – *Dr. Wenzl* in meinen Augen charakterisieren. *Dr. Wenzl* war sich immer klar, daß es in einer lebendigen Demokratie auch einen Verhandlungstisch geben muß, die Bereitschaft, miteinander zu reden.
Bei meiner politischen Arbeit begegnete ich *Dr. Wenzl* vor allem auf drei Ebenen: als Parteisekretär, als Landespolitiker und Landeshauptmann und schließlich als Wirtschaftsmanager.
Max Weber sagte einmal, daß für einen Politiker drei Qualitäten entscheidend sind: Leidenschaft, Verantwortungsgefühl und Augenmaß. Und er sagte weiter: „Politik bedeutet starkes, langsames Durchbohren von harten Brettern mit Leidenschaft und Augenmaß zugleich."
Das sind wichtige Kriterien, die ich auch *Dr. Erwin Wenzl* zuschreiben kann. Er hat stets mit Leidenschaft seine Sache vertreten, ohne das Augenmaß zu verlieren und den anderen vor den Kopf zu stoßen. Er zeigte bei seinen Entscheidungen ein hohes Verantwortungsgefühl und verstand es, hartnäckig und nachdrücklich seine Entscheidungen durchzusetzen. Nicht nur gegenüber dem politischen Gegner, auch in seinen eigenen Reihen.
„Es kommt bei einer Aktion darauf an, wie hartnäckig man dahintersteht", sagte er einmal zu mir, und wir Sozialdemokraten mußten das da und dort wenig erfreut zur Kenntnis nehmen, ob es uns paßte oder nicht.
Für *Dr. Wenzl* gilt, was auch ich immer praktiziert habe: Für einen Politiker sind entscheidend: Ehrlichkeit, ein profundes Wissen in entscheidenden Fragen und ein hohes Maß an Fleiß und Selbstdisziplin.
Ich glaube, daß wir uns deshalb mit Respekt begegnen können, weil wir beide diesen Grundsätzen huldigten. Jeder von uns vertrat die Interessen seiner Partei konsequent, aber nicht unfair. Wir wußten: Auch in der Politik muß man die Handlungen vor seinem Gewissen verantworten können.

Gegenspieler im Parteisekretariat

Meine hauptberufliche Arbeit im Landesparteisekretariat der SPÖ hat zu einer Zeit begonnen, als *Erwin Wenzl* bereits viele Jahre der Landesparteisekretär der ÖVP war und auch in der Landesregierung als Baureferent in einem riesigen und einflußreichen Ressort eine Schlüsselstelle in der oberösterreichischen Landespolitik besetzt hatte.
Für uns in der Landstraße 36 war aber klar: Auch wenn *Erwin Wenzl* die harte Knochenarbeit im Parteisekretariat bereits an seinen Nachfolger, den heutigen Landeshauptmann *Dr. Josef Ratzenböck*, abgetreten hatte, trugen die Entscheidungen der ÖVP in dieser Zeit in letzter Konsequenz doch die strenge Handschrift *Erwin Wenzls*. Nicht daß dies die Handlungen der SPÖ wesentlich

beeinträchtigt hätte, aber seine zentrale Organisationsweise und sein zentraler Wahlkampfstil wurden bald spürbar.
Meiner Meinung nach war überhaupt die seinerzeitige Berufung *Erwin Wenzls* als Landesparteisekretär der entscheidende Schritt der ÖVP. *Wenzl* schuf eine neue, zentral geführte Form der Organisation, die über die Bünde hinaus wirkte. Er gab ihr damit mehr Schlagkraft und richtete sie auf eine Linie aus. Sein Grundsatz war offensichtlich: Alle Politik, die reale Tatsachen nicht zu erkennen vermag oder sie nicht wahrhaben will, baut auf Sand.
Dr. Wenzl war es, der die Organisation der ÖVP sowohl in der Politik als auch in ihrer Wirkungsweise auf e i n Ziel ausrichtete. Er stellte sie sozusagen vom Sand auf das harte Pflaster oder – er war ja Baureferent – auf den Beton der Autobahnen und den Asphalt der Güterwege. Mit dem Ausbau des Straßennetzes in Oberösterreich vollbrachte *Dr. Wenzl* als Baureferent eine Leistung, wie sie in keinem anderen Bundesland in dieser Breite zustande gebracht werden konnte. Dies geschah zu unserem Ärger allerdings auf Kosten eines rechtzeitigen besseren Ausbaues im Zentralraum und in den Städten. Dazu raffte er sich nämlich erst sehr spät und dann auch nur zaghaft auf.
In diesem Zusammenhang möchte ich ein Beispiel aufzeigen, das mir für den Menschen *Erwin Wenzl* wesentlich erscheint: Sosehr wir wußten, daß er die „Kerngruppe" (wie die Straßenwärter von damals nach dem früheren Landesrat *Kern* bezeichnet wurden) geradezu „befehligte", so wenig ratsam war es für einen Politiker einer anderen Partei, diese Straßenwärter zu kritisieren. Dann meldete sich *Erwin Wenzl* sofort zu Wort und ließ eine Brandrede gegen den Kritiker los. Das geschah im Landtag meistens so, daß er zwar keinen beim Namen nannte, ihn auch am Rednerpult keines Blickes würdigte, aber dennoch zielsicher attackierte.
Genauso erging es auch jedem, der bei seinen Hofräten in der Baudirektion anstreifte. Nachher war er dann meistens wieder ein Schüler *Gleißners*, der sogar lachen konnte, eine Eigenschaft übrigens, die man ihm anfangs oft nicht zugetraut hatte. Später wurde es anders. Je länger er in Amt und Würden war und damit auch lockerer wurde, desto mehr wurde der Mensch *Wenzl* sichtbar.
Tatsache aber ist, daß *Dr. Wenzls* großes Organisationstalent und die wissenschaftliche Führung der Parteiarbeit durch Strukturanalysen, Meinungsumfragen und empirische Befragungsmethoden für die ÖVP im Bundesland entscheidende Grundlagen für die Wahlarbeit lieferte. Während der SPÖ damals noch das geeignete bewegliche Instrumentarium fehlte, durchleuchtete *Erwin Wenzl* schon früh den Strukturwandel in Oberösterreich.
Durch die Initiativen von *Dr. Wenzl* war es der ÖVP möglich, eine Politik mit Schwerpunkten zu forcieren, die auf die veränderten Wählerstrukturen und das geänderte Wählerverhalten abgestimmt war.
Negativ für die SPÖ wirkte sich auch das Vermittlertalent von *Dr. Wenzl* aus. Er

wirkte durchaus als Integrationsfigur, die unterschiedliche Teilinteressen der Bünde auf ein gemeinsames Ziel auszurichten verstand.

SPÖ-Alptraum: der Gleißner-Peter-Pakt

Als *Dr. Wenzl* 1966 Landeshauptmann-Stellvertreter wurde, war für uns Sozialdemokraten klar, daß er der Spitzenmann der ÖVP nach *Gleißner* wird. *Dr. Ratzenböck* im Landessekretariat und *Dr. Wenzl* in der Landesregierung, das war die Achse, auf der der ÖVP-Zug im Land lief. Dabei garantierten sowohl der „rechte" *Gleißner* als auch der „linke" *Bernaschek* in dieser Zeit die Zusammenarbeit im Land.
Aber die Gangart ist härter geworden, als die ÖVP 1966 die Nationalratswahl gewonnen und in Wien eine ÖVP-Alleinregierung gebildet hatte. Die geänderte politische Landschaft auf Bundesebene hat aber auch dazu geführt, daß viele auch in Oberösterreich erkannt haben, daß eine ÖVP-Alleinregierung nicht erstrebenswert sei.
So kam es schließlich 1967 nach einem von der SPÖ sehr konstruktiv geführten Wahlkampf zu einem Landtagswahlergebnis, das uns Sozialdemokraten als die stärkste Partei im Land ausweisen sollte. Erstmals in der Geschichte Oberösterreichs waren die Sozialdemokraten die stimmenstärkste Partei im Land. Wir konnten mit der ÖVP gleichziehen. Die FPÖ erreichte nur zwei Mandate. Und so hieß es 23 zu 23 zu 2 im Landtag. Das ließ auch das Herz des ansonsten nüchternen und überlegten Landeshauptmann-Stellvertreters *Ludwig Bernaschek* höher schlagen, war er doch als Spitzenkandidat der SPÖ in Wahrheit der Sieger dieser Wahl.
Wir, die wir zu diesem rauschenden SPÖ-Erfolg beigetragen haben, waren ebenfalls sehr stolz. Ich persönlich war in einer Hochstimmung, war es doch der erste Wahlkampf, für den ich als Landesparteisekretär die volle Verantwortung zu tragen hatte. Hier darf ich nicht vergessen anzuführen, daß ich bei der Durchführung des Wahlkampfes engagierte Helfer hatte und mir in *Prof. Ing. Max Lotteraner* ein Mann zur Seite stand, der neben den vielen anderen politischen Programm-, Bildungs- und Aufklärungsarbeiten auch eine hervorragende Arbeit in allen Werbesparten geleistet hat. Wir benützten erstmals systematisch erarbeitete Strukturanalysen und Meinungsumfragen, arbeiteten detaillierte Organisations-, Werbezeit- und Werbestreupläne aus und wendeten moderne Prinzipien in der Wahlwerbung an.
Das dicke Ende aber kam nach: Wir hatten zwar die Wahl gewonnen, verloren aber leider die nachfolgenden Regierungsverhandlungen. Während *Bernaschek* nach den bis zu diesem Zeitpunkt üblichen Spielregeln mit Recht erwarten durfte und auch erwartete, daß die SPÖ als stimmenstärkste Partei auch den Landeshauptmann stellen würde, und auf ein mit *Dr. Gleißner* vereinbartes Gespräch am Tag nach der Wahl vertraute, schritt auf der Gegenseite für die

ÖVP *Dr. Erwin Wenzl* zur Tat. Noch in der Wahlnacht fuhr er zu dem damaligen FPÖ-Obmann *Friedrich Peter* und handelte mit diesem die Grundzüge des sogenannten *Gleißner-Peter*-Paktes aus, der für die SPÖ zum Alptraum wurde. Heute noch erfüllt es mich mit Wehmut, wenn ich daran denke, daß ich noch in der Wahlnacht *Ludwig Bernaschek* bekniet hatte, nicht auf die Aussprache mit *Dr. Gleißner* zu bauen, sondern sofort mit der FPÖ Verbindung aufzunehmen. Er hat jedoch meinen Vorschlag aus Gründen, auf die ich hier nicht näher eingehen will, erbost zurückgewiesen.
Kurz und gut: Die Verhandlungen zwischen ÖVP und FPÖ brachten es mit sich, daß auch nach der verlorenen Wahl *Dr. Heinrich Gleißner* wieder Landeshauptmann wurde.
Wieder einmal hat *Dr. Wenzl* durch seine zielsichere und durchschlagskräftige Art seiner Partei einen unschätzbaren Dienst erwiesen, indem er die demokratischen Möglichkeiten in seinem Sinne konsequent nützte, obwohl dies in meinen Augen nicht anständig war.
Er hat damals gezeigt, daß er nicht nur ein konsequenter Praktiker ist, der eiskalt seine politischen Vorteile nützt, sondern auch ein ebenso konsequenter wie geschickter Taktiker, wenn es darum geht, seiner ÖVP zu nützen. Ich sage deshalb „seiner" ÖVP, weil er ja bereits ein Jahr später, 1968, auch ihr Parteiobmann und sein langjähriger Weggefährte im Sekretariat, *Dr. Josef Ratzenböck*, Landesparteisekretär wurde.
Wenn Politik die Kunst ist, sich der Leute zu bedienen, wie *Montherlant* sagt, dann hat *Dr. Wenzl* diese Kunst verstanden.

Wenzl als Bau- und Wahllöwe

Das Bauressort war das stärkste Pferd, das *Dr. Erwin Wenzl* im Lande hatte. Er baute es zu seiner politischen Stabsstelle und zu einem Superressort aus. Als er 1971 Landeshauptmann wurde, behielt er dieses Ressort weiterhin für sich. Er sorgte für einen großzügigen Ausbau des Autobahnnetzes, der Ortsumfahrungen bis hin zur Staubfreimachung der meisten Güterwege. Daß er den Zentralraum dabei arg vernachlässigte, nahmen wir Sozialdemokraten ihm sehr übel. Offensichtlich trieben ihn seine Kenntnisse über den enormen Strukturwandel dazu, und sicherlich schlug sich diese Politik auch in den Wahlergebnissen zugunsten der ÖVP nieder.
Als Landesparteiobmann der ÖVP wirkte *Dr. Erwin Wenzl* in meinen Augen vor allem als Analytiker des enormen Struktur- und Verhaltenswandels von damals. Er trieb manchem Bündefanatiker das kleinkarierte Denken aus und wurde zur die ÖVP-Bünde beherrschenden sozialen Integrationsfigur.
Ich glaube, daß der Erfolg der SPÖ 1967 die Veränderungen der Arbeitsstruktur in der ÖVP stark beschleunigt hat. Was die SPÖ mit geringen finanziellen Mitteln und persönlichen Ressourcen an Veränderungen der Struktur und des Stils

in der politischen Arbeit begonnen hatte, baute *Dr. Erwin Wenzl* systematisch und schlagkräftig für die ÖVP aus.
Er nützte geschickt die wissenschaftlichen Erkenntnisse aus den Bereichen der demographischen Daten sowie der soziologischen, politologischen und psychologischen Werbungsmaßnahmen für die politische Arbeit und lehnte sich dabei an die Erfahrungen seiner deutschen Schwesterpartei an.
Mit der Gründung der „Heimatwerbung Ges. m. b. H." setzte er sehr gute Voraussetzungen für die Plakatwerbung. Das Übergewicht auf diesem Gebiet zwang auch uns, mit dem „Werbering" für die SPÖ ein Gegengewicht zu schaffen, weil wir uns von diesem Werbebereich nicht ausschließen konnten.
Wenn ich die Zeit zwischen 1967 und 1973 rückblickend betrachte, so waren dies Jahre, in denen die ÖVP ohne Hilfe einer anderen Partei in keinem Gremium des Landes die Mehrheit hatte. Dies traf auch auf die verschiedenen Sektionen im Kollegium des oberösterreichischen Landesschulrates zu. Dieses Gremium führe ich deshalb hier an, weil ich in dieser Zeit als Fraktionsobmann die SPÖ zu vertreten hatte und auch die Schulverhandlungen für meine Partei durchführen mußte. Auch hier begegnete man *Wenzl* auf allen Ebenen. Landeshauptmann *Dr. Gleißner* verhandelte kaum mehr ohne ihn. Vor allem gab es keine Kompromisse ohne *Wenzl.* Und daß es solche wieder gab, das bewies, daß sich auch *Dr. Wenzl* dem sprichwörtlichen oberösterreichischen Klima nicht verschließen konnte oder wollte. Ein Beispiel soll hier seine Konsensbereitschaft aufzeigen. Es ging um die Besetzung einer Professorenstelle an der pädagogischen Akademie in Linz. Die SPÖ hatte dafür eine hervorragend qualifizierte Frau vorgeschlagen, die sub auspiciis praesidentis promoviert hatte. Die ÖVP wollte aber mit allen Mitteln einen ÖVPler dafür durchbringen. In der harten Auseinandersetzung darüber entstand eine kritische Situation. *Dr. Wenzl* ließ als Vorsitzender die Sitzung unterbrechen. Wir setzten uns zu einem Vieraugengespräch zusammen. *Dr. Wenzl* erkannte bald, daß wir diesmal die besseren Argumente hatten, und sorgte dafür, daß nach Wiederaufnahme der Beratungen der Vorschlag der SPÖ angenommen wurde. Auch das ist *Dr. Erwin Wenzl,* wenngleich er in anderen Fällen wieder von einer starren ÖVP-Meinung nicht abzubringen war.
Als *Dr. Gleißner* 1971 zurücktrat, stimmten wir Sozialdemokraten nicht für *Dr. Wenzl* als Nachfolger. Wir hatten seine Aktion 1967 – die zum *Gleißner-Peter*-Pakt führte – nicht vergessen. Mit Hilfe der FPÖ wurde *Wenzl* gewählt. Auch als 1973 die ÖVP bei einer Erhöhung der Zahl der Sitze im Landtag auf 56 wieder 28 Mandate erreicht hatte, stimmte die SPÖ nicht für ihn.
Hier wäre aber noch eines anzumerken: Vor seiner Wahl zum Landeshauptmann hat es einige unter meinen Gesinnungsgenossen gegeben, die die Persönlichkeit von *Dr. Erwin Wenzl* unterschätzt hatten. Dem einen schien er farblos und zu verkrampft, dem anderen war er zu sehr Apparatschik, und dem dritten wieder paßte es nicht, daß er ein eingefleischter CVler war.

Dr. Wenzl strafte alle Lügen. Mit zunehmender Amtszeit wurde er immer lockerer, hielt aber die Zügel in der Landesregierung fest in der Hand. Vorher etwas steif wirkend, paßte er sich rasch den Verhältnissen an. Erstmals wurde er auch mit den Methoden amerikanischer Wahlkämpfe in Oberösterreich vorgestellt: als Löwe und als Motorradfreak oder, wie wir in Anlehnung an einen Ausspruch von *Helmut Qualtinger* sagten, als „der Wilde auf seiner Maschin'". Alle, die damals darüber lächelten, wurden durch das Wahlergebnis eines Besseren belehrt. Für die politisch nicht festgelegten jungen Menschen wurde *Dr. Wenzl* wählbar, und das brachte ihm auch den Erfolg. Der generalstabsmäßig durchgeführte Wahlkampf machte erstmals die Qualitäten des Duos *Wenzl/Ratzenböck* sichtbar. Sicherlich nicht zur Freude für uns Sozialdemokraten.
Ich möchte auch hier nicht verschweigen, daß es wahrscheinlich nur mit dem Duo *Wenzl/Ratzenböck* möglich war, in Oberösterreich schon viel früher als anderswo die Schulungstätigkeit der Gemeindemandatare auf eine solide finanzielle Basis zu stellen – ein Vorgang, der sich bezahlt gemacht hat und auch in der Gegenwart bis in die kleinste Gemeinde hinaus positive Wirkung zeitigt.
In all den Jahren als Landeshauptmann war *Dr. Erwin Wenzl* ein zwar harter, aber stets fairer Verhandlungspartner. Ich erinnere nur an das Jahr 1972, als sich *Dr. Wenzl* mit den oberösterreichischen Sozialdemokraten vehement für den Verbleib der Generaldirektion der VOEST in Linz aussprach.
Sosehr *Dr. Wenzl* in der Landesregierung und auch im Landtag durchaus kompromißbereit war und auch Initiativen meiner Partei zustimmen konnte, so kompromißlos konnte er dann sein, wenn es um Personalfragen beim Amt der Landesregierung ging. Die echte Mitsprache der SPÖ in Personalfragen, die von Landeshauptmann-Stellvertreter *Prof. Dr. Demuth* nach 1967 hervorragend wahrgenommen wurde, war nach 1973 rasch wieder beseitigt worden. *Dr. Wenzl* hat das Verlangen nach einseitiger ÖVP-Personalpolitik im Land wieder zum Leben erweckt. Auch das muß hier gesagt werden, weil es zum Persönlichkeitsbild eines *Dr. Erwin Wenzl* gehört. Und auch zum Persönlichkeitsbild eines Landeshauptmannes *Dr. Wenzl,* der mit seiner Arbeit insgesamt Oberösterreich über weite Strecken geprägt und schließlich auch maßgeblich mitgestaltet hat, obwohl er kein Langzeitlandeshauptmann, wohl aber ein Langzeitregierungsmitglied war.

Wenzl, der Manager

Am Höhepunkt seiner Macht wechselte *Dr. Wenzl* schließlich in die landeseigene Stromgesellschaft und wurde ihr Generaldirektor. Wenn er auch dort keine Zweifel daran ließ, wer er war und woher er kam, mußte ihm selbst der größte Skeptiker zugestehen, daß er sich als Manager auch in der Wirtschaft durchzusetzen vermochte.
Die OKA ist unter seiner Führung zu einem modernen Serviceunternehmen

geworden, was es eigentlich immer hätte sein sollen und können. In die OKA-Zeit von *Erwin Wenzl* fällt auch jene Zeitspanne, in der sich innerhalb der Bevölkerung ein Wertewandel vollzogen hat, der auch heute deutlich spürbar ist. Kraftwerksbauten sind kaum mehr durchzusetzen, Stromsparen steht im Vordergrund. Als Sprecher der EVUS, der er bald nach seinem Eintritt in die OKA geworden war, ist es ihm auch dort nicht erspart geblieben, sich an der Spitze zu bewähren. Viele Neuerungen sprechen für ihn.
Es ist auch hier keine Übertreibung, wenn ich meine, daß *Dr. Erwin Wenzl* auch in der OKA eine Persönlichkeit war. Er war auch dort mit ganzem Einsatz tätig und hat nie ein Hehl daraus gemacht, daß er auch in diesem dem Land gehörenden Unternehmen seine Aufgabe nicht darin gesehen hat, Personalpolitik vielleicht für die Sozialdemokraten zu machen.
So kann ich abschließend feststellen: *Dr. Wenzl* war für mich ein Politiker, der mir alle Achtung abgerungen hat, trotz aller persönlicher Meinungsverschiedenheiten. Er war stets sachlich und korrekt, zielbewußt und durchschlagskräftig. Er hat sich nie gescheut, Verantwortung auf sich zu nehmen, und war stets gewohnt, seine Augen vor dem Neuen nicht zu verschließen. Er war ein Mann der Ausgewogenheit und des Nachdenkens, und das wirkt sich wieder positiv aus: Denn Menschen, die nachdenken, können manchmal eben auch zu falschen Schlüssen kommen, nur die, die nicht nachdenken, kommen zu keinen Entschlüssen. *Dr. Erwin Wenzl* war immer ein entschlossener Mensch, ein Mensch, der bereit war, Entscheidungen zu treffen und diese Entscheidungen auch zu verantworten.
In meiner politischen Tagesarbeit habe ich *Dr. Erwin Wenzl* kennengelernt als einen Menschen und Politiker, der seinen Standpunkt bezogen, mit Nachdruck vertreten und auch durchgehalten hat. Trotz seiner Nachdrücklichkeit war er auch gegenüber den politisch Andersgesinnten einsichtig. Er war für meinen Geschmack nicht der große Redner, sondern ein handelnder Politiker, der mit großem Geschick die ÖVP in Oberösterreich führte. Oberösterreich hat in der Zeit seines politischen Wirkens einen großen Aufschwung genommen.
Als eine besondere Qualität möchte ich aber *Dr. Erwin Wenzl* anrechnen, daß ich ihn als einen Menschen kennengelernt habe, der sich nie gescheut hat, Verantwortung zu übernehmen, und der als Lebenslehre erkannt hat, daß nichts im Leben ganz falsch und nichts ganz richtig ist, daß ein Miteinander immer besser ist als ein Gegeneinander.
Für mich war *Dr. Erwin Wenzl* trotz aller unterschiedlichen Auffassung ein Mensch, mit dem man immer reden konnte.

Der „Löwe" als Parteimanager im Spiegel der oberösterreichischen Parteigeschichte

Helmut Kukacka und Walter Pasteyrik

So wurde harte Parteiarbeit belohnt: Die „Absolute" zurückerobert

Wie kaum ein anderer Bereich im öffentlichen Leben ist eine politische Partei bei stets gleichbleibenden ideologischen Grundsätzen einem Wandel und einer Weiterentwicklung in deren praktischen Umsetzung unterworfen. Was nun die ÖVP Oberösterreich betrifft, so kann ihr fünfter Landesparteitag im Oktober 1951 als wichtiger Wendepunkt betrachtet werden: Der damalige Landeshauptmann *Dr. Heinrich Gleißner* wurde Landesparteiobmann und *Dr. Erwin Wenzl*, sein späterer Nachfolger, Landesparteisekretär. Ein dynamisch vorangetriebener Aufbau einer modernen Parteiorganisation mit klar definierten Zielvorgaben und einem strukturell wie finanziell durchorganisierten Apparat nahm damit seinen Anfang.
Frei nach dem Motto „Ohne Geld keine effektive Parteiarbeit", war bereits im Jahre 1950 die Einführung eines Parteibeitrages angeregt worden. Nun wurde diese Anregung in die Tat umgesetzt: Jedes ordentliche Mitglied hatte der Partei einen Beitrag von zwölf Schilling im Jahr zu entrichten. Nur ein halbes Jahr später, nämlich am 20. Februar 1952, wurde diese finanzielle Fundierung erweitert: Der Parteivorstand beschloß, daß in Hinkunft jeder ÖVP-Abgeordnete zum Nationalrat, Landtag und Linzer Stadtrat zehn Prozent seiner Bezüge an die Partei abführen muß.
Auch in der Organisation der Partei wehte nun ein neuer Wind. Die Hauptbezirkssekretariate wurden wieder mit hauptamtlichen Sekretären besetzt. Gleichzeitig wurde die Errichtung von Einheitssekretariaten der Partei und der Bünde beschlossen. Damit aber noch nicht genug: Verstärkt bemühte man sich nun, Neuwähler und junge Funktionäre in den Parteiapparat zu integrieren, was natürlich die Wiedereinführung von Schulungen erforderlich machte. Rasch zeichnete sich ein erfreuliches Bild ab: Neues Leben durchflutete den Parteiapparat. Die Zeit der Improvisation war vorüber. Nun stand die organisatorische, propagandistische und politische Arbeit im Vordergrund.
Schon bald stellten sich aufgrund der eingeleiteten und intensiv vorangetriebe-

nen Reformarbeit sowie der nun verstärkten Werbetätigkeit erste Erfolge ein: Bei der Nationalratswahl am 22. Februar 1953 ragte das oberösterreichische Ergebnis aus dem Gesamtresultat in leuchtenden Farben heraus. Oberösterreich war das einzige Bundesland, in dem die ÖVP von 1949 auf 1953 den Stimmenanteil vergrößern konnte. Die Folge: 13 oberösterreichische ÖVP-Abgeordnete, um zwei mehr als 1949, zogen in den Nationalrat ein!
Erfolg beflügelt: Nicht zuletzt deshalb wurde 1953 wohl die Organisation der Partei nochmals verbessert, indem der Parteiapparat bis in die Gemeinden hinein als Ortsgruppen durchkonstruiert wurde. Sehr positiv wirkten sich auch die monatlichen Sitzungen der Landesparteileitung beziehungsweise des Landesparteivorstandes aus. Auch das Personal der Landesparteileitung, die im Dezember 1952 über Vermittlung von Landeshauptmann-Stellvertreter *Felix Kern* im Linzer Raiffeisenhof, Obere Donaulände 7, ihren bleibenden Sitz gefunden hatte, konnte wieder verstärkt werden.
Das darauffolgende Jahr war ein sogenanntes Zwischenwahljahr und wurde auch dementsprechend genutzt. Die Landesregierung hatte über Antrag der ÖVP bereits im Jahre 1953 den politischen Parteien finanzielle Mittel für die Schulung ihrer Gemeindevertreter zur Verfügung gestellt. Das ermöglichte es nun, daß 2.400 ÖVP-Gemeindemandatare sich in 43 Schulungen das Rüstzeug für ihre Tätigkeit schaffen konnten.
Schon im Frühjahr 1955 setzten die Vorbereitungen für den Landtagswahlkampf ein. Schon damals zeichnete sich deutlich ab, daß sich die SPÖ auf allen Linien in der Defensive befand. Die oberösterreichische Bevölkerung wußte, daß die gerade wiedererlangte Freiheit und der Staatsvertrag in erster Linie den unermüdlichen Bemühungen aller heimattreuen Österreicher unter der Führung der ÖVP zu verdanken waren. Die Landesparteileitung stellte daher den Befreiungsgedanken und die großen Leistungen der ÖVP-Politiker in der Landesregierung und im Landtag in den Mittelpunkt ihrer Wahlkampagne. Dabei bediente sie sich moderner Mittel: So etwa der neu geschaffenen Wahlzeitung „Heimatruf", die eindrucksvolle Bilder und Berichte von den nur zu sehr im Schatten der Regierungsarbeit stehenden Leistungen Oberösterreichs brachte. Der Versand des „Heimatrufes" erfolgte als Postwurf, sodaß damit 360.000 Haushalte angesprochen wurden. Auch ein eigener Wahlfilm mit dem Titel „Die Heimat ruft", der für die Nationalratswahlen 1956 wegen seiner gelungenen Gestaltung von der Bundesparteileitung auf gesamtösterreichische Verhältnisse umgearbeitet wurde, kam zum Einsatz.
Die Mühe wurde am 23. Oktober 1955 belohnt: Die absolute Mehrheit konnte zurückerobert werden. Die Mandatsverteilung: 25 ÖVP (bisher 23), 19 SPÖ (bisher 15), 4 freiheitliche Wahlgemeinschaft, später FPÖ, (bisher 10). Die Landesregierung setzte sich aus fünf ÖVP-Mitgliedern (bisher vier), vier SPÖ (bisher drei) und null WdU (bisher 2) zusammen. An diesem Tag wurde leider aber auch demonstriert, wie nahe Freud und Leid beieinanderliegen: Landeshaupt-

Nach den erfolgreich geschlagenen Wahlen im Oktober 1973. Von links nach rechts: Chefredakteur Dr. Rohrhofer, LH Dr. Wenzl und LH-Stv. Fridl.

mann-Stellvertreter *Felix Kern*, ein unermüdlicher Kämpfer aus der alten Garde und großer Lehrmeister für *Dr. Erwin Wenzl*, starb. An seiner Stelle wurde *Dr. Erwin Wenzl* in die Landesregierung berufen.
Er setzte den eingeschlagenen Weg konsequent fort. Etwa durch erstmals in Österreich durchgeführte Strukturanalysen der Bevölkerung, deren Ergebnisse er in die politische Tätigkeit einfließen ließ. Diese damals in Österreich noch einzigartige Vorgangsweise präsentierte er beim zehnten Landesparteitag einer breiten Öffentlichkeit. Bei diesem Landesparteitag forderte *Dr. Wenzl* die Delegierten aber auch auf, ihr Verhältnis zur Presse neu zu überdenken.
Eine Aufforderung, die keineswegs ungehört verhallte: Ein geschichtlicher Überblick über das Pressewesen in Oberösterreich bildete den Auftakt dafür, ein Steckbrief aller in Oberösterreich erscheinenden Tages- und Wochenzeitungen und einige grundsätzliche Überlegungen über das Verhältnis von Presse und Partei waren die Fortsetzung.
Analytisches Denken und das Einbeziehen der Strukturänderungen in der oberösterreichischen Bevölkerung prägten auch die Ausführungen der folgenden Landesparteitage der ÖVP. Etwa den 13., als der Wahlerfolg vom 22. Oktober 1961, bei dem die „Absolute" gesichert werden konnte, im Mittelpunkt stand. Das Ausmaß dieses Erfolges ließ die Tatsache besonders plastisch hervortreten, daß „weder der starke Strukturwandel und die zunehmende Verstädterung, von deren weiterem Fortschreiten sich die SPÖ sozusagen automatisch und zwangsläufig die zur Erlangung der Mehrheit nötigen Stimmen erhofft hatte, noch die tiefgreifende Verjüngung des Wählerstockes die Stellung der Volkspartei im Lande erschüttern hatten können".
In der Folge wurde von der ÖVP die Struktur ihrer Gemeindemandatare in Oberösterreich unter die Lupe genommen und das Ergebnis beim 14. Landesparteitag im Dezember 1963 in der Festschrift präsentiert. Die Quintessenz dieser Strukturanalyse, deren Initiator wiederum *Dr. Wenzl* war: Die Volkspartei hatte unter den Großparteien den höchsten Anteil an Gemeindemandataren im Alter von 25 bis 30 Jahren. Bei den Bürgermeistern lag die ÖVP beim Verjüngungsprozeß ebenfalls an der Spitze.
Der Jugend galt überhaupt das große Interesse der Partei. Sie für Politik zu interessieren und sie in den politischen Entscheidungsprozeß zu integrieren, war das erklärte Ziel. Deshalb wurden wiederum auf Initiative von *Dr. Erwin Wenzl* in den sechziger Jahren sogenannte „Jugendparlamente" ins Leben gerufen. Zahlreiche derartige Veranstaltungen wurden abgehalten, bei denen Bundes- und Landespolitiker einer überaus kritischen, aber sachlich orientierten Jugend jeweils unter der Leitung eines Jugendfunktionärs bei mehrstündigen Diskussionen Rede und Antwort standen. Eine Aktion, die großen Erfolg erbrachte und einen wichtigen direkten Kontakt zwischen Politiker und Bürger darstellte. Eine Aktion aber auch, die bis heute noch keine andere politische Partei gewagt hat, in ähnlicher Form zu wiederholen.

Der „schwarze" Löwe beim „roten" Löwen! Wenn das kein Grund zum Anstoßen sein soll ...

Ein wohl seltenes Foto: LH Dr. Gleißner mit seinen beiden Nachfolgern, Dr. Erwin Wenzl und Dr. Josef Ratzenböck.

Zum Gradmesser etwaiger Änderungen in der politischen Landschaft sollte die Nationalratswahl 1966 werden, deren Vorverlegung durch den Budgetkrach unausbleiblich schien. In ihrem Schatten stand auch der 16. Landesparteitag. Noch nie zuvor fand ein Landesparteitag so knapp vor einem Wahltermin statt. Und auch noch nie zuvor wurde die Wahlvorbereitung auf einen so kurzen Zeitraum zusammengedrängt. Und wiederum war es *Dr. Erwin Wenzl*, der bei dieser Gelegenheit die Analyse der Wählerstruktur als Basis für politische und propagandistische Arbeit hervorhob. „Die regionale und strukturelle Verschiebung der oberösterreichischen Wählerschaft von 1949 bis 1956 " betitelte sich die Analyse, wie sie bisher keine andere politische Partei der Öffentlichkeit vorgelegt hatte. Darin wurde die regionale und altersmäßige Verschiebung der Wählerschaft ziffernmäßig erfaßt.
Nur wenige Tage später trat in der oberösterreichischen Landesregierung ein Wechsel ein. *Ök.-Rat Johann Blöchl* schied aus dem politischen Leben aus, indem er am 15. Jänner 1966 sein Landtagsmandat zurücklegte und gleichzeitig aus der Landesregierung austrat. In die Position des Landeshauptmann-Stellvertreters rückte nun der damalige Landesrat *Dr. Erwin Wenzl* nach.
Die nun folgende Nationalratswahl (6. März 1966) wurde zum größten Sieg, den die ÖVP je errungen hat. Allein in Oberösterreich entfielen 51,3 Prozent der abgegebenen Stimmen auf die Volkspartei. Damit befand sich Oberösterreich unter jenen fünf Bundesländern, in denen die ÖVP die absolute Mehrheit der Stimmen auf sich vereinigte.
Die Landtagswahl am 22. Oktober 1967 wurde von *Dr. Erwin Wenzl* mit großem und modernem Einsatz vorbereitet. Ihr Ausgang wurde in der Öffentlichkeit als typisches Zwischenwahlergebnis, als Pendelschlag nach links gewertet, der damit die Gegenbewegung zu den vorangegangenen Wahlsiegen der Volkspartei, aber auch eine Reaktion auf die ungewohnte Situation einer ÖVP-Alleinregierung darstellte. Hatte die Volkspartei bei den Wahlen seit 1949 eine kaum unterbrochene Aufwärtsentwicklung von 45 Prozent auf 51,3 Prozent der gültigen abgegebenen Stimmen durchgemacht, so sank der Anteil jetzt wieder auf 45,2 Prozent und wurde erstmalig auch von der SPÖ mit 46 Prozent übertroffen. Die Volkspartei verlor zwei Landtagsmandate und hatte bei geringerer Stimmenanzahl als die SPÖ ebenfalls 23 Mandate.
Bei der Wahl des Landeshauptmannes kam es daher ganz entscheidend auf die Verhandlungen mit der FPÖ als dem „Zünglein an der Waage" an. Diese Verhandlungen wurden von beiden Seiten geführt, sahen aber *Dr. Wenzl* als Sieger. Damals war also der Volkspartei bei der Wahl des Landeshauptmannes eine entscheidende Weichenstellung zu ihren Gunsten gelungen, enthielt doch dieses Abkommen eine Gültigkeitsklausel auch für die Wahl eines *Gleißner*-Nachfolgers während der Legislaturperiode, wodurch dann *Dr. Erwin Wenzl* im Jahre 1971 mit den Stimmen der ÖVP und FPÖ zum Landeshauptmann gewählt werden konnte. Eine historische politische Leistung von *Dr. Erwin*

Der Landesparteitag 1968: Landesparteisekretär Dr. Ratzenböck, Bundesparteiobmann Bundeskanzler Dr. Klaus, LH Dr. Gleißner, Landesparteiobmann LR Dr. Wenzl.

Die konstituierende Sitzung des oö. Landtages am 16. November 1973 und die Wahl Dr. Wenzls zum Landeshauptmann. Im Bild von links nach rechts: LH Dr. Wenzl, Landesamtsdirektor Dr. Pichler und Landtagspräsident Dr. Spannocchi.

Wenzl, die auch für die Zukunft die politische Vormachtstellung der Volkspartei in Oberösterreich sicherte.

Der Wechsel an der Parteispitze fand am 18. Landesparteitag statt. In geheimer Wahl wurde *Dr. Erwin Wenzl* mit 1.068 von 1.083 gültigen Stimmen zum neuen Landesparteiobmann gewählt. Landeshauptmann *Dr. Gleißner* wurde wegen seiner hervorragenden Führung der oberösterreichischen Landesparteiorganisation seit Oktober 1951 zum Ehrenobmann gewählt. Mit 1. Jänner 1969 erfolgte die Bestellung von *Dr. Josef Ratzenböck* zum neuen Landesparteisekretär.

Dieses „Gespann" nahm zielbewußt den weiteren Umbau der Österreichischen Volkspartei in eine Serviceorganisation in Angriff. Zwar hatte es auch bisher durch die Beratung Hilfe für die Bürger gegeben, jetzt aber ging man neue Wege und arbeitete nach modernen Richtlinien unter dem Sammelbegriff „Wählerservice der Volkspartei" ein neues Konzept aus. Der wichtigste Grundsatz: Rat und Hilfe für die Staatsbürger müssen in der Form angeboten werden, daß man nicht etwa wartet, bis jemand kommt, sondern daß man die Mitmenschen aufsucht und sich nach ihren Anliegen, Sorgen und Problemen erkundigt, ihnen mögliche steuerliche oder sonstige Vorteile aufzeigt und die aktive Mithilfe dabei anbietet. Die Folge: Die Landesleitung und die Bezirksleitungen der ÖVP wurden zu „Tankstellen" der Information und zu echten Servicestellen ausgebaut.

Eine Wende in der Bundespolitik trat mit dem 1. März 1970 und der für dieses Datum angesetzten Nationalratswahl ein. Es ging um die absolute Mehrheit der Volkspartei und um die Existenzberechtigung dieser ersten Alleinregierung in der Geschichte der Zweiten Republik. Das Wahlergebnis war enttäuschend. Allgemein herrschte zwar die Ansicht, daß die ÖVP-Alleinregierung sehr gut gearbeitet, ihre Leistungen aber weniger gut in der Bevölkerung verwertet hatte. Erstmals bei einer Nationalratswahl überflügelte die SPÖ mandatsmäßig die ÖVP. Der Stimmenvorsprung der SPÖ, der bei der Landtagswahl 1967 noch rund 5.000 Stimmen betragen hatte, sank um 1.500 Stimmen. Statt bisher 14 kamen nur 13 ÖVP-Abgeordnete aus Oberösterreich in den Nationalrat.

In diesem Jahr fiel noch eine weitere wichtige und weitreichende Entscheidung, die stets mit dem Namen *Dr. Erwin Wenzl* eng verbunden sein wird. Um die Jahresmitte bot sich die Gelegenheit, das „Linzer Volksblatt" aus dem Besitz und der Herausgeberschaft des Oberösterreichischen Landesverlages zu erwerben. Eine Gelegenheit, die die ÖVP Oberösterreichs nicht ungenutzt ließ. Die ÖVP gründete die „Österreichische Zeitungs-, Verlags- und Vertriebsgesellschaft m. b. H." in einer Treuhandkonstruktion als Herausgeber, der der Landesparteiobmann und die Obmänner der drei traditionellen Bünde vorstanden. Ab 2. Jänner 1971 erschien somit das „Linzer Volksblatt" als Parteiorgan der Österreichischen Volkspartei, Landesleitung Oberösterreich. Von April 1971 bis 1974 hatte sich auch die Landesparteileitung Niederösterreich angeschlossen, weshalb das „Linzer" im Titel wegfiel und es nur mehr ein „Volksblatt" gab. Als sich Niederösterreich von dem Unternehmen zurückzog und nur mehr eine kleine Mutation für dieses Bundesland erschien, entstand im Jahre 1974 das „Neue Volksblatt", das in dieser Form bis heute unter dem 1970 berufenen Chefredakteur *Peter Klar* erscheint. Allen Schwierigkeiten zum Trotze erfüllt das „Neue Volksblatt" eine wichtige und von der Öffentlichkeitsarbeit der Volkspartei nicht mehr wegzudenkende Funktion als Nachrichten- und Meinungsträger.

Öffentlichkeitsarbeit und Information der Bevölkerung wurden also in der Partei großer Stellenwert beigemessen. Wovon man aber weniger begeistert war, war die immer stärker um sich greifende Wildplakatierung. Ihr wurde im Jahre 1971 ein Riegel vorgeschoben. Über Vorschlag von Landesparteisekretär *Dr. Josef Ratzenböck* trat man mit dem Angebot an die SPÖ Oberösterreich heran, bei der Wahlwerbung zur bevorstehenden Bundespräsidentenwahl auf den Einsatz von parteieigenen Plakatierungskolonnen zu verzichten. Daraus entsprang letztlich die seither geübte Praxis, den einschlägigen gewerblichen Plakatierungsunternehmen seitens der Parteien nur amtlich genehmigte und genormte Plakatflächen und Plakatständer zur Verfügung zu stellen. Den Schlußpunkt unter das leidliche Plakatierungsproblem setzte schließlich die oberösterreichische Volkspartei mit der Gründung der „Heimatwerbung", ein Werbeunternehmen, das tatkräftig von *Dr. Wenzl* vorangetrieben und zum größten Plakatierungsunternehmen Österreichs ausgebaut wurde.

Wenngleich all diese Schritte wichtige Weichenstellungen für die Zukunft der ÖVP und des Landes Oberösterreichs darstellten, so war das Jahr 1971 doch von einem anderen Ereignis geprägt. Landeshauptmann *Dr. Heinrich Gleißner* legte, nachdem er dem Land Oberösterreich von 1934 bis 1938 und von 1945 bis 1971 als Landeshauptmann gedient hatte, 78jährig sein Amt zurück. Seine großen Verdienste um sein Heimatland Oberösterreich und um Österreich, insbesondere als Mann der ersten Stunde der Zweiten Republik, gehen weit über den Parteirahmen hinaus und erreichen über die Politik hinaus historische Dimensionen. Seine letzte Großtat für die Volkspartei bestand wohl darin, daß er für eine geregelte Nachfolge gesorgt hatte. *Dr. Erwin Wenzl* war zwei Jahrzehnte lang sein engster Mitarbeiter. Seit 1. Dezember 1968 war er über Vorschlag von *Dr. Gleißner* bereits Landesparteiobmann. Als Nachfolger von *Ök.-Rat Blöchl* wurde er, als dieser 1966 in den Ruhestand trat, Landeshauptmann-Stellvertreter. Nun sollte er die Nachfolge von *Dr. Heinrich Gleißner* antreten.

Am 3. Mai 1971 wurde somit *Dr. Erwin Wenzl* vom Oberösterreichischen Landtag mit den Stimmen der ÖVP und FPÖ zum Landeshauptmann von Oberösterreich gewählt. In seiner Antrittsrede entwickelte er unter dem Titel „Besser leben in gesunder Umwelt" ein zukunftsweisendes Arbeitsprogramm für seine Regierungsmannschaft, das der Chancengleichheit und dem Umweltschutz klare Prioritäten einräumte.

In der Folge wurde nun eine weitere Ausbaustufe des ÖVP-Wählerservices eingeleitet. Bisher hatten vor allem Fachleute über Spezialthemen Aufklärungsversammlungen abgehalten. Besonders engagierte sich damals etwa *Dr. Josef Ratzenböck* in Wohnbauangelegenheiten. Die Möglichkeiten jedes einzelnen, die Wohnbauförderung in Anspruch zu nehmen, waren nämlich weithin unbekannt. Über den Kreis dieser Fachberater hinaus sollten nun in einer zweiten Ausbaustufe die örtlichen Funktionäre für den Wählerserviceeinsatz geschult werden. Ziel dieser Schulungen war es, die Funktionäre künftig in die Lage zu versetzen, von sich aus der Bevölkerung fachlich fundierten Rat anzubieten. Ein Handbuch mit allen einschlägigen Beratungsmöglichkeiten und den erforderlichen gesetzlichen Unterlagen wurde eigens dafür von der Landesparteileitung herausgebracht. Detail am Rande: Als Start wurde eine Modellschulung in Grieskirchen angesetzt, zu der auch, was die Bedeutung dieser Vorgangsweise unterstrich, der damalige ÖVP-Bundesparteiobmann *Dr. Schleinzer* gemeinsam mit *Dr. Erwin Wenzl* als Redner und Zuhörer erschien.
Eine Aktivität, die von den oberösterreichischen Wählern honoriert wurde: Während etwa die SPÖ bei der Nationalratswahl im Oktober 1971 österreichweit 50 Prozent der gültigen Stimmen erzielte, entfielen in Oberösterreich nur 48 Prozent auf sie! Und bei der zwei Jahre später erfolgten Landtagswahl entschieden sich die Oberösterreicher eindeutig für die Volkspartei. *Dr. Erwin Wenzl* wurde somit in seiner Funktion als Landeshauptmann von Oberösterreich bestätigt.
In seiner Antrittsrede hob damals *Dr. Wenzl* sein Bemühen hervor, die Interessen der gesamten Bevölkerung wahrnehmen zu wollen und das bewährte „oberösterreichische Klima" fortzuführen. In diesem Sinne waren auch seine folgenden Aktivitäten und ein noch vor Sommerbeginn 1974 erzielter großer Erfolg der Volkspartei zu verstehen: Es gelang, die Objektivierung der Besetzung der Schulleiterposten in Oberösterreich zu erzielen. Zwei Fachleute erarbeiteten dafür ein leistungsorientiertes Punktesystem. Die Folge: Am 28. Juni 1974 stellten Landeshauptmann *Dr. Erwin Wenzl* als Schulreferent und der neue amtsführende Präsident des oberösterreichischen Landesschulrates, *Dr. Karl A. Eckmayr*, der Öffentlichkeit das erarbeitete Modell vor, das damals einzigartig in Österreich war und seither, von geringfügigen Änderungen abgesehen, in Oberösterreich erfolgreich praktiziert wird.
Die Modernisierung und Realisierung der neun Landespläne standen in der Folge im Vordergrund und zogen sich wie ein roter Faden durch die politischen Aktivitäten. So veröffentlichten etwa im Frühjahr 1975 die Planverantwortlichen die Ergebnisse ihrer „Fortschreibungsarbeit" am jeweiligen Landesplan. Zielsetzung dieser Landespläne war, durch eine entsprechende Infrastruktur allen Oberösterreichern gleiche Ausgangspositionen zu schaffen. Die Realisierung dieser Landespläne stellte in der Folge auch bis zum Rücktritt von *Dr. Erwin Wenzl* als Landeshauptmann einen Schwerpunkt seiner politischen Arbeit dar.

Hoher Besuch beim Euro-Meeting 1972 in Mondsee: neben LH Dr. Erwin Wenzl der bayerische Ministerpräsident Franz Josef Strauß, daneben der damalige Obmann der Jungen ÖVP, LAbg. Mag. Werner Wigelbeyer.

So wurde auch das Raumordnungsprogramm der ÖVP vorangetrieben. Oberösterreich sollte in 13 Planregionen eingeteilt werden. Das Motto lautete: „Förderungspolitik für die Entwicklungsgebiete – Ordnungspolitik für die Verdichtungsgebiete“. In diesem Sinne nahm *Dr. Wenzl* auch die Lösung der Fragen des Nahverkehrs in Angriff.
Bundesweit gültige Akzente für die Zukunft setzte *Dr. Wenzl* schließlich mit seinen Aktivitäten für die Erhaltung unserer Umwelt. Seit jeher war ihm Umweltschutz ein großes Anliegen. Grenzüberschreitende Aktivitäten, vor allem mit Bayern, waren die Folge. Ein oberösterreichisches Umweltschutzjahr, noch lange, bevor in Österreich Umweltschutz als absolute Notwendigkeit erkannt wurde, war eine erste oberösterreichische Umsetzung dieser Ideologie, die die Handschrift von Landeshauptmann *Dr. Erwin Wenzl* trug. Eine IMAS-Umfrage im Dezember 1976 bestätigte ihn darin: Demnach hielten 76 Prozent der Oberösterreicher die Reinhaltung der Umwelt für so wichtig, daß dafür auch Opfer gebracht werden müßten.
Im Kohlenrevier war *Dr. Wenzl* als Sohn eines Bergmanns aufgewachsen; vom Kohlenrevier war er in die Politik aufgebrochen, und ihm galt auch seine letzte politische Sorge. Noch am 30. September 1977 brach er für die Existenzsicherung der Bergleute eine Lanze; am 3. Oktober 1977, also nur wenige Tage später, legte er seine Stelle als Landeshauptmann und Landesparteiobmann zurück. Auf Vorschlag von Landeshauptmann-Stellvertreter *Possart* wurde Landesrat *Dr. Josef Ratzenböck* als Landeshauptmann und ÖVP-Landesparteiobmann nominiert. Landesparteisekretär wurde *Mag. Helmut Kukacka.* Das Bauressort übernahm Landtagsabgeordneter *Hans Winetzhammer,* der wie *Dr. Wenzl* bereits als Sekretär von Landeshauptmann-Stellvertreter *Felix Kern* in den fünfziger Jahren in der Baudirektion tätig gewesen war.

Der Zeitungsmann

Peter Klar

Wie es zum „Linzer Volksblatt“ als Zeitung der Volkspartei gekommen ist

Seine ersten Kontakte mit dem Pressewesen ergaben sich für *Erwin Wenzl* als Sekretär und besondere Vertrauensperson des Bauernbunddirektors und Mitglieds der oberösterreichischen Landesregierung *Felix Kern. Kern* war mit dem Preßverein der Diözese eng verbunden. Gemeinsam mit *Dr. Heinrich Gleißner* konnte er 1947 erreichen, daß die amerikanische Besatzungsmacht die Beschlagnahme des Oberösterreichischen Landesverlages aufhob und die Treuhandschaft dem Katholischen Preßverein der Diözese Linz übertragen wurde. Diese Treuhandschaft wurde erst mit Wirkung vom 16. Dezember 1949 beendet. Der Preßverein wurde wieder Eigentümer des Unternehmens.

Schon am 2. Dezember 1948 wurde *Wenzl* über Wunsch *Kerns* Mitglied des Preßvereins, sechs Jahre später, am 18. November 1954, auch Mitglied des Preßvereinskomitees, also des Leitungsgremiums des Vereins und damit seiner Unternehmungen.

Vorsitzender des Preßvereinskomitees war immer ein Angehöriger des Klerus, seit 18. Februar 1938 hatte diese Funktion Domkapitular *Wilhelm Binder* inne. (Erst nach dessen Tod wurde mit *Dr. Karl Schaller,* Direktor der Raiffeisenzentralkassa, erstmals ein Laie Obmann, ihm folgten der Rechtsanwalt *Dr. Gottfried Köhler* und anschließend der Generaldirektor der Hypo-Landesbank, *Dr. Josef Kolmhofer.)* Mit der Entsendung *Wenzls* in das Preßvereinskomitee sollte sichergestellt werden, daß bei *Kerns* Verhinderung ein persönlicher Vertrauensmann mitwirkte.

Erwin Wenzl blieb auch während seiner politischen Karriere als Landesregierungsmitglied, ÖVP-Parteiobmann und Landeshauptmann im Komitee und legte diese Funktion erst zu seinem Abschied als Landeshauptmann am 20. Oktober 1977 zurück. Er blieb jedoch Mitglied des Vereins.

In die Zeit von *Wenzls* Aktivitäten im Preßverein fällt eine durchgreifende Veränderung der Printmedien-Landschaft – auch in Oberösterreich. Hauptanliegen waren ihm natürlich die Periodika des Landesverlages, allen voran die Tageszeitung „Linzer Volksblatt". Als Politiker erkannte er die außerordentliche Bedeutung des Pressewesens für die Demokratie: Nur eine über Ereignisse, Entwicklungen, aber auch die Argumentationen der politischen Kräfte informierte Öffentlichkeit ist befähigt, aktiv am politischen Geschehen teilzunehmen und sich über das Kräftespiel der politischen Parteien ein von eigenen Überlegungen geprägtes Bild zu machen.

Erwin Wenzls Engagement verstärkte sich, als er 1951 ÖVP-Landesparteisekretär unter Landesparteiobmann *Heinrich Gleißner* wurde. Er trug Wesentliches zum Ausbau der Wochenzeitungen des Landesverlages bei und setzte sich schließlich auch mit der Intention durch, eine Wochenzeitung auch für den Raum Linz („Linzer Rundschau") ins Leben zu rufen. Diese Wochenzeitungen des Landesverlags – „Rieder Volkszeitung", „Welser Zeitung", „Mühlviertler Nachrichten" und „Vöcklabrucker Wochenspiegel" – waren und sind zwar keine Organe der ÖVP, entsprechen aber im Einklang mit den Zielsetzungen des Diözesanpreßvereins gesellschaftspolitischen Vorstellungen, die auch der Volkspartei nicht fremd sind.

Nach wie vor ist *Erwin Wenzl* von der Richtigkeit dieser Medienpolitik überzeugt. Würden sich nämlich die oberösterreichischen christlichsozialen, wertkonservativen Kräfte zurückziehen, dann stießen mit Sicherheit andere Kräfte in das entstehende Pressevakuum.

Die größten wirtschaftlichen Sorgen bereitete dem Preßverein und dem Landesverlag jedoch die Tageszeitung des Hauses, das „Linzer Volksblatt". Die schon 1869 vom „Katholikenverein" in Linz gegründete Zeitung war 1938 von der NSDAP übernommen und eingestellt worden. Nach dem Krieg gestattete die amerikanische Besatzungsmacht im Mai 1945 in Oberösterreich und in Salzburg nur die Herausgabe je einer „unpolitischen" Tageszeitung.

Die politischen Parteien durften erst ab 8. Oktober wieder Tageszeitungen herausgeben, als die Besatzungsmacht erkannte, daß die zu den ersten Nationalratswahlen im November antretenden Kräfte sich der Öffentlichkeit gegenüber ausdrücken können mußten. Durch eine Vereinbarung zwischen Landesverlag und Volkspartei konnte das „Linzer Volksblatt" – nun als Parteizeitung – wieder erscheinen. Dieses Übereinkommen endete mit 30. September 1950. Ab diesem Zeitpunkt erschien das „Volksblatt" wieder als parteiunabhängige Zeitung des Katholischen Preßvereins der Diözese.

In den sechziger Jahren stieg der Verlust derart an, daß man an die Umwandlung in ein Wochenblatt oder die Weiterführung als Tageszeitung in Kooperation mit einem anderen Verlag dachte. Unter dem Datum des 14. Juni 1968 meldet die Verlagschronik: „In den letzten Jahren war es durch Verbesserungen des Inhalts und durch intensive Werbemaßnahmen gelungen, die Auflage des ‚Linzer Volksblattes' an Wochentagen mit rund 18.000, an Samstagen mit rund 23.000 Stück zu erhöhen. Gleichzeitig war jedoch der Verlust der Zeitung stark

Die Geburtsstunde des „alten – neuen" Linzer Volksblattes. Im Vordergrund von links nach rechts: Chefredakteur Peter Klar, LR Hans Winetzhammer, LH Dr. Erwin Wenzl.

angestiegen. Unter diesen Umständen beschließt das Preßvereinskomitee, Vorbereitungen dafür zu treffen, damit das ,Linzer Volksblatt' im Jahre 1969 in eine andere Tageszeitung übergeführt oder in eine Wochenzeitung umgewandelt werden kann." Diese Vorbereitungen wurden von der Verlagsleitung sehr intensiv in Angriff genommen. Schließlich wurde ein unterschriftsreifer Vertrag mit dem Styria-Verlag, Graz, präsentiert, der das „Linzer Volksblatt" in eine Oberösterreich-Ausgabe der Tageszeitung „Kleine Zeitung" umwandeln wollte.
Dipl.-Ing. Hubert Lehner, damaliger Generaldirektor des Landesverlages, schreibt in einem 1991 erschienenen Buch hierüber: „Zur größten Überraschung aller Beteiligten wurde in jenen Tagen bekannt, daß die oberösterreichische ÖVP interessiert sei, das ,Linzer Volksblatt' zu übernehmen und als offizielle Parteizeitung weiterzuführen. Bei der Preßvereinskomiteesitzung am 16. Juni 1970 schlug Landeshauptmann-Stellvertreter *Dr. Erwin Wenzl* vor, den vorliegenden Vertragstext mit der Styria nicht zu beschließen, sondern das ,Volksblatt' zu ähnlichen Bedingungen an die oberösterreichische ÖVP zu übergeben. Bei einem Teil der Komiteemitglieder stieß dieser Vorschlag auf Ablehnung: denn in kirchlichen Kreisen hatte das Projekt einer unabhängigen christlichen ,Kleinen Zeitung' viel Sympathie gefunden; mehrere Komiteemitglieder bezweifelten, daß die ÖVP auf Dauer den Verlust der Zeitung tragen könne, während man der Styria mit dem Projekt ,Kleine Zeitung' viel eher zutraute, sich auf dem Markt durchzusetzen, so daß der Landesverlag langfristig mit diesem Druckauftrag rechnen könne."
In der Erinnerung anderer stellte sich die Entwicklung etwas anders dar: Aufgrund der wirtschaftlich schwachen Basis des „Volksblattes" seien tatsächlich seitens der Leitung des Landesverlages – allerdings ohne Einbeziehung der Laien im Preßverein – Vertragsverhandlungen mit dem Grazer Verlag Styria geführt worden. Generaldirektor *Hubert Lehner* erschien mit einem leitenden Herrn von Styria in *Erwin Wenzls* Büro im Hauserhof – *Wenzl* war inzwischen Landeshauptmann-Stellvertreter geworden – und eröffnete ihm das nun konkrete Vorhaben, das „Linzer Volksblatt" als Oberösterreich-Ausgabe der „Kleinen Zeitung" weiterzuführen. *Wenzl* hat nach eigenen Angaben mitgeteilt, daß er sich persönlich eine solche Transaktion nicht vorstellen könne, daß aber in dieser Frage auch die übrigen Laien im Preßvereinskomitee mitbefinden müßten. Er, *Wenzl,* werde auch den ÖVP-Landesparteiobmann und Landeshauptmann *Dr. Heinrich Gleißner* in die Entscheidungsfindung einbeziehen. *Gleißner* zeigte sich von der Information durch *Wenzl* völlig überrascht, ja empört. Er vereinbarte kurzfristig einen Termin mit dem in der Diözese mit Medienfragen beauftragten Prälaten *Franz Vieböck* und erklärte diesem in Anwesenheit von Zeugen sehr bestimmt, daß eine „außeroberösterreichische" Lösung der Weiterführung des „Volksblattes" für ihn nicht in Frage komme. *Gleißner* zeigte sich *Vieböck* gegenüber sehr unangenehm darüber berührt, daß Verhandlungen ohne sein Wissen eingeleitet und praktisch bis zur Abschlußreife vorangetrie-

ben worden seien. Er, *Gleißner,* sei sich seinerseits nicht bewußt, jemals der Kirchenleitung gegenüber unkooperativ oder gar illoyal gehandelt zu haben. Wenn der Landesverlag tatsächlich das „Linzer Volksblatt" nicht am Leben erhalten könne, dann werde die ÖVP dafür sorgen, daß die Zeitung unter ihrer Leitung nach wie vor als oberösterreichisches Medium weiterexistieren werde.
Erwin Wenzl erhielt von *Heinrich Gleißner* umgehend den Auftrag, für eine ordnungsgemäße Übernahme des „Linzer Volksblatts" durch die Partei zu sorgen. Es war damit *Gleißners* und *Wenzls* Verdienst, daß das „Volksblatt" erstens eine oberösterreichische Tageszeitung blieb und zweitens eine expansive Entwicklung nahm.
Wenzl packte sofort gemeinsam mit dem Wirtschaftsbundobmann *Rudolf Trauner* und dem Landtagsabgeordneten *Hans Winetzhammer* die Konstruktion des „Unternehmens Linzer Volksblatt" an. Es wurde die „Oberösterreichische Zeitungs-, Verlags- und Vertriebsgesellschaft m. b. H." mit vier Gesellschaftern mit einem je 25prozentigen Anteil gegründet.
Die Grundgedanken des schließlich von Notar *Dr. Gottfried Fosen* – später Obmann des Oberösterreichischen Seniorenbundes – in handelsrechtlich und juristisch richtige Formulierungen gegossenen Gründungsvertrages waren, daß erstens die Landesleitung der Volkspartei und der drei klassischen Bünde (Österreichischer Arbeiter- und Angestelltenbund – ÖAAB, Österreichischer Bauern- und Nebenerwerbsbauernbund – ÖBB und Österreichischer Wirtschaftsbund – ÖWB) durch ihre jeweiligen Obmänner Gesellschafter des Verlags mit gleich hohen Anteilen sind, daß zweitens bei Funktionsniederlegung oder Tod eines der vier Obmänner der Anteil ohne Verzug auf den Funktionsnachfolger übergeht und daß drittens nur eine Person dieser vier – nämlich der jeweilige Landesparteiobmann – als geschäftsführender Gesellschafter und Herausgeber der Zeitung auftritt.
Alle diese drei Zielsetzungen erwiesen sich beim Aufbau und Wiedererstarken des „Volksblattes" als sehr förderlich. Das Faktum, daß nicht nur die Partei als Ganzes, sondern auch die damaligen drei Bünde Miteigentümer wurden, motivierte und motiviert auch die Mitglieder und Funktionäre, das „Volksblatt" als ihr ureigenstes Anliegen aufzufassen und nicht bloß als Steckenpferd von Spitzenfunktionären einer übergeordneten Organisation. Die Werbung neuer Abonnenten und Anzeigenkunden in der Aufbauphase bis zur endgültigen Konsolidierung Mitte der siebziger Jahre bestätigte die Richtigkeit dieser Überlegung.
Mit der Bindung der Anteile der vier Gesellschafter an die Funktion der Obmannschaft eines Bundes oder der Partei wurde eine Wiederholung der Eigentumsentwicklungen der 1945 aufgrund amerikanischer Besatzungskonzession gegründeten Blätter von vornherein ausgeschlossen. Das „Volksblatt" sollte weder persönlichen Interessen dienen noch durch erbrechtliche Vermögensverschiebungen geschwächt werden.

Der dritte Punkt – Vertretung der Gesellschaft nach außen und innen durch den Landesparteiobmann – erwies sich besonders für die tägliche Arbeit der Redaktion als überaus wertvoll. Denn die Versuchung des mittleren Funktionärskaders, durch Interventionen bei seinen jeweiligen Landesobmännern Druck auf die Redaktion auszuüben, war naturgemäß sehr groß. Hätte die Redaktion diesem Druck nachgeben müssen, wäre aus dem „Volksblatt" über kurz oder lang eine Jubelpostille geworden, angefüllt mit Hofberichterstattung, die vielleicht die Urheber sich selbst beweihräuchender Meldungen, gewiß aber nicht die Mehrzahl der Leser interessiert hätte. *Erwin Wenzl* jedoch blockte solche Bemühungen ab und vereinbarte mit dem Chefredakteur vertraglich, daß dieser nur Weisungen des Landesparteiobmannes in seiner Eigenschaft als Herausgeber zu befolgen habe. Zur Ehre der Funktionäre der Partei und ihrer Bünde muß hier jedoch festgehalten werden, daß sie sehr bald diesen Redaktionsstil erkannten und daher nicht nur auf erfolglose Belästigung verzichteten, sondern damit auch die Akzeptanz der Zeitung durch die Leserschaft förderten.

Diesem Grundgedanken stand eine spätere Berufung eines zweiten geschäftsführenden Gesellschafters des Zeitungsverlages nicht entgegen. Als nämlich am 1. Jänner 1973 zwischen der „Heimatwerbung", dem von *Dr. Wenzl* initiierten, sehr erfolgreichen Plakatierungsunternehmen der oberösterreichischen ÖVP, und dem „Zeitungsverlag" eine Organschaft hergestellt wurde – die „Heimatwerbung" ist 100-Prozent-Tochter des „Zeitungsverlages" –, mußte aus fiskalischen Gründen (steuerfreier Gewinn- und Verlusttransfer) ein gemeinsamer Geschäftsführer bestellt werden. Der Geschäftsführer der „Heimatwerbung" *Rudolf Trauner* wurde daher als Finanzreferent der ÖVP auch als Geschäftsführer des „Zeitungsverlages" ins Handelsregister eingetragen.

Die Verhandlungen mit dem Landesverlag über den Eintritt der neuen Gesellschaft in den mit Styria vereinbarten Vertrag ging übrigens sehr glatt und kooperativ über die Bühne. Mit dem Verlag als bisherigem Eigentümer und Hersteller des „Linzer Volksblattes" wurde ein langfristiger Herstellungsvertrag (Satz, Umbruch und Druck) abgeschlossen.

Seit dem Start des „Volksblattes" als Zeitung der oberösterreichischen Volkspartei am 1. Jänner 1971 bis heute wird übrigens die Satz- und Druckrechnung der Zeitung wöchentlich im voraus beglichen, was sich durch die handelsübliche Skontogewährung nicht gerade nachteilig auf die Gewinn-und-Verlust-Rechnung auswirkt und außerdem Mitarbeitern und Geschäftspartnern die Gewißheit der Arbeitsplatzsicherheit beziehungsweise solider Partnerschaft verschafft.

Sobald im Spätsommer 1970 also feststand, daß die neue „ÖVP-Gesellschaft" das „Linzer Volksblatt" übernehmen würde, ging *Erwin Wenzl* das Problem der personellen Ausstattung an. Es mußten neben der Leitung des Verlags auch die der Redaktion, der Vertrieb und die Anzeigenwerbung geordnet werden.

Erwin Wenzl, der in dieser Phase ein „Aufbau-Triumvirat" mit *Rudolf Trauner* und *Hans Winetzhammer* bildete – für die Organisation des neuen Unternehmens betätigte sich *Wenzl* selbst federführend, um die Finanzen nahm sich *Rudolf Trauner* an, und für die laufenden Geschäfte war *Hans Winetzhammer* ausersehen –, war sich bewußt, daß nur rasches Handeln eine Übernahme der Zeitung per Jahresanfang 1971 gewährleisten konnte.

Hans Winetzhammer betätigte sich sofort als „Job-Hunter". Gleichzeitig beauftragte *Wenzl* den damaligen Pressereferenten der ÖVP-Bundesparteileitung in Wien, *Peter Klar*, ein Konzept für eine regionale Tageszeitung der ÖVP auszuarbeiten, die nicht „Parteiorgan" im klassischen Sinn, doch eindeutige Gesinnungs- oder Meinungszeitung sein sollte. Für die Leitung des Vertriebs konnte *Winetzhammer* den stellvertretenden Vertriebschef der „Oberösterreichischen Nachrichten", den damals erst 25jährigen *Josef Hartl*, und für die Anzeigenwerbung den 32jährigen *Josef Konrad* vom Landesverlag in Wels gewinnen. Die Redaktion des „Linzer Volksblattes", die eine Einstellung der traditionsreichen Zeitung nach hundert Jahren Bestand gefürchtet hatte, stimmte geschlossen einer Übernahme durch die ÖVP zu, ohne daß auch nur ein einziger Redakteur die Möglichkeit einer Selbstkündigung unter den günstigen Abfertigungsbedingungen bei „Richtungsänderung" einer Zeitung in Anspruch nahm.

Der Chefredakteur, *Dr. Harry Slapnicka* (Geburtsjahrgang 1918), verließ aus eigenem Antrieb den Tagesjournalismus – er war seit 1. Mai 1955 innenpolitischer Redakteur und leitete das Blatt seit 1961 – und bereitete sich auf den Aufbau und die Leitung der neu zu errichtenden Abteilung „Zeitgeschichte und Dokumentation" am Oberösterreichischen Landesarchiv per 1. März 1971 vor. Der dienstälteste Redakteur *Wolfgang Sperner* (geboren 1924) lehnte die ihm angebotene Leitung mit der Begründung ab, daß der neue Anfang an der Redaktionsspitze wohl auch eine neue Kraft erfordere, der er jedoch gern als Stellvertreter mit dem Schwerpunkt der Betreuung des Wirtschaftsressorts zur Seite stehen wolle.

Da das von *Peter Klar* vorgelegte Redaktionskonzept als erfolgversprechend gewertet wurde, fragte man ihn, ob er die Funktion eines „Volksblatt"-Chefredakteurs übernehmen wolle. *Erwin Wenzl, Rudolf Trauner* und *Hans Winetzhammer* schlossen mit ihm nach kurzen Verhandlungen einen entsprechenden Vertrag ab. Dabei hatte er sich ausbedungen, gemeinsam mit dem neuen Vertriebsleiter und dem ebenfalls neuen Anzeigenchef schon zwei Monate vor der Übernahme der Zeitung durch die oberösterreichische Volkspartei die tägliche Arbeit in der Zeitung mitverfolgen und in dieser Zeit ein neues Layout erarbeiten sowie die Redakteure kennenlernen zu können, damit der Start am 1. Jänner 1971 entsprechend glatt erfolgen könne.

Klar war vor seiner Funktion als Pressesprecher der Bundes-ÖVP und in den ersten zwei Jahren der ÖVP-Alleinregierung sechs Jahre lang Redakteur der Tageszeitung „Neues Österreich" in leitender Stellung, so daß er auf Erfahrungen als Tageszeitungsjournalist zurückgreifen konnte. Wichtigster Punkt seines Redaktionskonzepts war, daß das „Linzer Volksblatt" eine Vollzeitung bleiben

müsse, weil sie als sogenannte Zeitzeitung auf zu wenig Akzeptanz stoßen würde. Die oberösterreichische Zeitungslandschaft zeigt nämlich deutlich, daß die Mehrzahl der potentiellen Leser nicht in der Lage oder willens war, allein aus parteipolitischem Engagement neben einer umfassenden Information durch eine Tageszeitung noch ein zweites täglich erscheinendes Blatt allein für den zusätzlichen Bedarf an innen- und außenpolitischer Information zu halten. Andererseits wird das Bedürfnis nach lokaler und kleinregionaler Information durch das dichte Netz an Wochenzeitungen erfüllt.
Eine von einer politischen Partei herausgegebene Zeitung muß daher die sehr pluralen Informationswünsche der potentiellen Leser erfüllen und darüber hinaus – als „Mitnahmeware" – die Verlagsziele der politischen Partei erfüllen. Sportbegeisterte zum Beispiel müssen ebenso gut von der ÖVP-Zeitung informiert werden wie von den Konkurrenten am Markt, nach Möglichkeit aber sogar noch besser. Das gleiche gilt auch für die anderen Sparten.
Ein wichtiger Punkt des Redaktionskonzepts des „Linzer Volksblattes" war und ist daher auch, daß sich die Zeitung nicht als „Organ" in der klassischen Definition von Parteizeitungen versteht, sondern als Printmedium mit dem Ziel der journalistisch-eigenverantwortlichen Argumentation für die Politik des Herausgebers. In der vom Mediengesetz 1981 geforderten Darlegung der Blattlinie wurde dies dann so formuliert:
„Das ‚Neue Volksblatt' versteht sich als Zeitung zur Verbreitung und Durchsetzung der Politik der Österreichischen Volkspartei. Es tritt daher für die Unabhängigkeit und Souveränität Österreichs als Staat mit demokratischer Gesellschaftsordnung freiheitlich-westlicher Prägung ein. Das ‚Neue Volksblatt' fördert mit der gebotenen journalistisch-kritischen Haltung die politischen Zielsetzungen der Mandatare und Funktionäre der Österreichischen Volkspartei und lehnt Tendenzen zur Hinwendung an kollektivistische Gesellschaftsentwicklungen ab. Es tritt für eine von der Politik unabhängige Entfaltung des religiösen Lebens ein. Das ‚Neue Volksblatt' unterstützt die eigenverantwortliche Gestaltung des Lebens durch die Menschen, insbesondere in der Familie."
Eine wichtige von *Erwin Wenzl* erkannte Funktion in Zeiten der wachsenden Bedeutung und der Schnelligkeit der sogenannten elektronischen Medien wie Radio und Fernsehen ist die sogenannte „Komplementärfunktion" der Tageszeitung. Weil vom Fernsehen – insbesondere vor dessen Regionalisierung – nur wahrgenommen werden konnte und wollte, was auf territorial breites Interesse stieß, muß eine gute Zeitung die vom TV ausgelassenen Nischen abdecken. Umgekehrt müssen vom Fernsehen schlaglichtartig verbreitete Nachrichten von der Zeitung ausgeformt, müssen diese Informationen vertieft und ergänzt werden. Dazu kommt, daß Rundfunk und Fernsehen selbst zu Objekten der Berichterstattung wurden, der Leser also auch in der Zeitung über Radio und TV lesen will.
Erwin Wenzl war bis zum Ausscheiden als Herausgeber mit der Niederlegung

seiner Funktion als Obmann der ÖVP Oberösterreich immer ein engagierter Verfechter des „Volksblattes" gewesen. Er überzeugte sowohl die Funktionäre und Mitglieder der Volkspartei von der Wichtigkeit einer täglich erscheinenden Information durch die Partei als auch die Wirtschaft von der Notwendigkeit, durch Abonnements und Insertion die Informations- und Meinungsvielfalt zu fördern und zu erhalten.

Am 15. November 1970 – also sechs Wochen vor der Übernahme des „Linzer Volksblattes" durch die ÖVP Oberösterreich – stellte das Wiener „Volksblatt" (früher: „Kleines Volksblatt") sein Erscheinen auch für die oberösterreichische Volkspartei völlig überraschend ein. Leider fehlte es damals an der Kommunikations- und Kooperationswilligkeit der Wiener Parteistellen, so daß die Abonnenten nicht durch rechtzeitige Werbung für das „Linzer Volksblatt" gewonnen werden konnten. Dennoch gelang es in Zusammenarbeit mit der niederösterreichischen Volkspartei, mit 1. April 1971 ein Redaktionsteam für eine umfangreiche Mutationsausgabe für „Unter der Enns" zusammenzustellen. Diese Mutationsausgabe erhielt den Titel „Niederösterreichisches Volksblatt" und enthielt anstelle der rein oberösterreichischen Informationen in allen Ressorts landesbezogene niederösterreichische Artikel. Als vier Jahre später der Umfang dieser Mutation stark eingeschränkt werden mußte, trat an die Stelle der beiden Titel „Linzer Volksblatt" und „Niederösterreichisches Volksblatt" der gemeinsame Titel „Neues Volksblatt". Die Zeitung enthält aber nach wie vor täglich eine Mutationsseite mit spezieller Information über niederösterreichische Landespolitik, Wirtschaft und Kultur.

Versuche in den späten siebziger und frühen achtziger Jahren, einen gemeinsamen Mantel mit jeweiligen Regionalkernen für Wien, Niederösterreich, die Steiermark, Kärnten, Salzburg und Tirol zu schaffen, scheiterten an der finanziellen und wohl auch kommunikationspolitischen Schwäche der Landesorganisationen dieser Bundesländer.

So verbleibt das „Neue Volksblatt" neben der nach wie vor erscheinenden „Salzburger Volkszeitung" als eigenständige, wirtschaftlich konsolidierte Meinungstageszeitung einer politischen Partei. In wenigen Jahren – zu Silvester 1993 – wird das „Volksblatt" seinen 125jährigen Bestand feiern können. Nicht zuletzt deshalb wird dieses Jubiläum möglich sein, weil *Erwin Wenzl* durch rechtes Handeln zur rechten Zeit seinen Bestand knapp nach seinem 100. Geburtstag gesichert hat.

Elf gute Jahre

Gottfried Heindl

In der Politik kann man die Qualität eines Menschen an der Qualität der Mitarbeiter beurteilen

Der Schriftsteller *Berthold Viertel* wurde in der amerikanischen Emigration einmal von *Ernst Haeusserman* gefragt, ob er den Expressionismus für gut halte. *Viertel* erwiderte: „Sie fragen mich, ob ich mein eigenes Leben für gut halte?"
An diese Geschichte mußte ich denken, als ich die Einladung erhielt, einen Beitrag zum 70. Geburtstag des Altlandeshauptmannes von Oberösterreich *Dr. Erwin Wenzl* zu liefern. Über ihn zu schreiben, bedeutet für mich gleichsam,über mich selbst zu schreiben, denn wir haben elf Jahre lang eng und vertrauensvoll zusammengearbeitet. Diese elf Jahre waren sowohl quantitativ als auch qualitativ ein entscheidender Teil meines insgesamt 40 Jahre währenden Berufslebens.
„I' kann Sie net zwingen, aber Sie tat'n mir an G'fall'n, wann S' in die Kärntnerstraß'n gingen." Mit diesen formlosen, für das damalige Klima in den Führungskadern der ÖVP aber typischen Worten forderte mich *Julius Raab*, Bundeskanzler und Bundesparteiobmann der ÖVP, Ende des Jahres 1954 auf, nach dem Tode meines journalistischen Lehrmeisters *Hermann Mailler* dessen Nachfolger als Chefredakteur des ÖVP-Pressedienstes zu werden. Mit nicht gerade allzu großer Freude und von so manchem zu diesem Schritt überdies nicht gerade ermuntert, trat ich trotz aller Wenn und Aber am 1. März 1955 in das Generalsekretariat der ÖVP ein. Dort bin ich zunächst als Chefredakteur des ÖVP-Pressedienstes und als Pressereferent und später, nach dem Abgang von *Josef Scheidl*, der „General" des Rundfunks wurde, als Hauptgeschäftsführer und Wahlkampfleiter bis zum 1. Dezember 1966 geblieben. Ich habe meinen Entschluß nie bereut und behalte die elf Jahre in der Kärntnerstraße in bester Erinnerung! Sie gehören zu den schönsten Jahren meiner beruflichen Tätigkeit. Ich habe in dieser Zeit viel gelernt, viele Erfahrungen gesammelt, viel Freude erlebt und viele Freunde gewonnen. Einer von ihnen war und ist *Dr. Erwin Wenzl.*
Die Faszination dieser elf Jahre und unserer Zusammenarbeit beruhte zunächst darauf, daß damals das Instrumentarium einer modernen Parteiarbeit entwik-

kelt wurde, wie sie heute bereits selbstverständlich ist, seinerzeit aber bestenfalls in den Kinderschuhen steckte. Postwurf, TV-Spot, Wähleranalyse, Meinungsforschung sowie viele andere Werbemittel und Organisationsbehelfe wurden erstmals eingesetzt. Die Landesparteiorganisationen sind dabei im buchstäblichen Sinne des Wortes mit „gutem Beispiel" vorangegangen, und niemand hat ein besseres gegeben als die Oberösterreicher und ihr Landesparteisekretär *Wenzl*.
Er konnte sich bei seiner Arbeit auf ein gutes Team stützen. So wie er als Landesparteisekretär loyal seinem Parteiobmann *Heinrich Gleißner* diente, fand er seinerseits Mitarbeiter, die ihm gleichermaßen loyal dienten. Wie denn überhaupt nicht nachdrücklich genug darauf hingewiesen werden kann, daß man im Leben im allgemeinen und in der Politik im besonderen die Qualität eines Menschen nicht zuletzt nach der Qualität der Mitarbeiter beurteilen kann, die er zu gewinnen und zu halten vermag. Gemessen an diesem Kriterium war *Dr. Erwin Wenzl* ein ausgezeichneter Politiker. Zwei seiner Mitarbeiter seien namentlich hervorgehoben: Der spätere Landesrat *Hans Winetzhammer*, den ein tragischer Unfall viel zu früh aus seinem Wirken gerissen hat, und *Dr. Josef Ratzenböck*, der *Dr. Erwin Wenzl* zunächst als Landesparteisekretär und später als Landesparteiobmann und Landeshauptmann nachfolgte.
Die späten fünfziger und frühen sechziger Jahre waren aber nicht nur deshalb interessant, weil damals in allen Bereichen propagandistischer und organisatorischer Parteiarbeit Neuland beschritten wurde: Diese Zeit stand vielmehr auch im Zeichen einer intensiven intellektuellen Auseinandersetzung, einer großen und ständigen Debatte um die sogenannte Reform der ÖVP. Es ist heute, rund zwei Jahrzehnte danach, gar nicht so leicht, zu erklären, worum es bei dieser Debatte überhaupt ging und worin die Reform der ÖVP bestehen sollte. Insgesamt ging es wohl allen darum, eine bessere, stärkere, schlagkräftigere, dynamischere und vor allem jüngere Volkspartei zu schaffen. Man hatte erkannt, daß die vielfältigen und komplexen Probleme der neuen Zeit mit einer Politik der Intuition und der Improvisation allein nicht mehr zu bewältigen waren, sondern eine geradezu wissenschaftliche Analyse und Bewältigung erforderten. Einer der Politiker, die diesen neuen Stil der Sachlichkeit verkörperten, war *Dr. Erwin Wenzl*, der uns bei den Konferenzen der Landesparteisekretäre immer wieder von neuem durch seine globale Sicht der Probleme und die Tatkraft, mit der er sie bewältigte, imponierte.
Bei seinen Aktivitäten, die ÖVP in eine moderne, dem Zeitgeist entsprechende Partei umzuwandeln, aber auch die Landespolitik dem Geist der Zeit anzupassen, kam *Dr. Wenzl* ein Umstand zugute: In den USA, damals für uns alle noch in geradezu unerreichbarer Ferne und mit dem Image großer Faszination behaftet, hatte man es sich zur Gewohnheit gemacht, junge Leute aus Westeuropa zu einem Aufenthalt in den Staaten einzuladen. So kamen auch *Dr. Erwin Wenzl*, *Hans Winetzhammer* und ich in das Land der unbegrenzten Möglichkeiten, um

diese kennenzulernen. Unsere Erwartungen wurden in keiner Weise enttäuscht: Wir wurden von Institution zu Institution, von Gemeindestube zu Gemeindestube, von Interessenvertretung zu Interessenvertretung „herumgereicht". Auf der Heimreise hatte *Dr. Wenzl* einen Koffer voll guter Ideen, die alle in irgendeiner Weise in den USA ihren Ursprung hatten, jedoch in der Folge auf unsere heimischen Verhältnisse abgestimmt wurden. Zahlreiche Verbesserungen und Neuerung in der Parteiarbeit, in der Infrastruktur, in der Verwaltung usw. waren die „Mitbringsel" dieser Reise.
Was dieser neue Stil, diese Parteireform bedeutet und wie sie von den Bürgern unseres Landes honoriert wurden, sollen einige Zahlen verdeutlichen, die ich an den Schluß meiner Ausführungen stellen möchte: Als ich *Dr. Erwin Wenzl* im Frühjahr des Jahres 1955 zum erstenmal begegnete, war er Landesparteisekretär. Als unsere Zusammenarbeit, nicht aber unsere Freundschaft, im Spätherbst 1966 endete, war er noch immer Landesparteisekretär, aber bereits Landeshauptmann-Stellvertreter, und jeder erblickte bereits in ihm mit Recht den künftigen Landesparteiobmann und Landeshauptmann. 1955 hatte die ÖVP im oberösterreichischen Landtag 23 und elf Jahre später 25 Mandate. Im Nationalrat stieg in diesem Zeitraum der Mandatsstand von 74 auf 85 Mandate, was in beiden Körperschaften die absolute Mehrheit bedeutete. Ein allseits schöner Aufstieg also, zu dem man *Dr. Erwin Wenzl* aus Anlaß seines 70. Geburtstages nur herzlich gratulieren kann.

Die Jugendparlamente

Willi Mayr und Sepp Käfer

Bürgernahe Politik – und wie man damit die Jugend zu begeistern verstanden hat

Die sechziger Jahre ... eine Zeit des Umbruchs. Der Wiederaufbau war gemeistert, das Wirtschaftswunder hatte gerade begonnen, und der neu erlangte Wohlstand brachte seine ersten Wenn und Aber. Gleichzeitig artikulierte sich ein Wertewandel immer deutlicher, ein Wertewandel, der vor allem von den jungen Menschen getragen wurde. Sie distanzierten sich zunehmend vom Althergebrachten, mißbilligten jede Form von Autorität, stellten häufig intellektuelle Werte in den Vordergrund und begegneten allen, die älter waren als sie, nach dem Motto „Traue keinem über 30" mit Skepsis. Politik war für sie tabu. Die Gründe: Politiker waren vielfach noch vom alten Stil geprägt. Junge waren auf den Regierungsbänken kaum zu finden. Überdies gab es kaum Jugendorganisationen, in denen sich Jugendliche geborgen und verstanden fühlten und die als ihr Sprachrohr hätten wirken können. Kurzum, die Interessen der Jugendlichen wurden spärlich oder überhaupt nicht wahrgenommen, was in einem wesentlichen Maße zu einer allgemeinen Politikverdrossenheit führte.

Mit wachsendem Unbehagen verfolgte *Dr. Erwin Wenzl* diese Entwicklung und erkannte schon bald die Notwendigkeit, ihr entgegenzuwirken. In langen Diskussionen wurde schließlich die Idee der Jugendparlamente geboren, die in der Hauptsache von *Hans Winetzhammer* und mir betreut wurden.

Die Grundidee dieser Jugendparlamente basierte auf dem Vorhaben, damit eine Art oberösterreichischen „speakers corner" zu schaffen. Unabhängig von politischer Zugehörigkeit konnte daher jeder Bewohner einer Gemeinde, vorzugsweise natürlich die Jugendlichen, zu den Jugendparlamenten kommen.

Die zeitliche Dauer war mit zwei bis drei Stunden limitiert. Nicht limitiert waren hingegen die Themen, die aufs Tablett gebracht werden konnten. Jeder Teilnehmer durfte seine Meinung frei äußern, durfte sagen, wo der Schuh drückt, was ihn bewegte, was ihm mißfiel... Nur eines durfte er nicht: Einen Monolog halten! Das war sowohl bei den Gästen strikte verpönt als auch bei der Runde, die sich der Diskussion stellte und stets aus Landes- und Bundespolitikern sowie Mitarbeitern von verschiedenen Interessenvertretungen und einem Moderator bestand, als der in den meisten Fällen ein örtlicher Jugendfunktionär fungierte. Grundsätzlich also eine völlig neue Art von politischen Veranstaltungen, die sich deutlich von den gewohnten abhoben, bei denen es einen Redner, meist schweigende Zuhörer und nur wenige Diskutanten gab.

Diese Jugendparlamente waren auch etwas, das der Mentalität und dem politischen Stil des *Dr. Erwin Wenzl* – übrigens ein „Fixstarter" in der Diskussionsrunde – gänzlich entsprach. Ohne lange Umschweife kam er stets gleich auf den Punkt, gab kurze und prägnante Antworten und machte keinem ein X für ein U vor.

Freilich: Die Jugendparlamente waren für uns alle ein Sprung ins kalte Wasser. Ein Sprung, der sich lohnte, wie spätere Erfahrungen zeigten. Traten etwa anfangs *Winetzhammer* und ich an die Gemeinden heran, wo wir ein derartiges Diskussionsforum abhalten wollten, so waren es schon bald die Gemeinden, die sich ihrerseits mit dem Ersuchen an uns wandten, doch auch bei ihnen eine derartige Veranstaltung zu organisieren. An die zehn Jahre waren wir somit in ganz Oberösterreich unterwegs, um Politiker wie Interessenvertreter auf gut oberösterreichisch „unter die Leut' zu bringen" und umgekehrt die Leute zu ihnen.

Es war übrigens ein großes Anliegen des *Dr. Erwin Wenzl,* daß das ohne großen Aufwand über die Bühne ging. So oblag es im Grunde genommen dann auch in erster Linie nur *Winetzhammer* und mir als schon bald gut aufeinander „eingespieltes" Team, die Parlamente zu organisieren. In unserem Engagement identifizierten wir uns in der Folge gänzlich mit unserer Aufgabe und nahmen daher wohl auch so manche unangenehme Begleiterscheinung auf uns. Statt mit einem eigenen Wagen waren wir etwa per Autostopp unterwegs, um wieder eine erfolgreiche Veranstaltung über die Bühne zu bekommen. Wäre das vielleicht heute undenkbar, so war es damals für uns eine Selbstverständlichkeit.

Die anfangs noch erforderliche Werbetrommel in Form von entsprechender Mundpropaganda wurde schon bald von einer reinen Ankündigungstätigkeit abgelöst: Wir waren ja nicht nur die einzigen, die Jugendparlamente abhielten, sondern auch die einzigen, die auf diese Weise bürgernahe Politik betrieben! Bürgernahe Politik nämlich in zweierlei Hinsicht: Erstens, weil wir durch diesen unmittelbaren und ungezwungenen Kontakt mit der Bevölkerung eine Möglichkeit gefunden hatten, Mißverständisse auszuräumen, Entscheidungen zu erläutern, mit einem Wort, unsere Politik und unsere Ziele denen darzulegen, für deren Wohl sie letztendlich ja gedacht waren. Und zweitens, weil wir so mit den Problemen, Ängsten und Erwartungen der Oberösterreicher direkt konfrontiert wurden und dadurch überhaupt erst in der Lage waren, bürgernahe Politik zu gestalten. *Dr. Erwin Wenzl* hörte sich die Argumente nämlich nicht nur an, sondern überprüfte sie stets und integrierte sie – soweit es dann möglich

war – in seine politische Tätigkeit, sodaß so mancher unserer Gäste nach einer gewissen Zeit eine Reaktion auf sein Engagement feststellen konnte.
Einer, der die Jugendparlamente quasi als „unbeteiligter Dritter", also mit einer gewissen Distanz miterlebte, war

Prof. Dr. Sepp Käfer: „Tempora mutantur et nos ..."

„In den frühen sechziger Jahren krachte es im Gebälk der Republik. Die durch gemeinsames Erleben in den KZs Hitlers geeinten Politiker (Österreich über allem) starben ab; streitbare neue drängten nach vorne. Die Ablöse ging durch alle Parteien. Wurde Politik bisher ‚von denen da oben' verordnet, so meldeten sich jetzt ‚die da unten' zu Wort. Das (Jung)volk wollte mitregieren.
Eine Politikergeneration welkte hinweg. Der Honorable konnte nicht mehr am Pult unwidersprochen predigen und der demütigen Subordination seiner ergriffen Lauschenden gewiß sein, sondern mußte auf harte Fragen gefaßt sein. Etwa auf die Frage an das ‚Denkmal *Gleißner*' (am Mittwoch, dem 27. April 1963, in Schwanenstadt): ‚Wieviel verdienen Sie eigentlich, Herr Landeshauptmann?' *Drimmel* formulierte diese Neodemokratie einmal so: ‚Von der Freiheit zur Frechheit.' Heute sind solche Fragen nicht einmal mehr Zeitungsaufmacher. Heute kommt keine Jugendbewegung mehr ohne einen Katalog aus, der Rufzeichen setzt: ‚Wir fordern erstens bis zwanzigstens...' Seien das nun Discotaxis oder billige Jugendgetränke, Subkulturen oder Treffs, Billigkarten oder Jugendpässe. In den frühen Sechzigern war die Jugend noch ‚brav': Sie wollte nur Antworten.
Aus mehreren Gründen mußte ‚man' (die Zeitungen) der Jugend damals aufs Maul schauen. Einmal wegen des sich anzeigenden Generationenwechsels, dann wegen der aktuellen Situation... Das Ungeheuerliche war geschehen: Unter Dutzenden Sesselklebern war einer, unzufrieden mit der Lage, freiwillig abgesprungen; er ließ sich von der Koalition keine Fesseln anlegen und ging: Finanzminister *Dr. Josef Klaus* im November 1962 nach neunzehn Monaten seiner Ministerschaft. Darauf ging ein Ruf wie ein Donnerhall durchs Land: Der *Klaus* muß wieder her!
Und darum baten mich die ‚Salzburger Nachrichten' als einen ihrer Oberösterreich-Korrespondenten, Jugendparlamente in *Klausens* Nachbarland zu besuchen und darüber zu berichten; was ich, zusammen mit meiner Frau, als Zeitgeschichtler auch gern tat. Es waren Abende, die um 19 Uhr begannen und der Sitzhaftigkeit meiner oberösterreichischen Landsleute wegen manchmal bis in die kleinen Morgenstunden dauerten.
Damals waren Jungbürgerbücher und Jungbürgerfeiern neue (heute eingeschlafene) Begriffe. Damals war die ÖVP, was die Jugend betraf, auf Sand gelaufen; denn die römisch-katholische Kirche begann, sich für äquidistant zu erklären (bisher war sie ‚rechts'); und damals ‚roglte' es in der ÖVP: 3. April – Rücktritt

Klaus, 28. April – *Raab* verliert im ersten Gang gegen *Schärf*, 19. und 20. April – *Klaus* schlägt *Drimmel* in Klagenfurt 251 : 144. Und die SPÖ kommt mählich in Atemnot: Der Taufkonflikt am Bodensee, die Olahitis, das Rundfunk-Volksbegehren führt zu Bacher I. Grund genug für ein Medium, unter die politische Oberfläche nach tieferen Strömungen zu loten (heute sagt man dazu: Basisbeschau).

So ging's denn los, etwa einmal wöchentlich, von Dorf zu Dorf (jedes hat sein eigenes Gesicht). Und drei waren immer dabei und am Ball: Der Landesrat *(Dr. Erwin Wenzl)* und der Bundesrat *(Hans Winetzhammer)* und der Organisator *(Willi Mayr)*. Zugesellt haben sich die jeweiligen Territorialkönige, die Bezirkspolitiker, Abgeordnete zum Nationalrat, zum Landtag, Bürgermeister.

Diese Jugendparlamente alle zu schildern, überforderte des Lesers Geduld. Ich greife daher exemplarisch jene der ersten Hälfte des Jahres 1963 heraus.

Als da war: Grein, 22. März. Schneeglätte, Glätte auch im Saal. Denn begeistert berichtet Landeshauptmann-Stellvertreter *Johann Blöchl*, der Redliche, über das sich noch unter Verschluß befindliche neue Jagdgesetz. Und er sagt, was ‚die anderen' erst später wissen sollten. Und die Jungen fragen ‚noch und nöcher'. Früher, bei den politischen Kanzelrednern, hätte das nicht passieren können; die sangen ja vom Blatt. Das Politdasein war nicht einfacher geworden. Neue ‚Typen' waren gefragt. Nicht Leichtbeleidigte, sondern Diskutanten. Nehmer und Geber.

Und genau das war *Erwin Wenzl*, damals Landesrat. Beispiel Rohrbach. Der ‚Inhalt' eines gedrängt vollen Saales schrie lauthals: Rohrbach braucht eine Umfahrung! Und der Straßenbaureferent *Erwin Wenzl* (‚der grade Michel') überzeugte so eindringlich die ‚Rohrbäcken', daß in Ottensheim die Umfahrung noch dringlicher sei, daß am End' die Bezirkshauptstädter einsahen: Erscht Ottensheim und daun mir.

Damals traten auch Aktivisten auf, die heute einen Namen haben: In Grieskirchen leitete die ‚Diskuß' ein junger Mann, der sich als Bäck von Parschallern erwies *(Leopold Hofinger)*; in Perg trat ein *Karl Weichselbaumer* aus Wansch 1 auf, der mir erklärte, wie schwer ein Bergbauer zu einer Bäuerin käme; in Wels wollte ein Professor eine Junge Volkspartei einrichten *(Werner Wigelbeyer)*; später tauchte im Raume Linz–Traun ein *Josef Pühringer* auf; in der Schärdinger Gegend erfuhr man von einem *Franz Hiesl* (ehe er talwärts nach Perg zog); und manche andere.

In Enns stand das Jugendparlament in Frage. Wie viele würden wohl kommen (17. Jänner): Im jungen Fernsehen spielte man damals einen *Durbridge* in Fortsetzungen. Doch der Saal war ‚gschteckt voll'. Und schon da trat ein Phänomen auf: Die ‚Alten' hielten den ‚Jungen' die Waage; denn sie fanden Gefallen an dieser Politik mit Fragezeichen und Kurzantworten. Damals waren auch alle Jungen zufrieden, ganz unten ihre Karriere zu beginnen; keiner, der gleich in den Gemeinderat oder gar in den Landtag ‚eingestiegen werden wollte', war bitter-

böse, wenn er auf die Warteliste gesetzt wurde; es gab weder fromme Quereinsteiger noch hemdsärmelige G'wehreinsteiger.
Beim Jugendparlament in Urfahr (29. März) kam besondere Stimmung auf. Es ging um Steuern, und da ließ ‚der *Wenzl*' ‚dem *Helbich*' das Wort. Der zählte alle möglichen und unmöglichen Steuerarten, -abarten und -unarten mit derartiger Zungenflinkheit auf, daß schon allein die Rapidität seines Kurzreferates Heiterkeit im Saal auslöste. Nebenbei: Damals wurden die Einleitungsreferate der Jugendparlamente durch kurze Staatsbürgerkunde-Befragungen ersetzt, durch das ‚Quiz' oder ‚Nix gwiss' is net sicher' (auf oberösterreichisch).
Mattighofen, 4. April. *Klaus* war eben zurückgetreten. *Klaus, Klaus, Klaus,* schrie die Menge in einem Gasthaus. Und Landesrat *Dr. Erwin Wenzl* verwies auf den kommenden Parteitag; hellseherisch, denn im September fielen in Klagenfurt die Würfel. *Raabs* Krankheit (Bundespräsidentenwahl) wurde sorgsam umschifft: *Wenzl* schob mit warmem Herzen die Causa zur Seite. Tags darauf in Eferding rief die Jugend nach dem Ende der ungeliebten Koalition; mit staatsbürgerlicher Eleganz ließ *Wenzl* nicht zu, den politischen Gegner zu verunglimpfen. Wie denn überhaupt bei Jugendparlamenten *Erwin Wenzl* und *Hans Winetzhammer* daran hielten: die Anliegen und (oft brauchbaren) Vorschläge der Jugend wohl zu hören, aber nie von ‚bösen Sozis' oder ‚braunen Blauen' zu sprechen oder sprechen zu lassen. Und die Jugend schätzte mit feinem Gespür diese Fairneß sehr.
Eine neue ÖVP – in Traun wurde sie am Freitag, dem 19. April, heftig gefordert. Bereinigung im personalen Bereich! Und die jungen Frager sagten sogleich ihre Vorschläge: *Klaus* und *Withalm,* der ‚eiserne *Hermann*'. Die jungen (wie sagt man heute?) ‚Fans' hielten nicht hinter dem Berg. Und als sie hörten, *Withalm* käme nächstentags (am Samstag, dem 20. April) nach Wels, schworen sie alle, dabeizusein. Und vollbesetzt war auch der Saal am 19. Juni in Perg, als der ‚Eiserne' dorthin zum Jugendparlament kam.
Im September kam *Klaus* wieder. Und im April 1964 wurde er Kanzler. Doch die Jugendparlamente hörten nicht auf. Der Schwung der Aufbruchbewegung sollte mitgenommen werden in die Mittsechzigerjahre. Und in diesem Stil gewann die neualte ÖVP die Nationalratswahl 1966 mit 48,3 : 42,6. Doch später kam es ganz, ganz anders...
Jetzt hatte die ÖVP eine Jugend, die mit jener der SPÖ in die Schranken treten konnte. Sie brauchte sich nicht mehr auf die römisch-katholischen Jugendorganisationen verlassen und konnte/durfte das auch nicht. Der oft schwierige Prozeß war ohne Mißstimmung in/mit den Pfarreien vor sich gegangen.
Die ‚neuen' Politiker hatten die ‚Wäsche' der öffentlichen Diskussionen erfahren und bestanden; erstmals war die Jugend zu Wort und zum Zug gekommen. Politik war in den Jugendparlamenten zur Auseinandersetzung geworden; nicht der handfesten, wohl aber der mundfesten. Und vor allem: Taten wurden gesetzt, und das vor Ort. Landesgesetzentwürfe wurden geändert; Verkehrs-

bauten erhielten Gewicht oder Abschlag; manches Unsinnige wurde sofort beseitigt (*Wenzl:* ‚Der *Willi Mayr* schreibt's schon auf!'); und auch Neues entstand, so nach dem Jugendparlament am Montag, dem 22. November 1965, beim Schatz in Grieskirchen, als mit *Klaus, Gruber, Schlager, Wildfellner, Winetzhammer* und Bürgermeister *Gföllner* die Grundlage für das ‚Mupäd Grieskirchen' gelegt wurde.
Und *Erwin Wenzl* als ‚Jugendparlamentarier': Es freute ihn sichtlich, unter dem Jungvolk Politik zu erklären, zu diskutieren, zu machen und zu vollziehen. Er ‚lebte auf', wenn ihn die Mädchen und Burschen (aller Altersstufen) fragten, und saß oft hinterher mit ihnen bei Bier, Würsteln und Kaffee bis nach Mitternacht zusammen. Die Jugendparlamente – das war der Anfang eines neuen Politstiles."

1967: Entscheidung mit der FPÖ

Josef Hackl

Neues Wählerverhalten durch Strukturänderung

Die Vorzeichen für die Landtagswahl 1967, bei der am 22. Oktober 1967 rund 750.000 Oberösterreicher zur Wahl ihrer Vertretung im oberösterreichischen Landtag aufgerufen waren, standen nicht günstig! Es lag nicht an der Arbeit der oberösterreichischen Landesregierung unter dem allseits geachteten und beliebten Landeshauptmann *Dr. Heinrich Gleißner,* seines Stellvertreters in der oberösterreichischen Landesregierung, des ebenso geachteten *Dr. Erwin Wenzl* (seit 1955 Mitglied der oberösterreichischen Landesregierung) und der übrigen ÖVP-Regierungsmitglieder *Johann Diwold, Gerhard Possart* und *Dr. Heinrich Wildfellner.* Es lag auch nicht an der oberösterreichischen ÖVP, der Landeshauptmann *Dr. Heinrich Gleißner* als Obmann vorstand und in der *Dr. Erwin Wenzl* seit 1952 als Landesparteisekretär mit unendlichem Fleiß, Ordnungs- und Gerechtigkeitssinn zielstrebig arbeitete. Das Unbehagen lag ganz woanders, sozusagen außerhalb der ÖVP von Oberösterreich.

Die Struktur hatte sich gründlich gewandelt: Aus einem Land mit überwiegend konservativ-christlichsozialem Denk- und Wahlverhalten zugeneigten Bauern, Wirtschaftstreibenden, Handwerkern und Beamten war ein Industrieland geworden, in dem die unselbständig Tätigen eine hohe Mehrheit darstellten. Dieses Faktum wurde erkannt, man versuchte, ihm auch Rechnung zu tragen, man konnte und wollte es aber nicht ändern.

1966 hatte sich eine neue Schwierigkeit aufgetan, die man zunächst gar nicht als gravierend einstufte – im Gegenteil: Bei der Nationalratswahl 1966 hatte die ÖVP in Gesamtösterreich die absolute Mehrheit erhalten und konnte nun allein regieren. Sie tat es auch. Sie fühlte sich dem „Mut zur Wahrheit" verpflichtet. Schonungslos wurden Versäumnisse, die in der nur mehr eingeengt arbeitsfähigen Koalitionsregierung aufgetreten waren, aufgezeigt. Ein neuer, offener Stil sollte in Wien die Packelei der früheren Koalitionsparteien vergessen machen. Keinem Sozialisten wurde ein Haar gekrümmt. Die Bundesfinanzen wurden in

Ordnung gebracht, das heißt, das Bundesbudget kräftig aufgestockt. Die Sozialisten sprachen von Mehrausgaben in der Höhe von 3,5 Milliarden Schilling. Alle Belastungen für den neuen Kurs wurden schonungslos breitgetreten. Kein Wunder, daß die oberösterreichischen Sozialisten bei den zahlreichen Wahlversammlungen in wilden Tönen vom wirtschafts- und sozialpolitischen Bankrott der ÖVP-Alleinregierung sprachen. Überdies wurden von den ÖVP-Ministern häufig Meinungsdifferenzen, insbesondere bei der Dotierung mit Budgetmitteln, in aller Öffentlichkeit ausgetragen. Es gelang der ÖVP-Alleinregierung nicht mehr, die Ansichten zuerst sinnvoll zu koordinieren und erst dann zu veröffentlichen. Dabei hätten einige Beispiele, unter anderem die Niederlage der Konservativen in England, schon erahnen lassen, daß dies nicht ohne Folgen sein kann, wenngleich es nicht nur in England, sondern auch in Schweden und in der deutschen Bundesrepublik ähnliche Verhältnisse und wirtschaftliche Schwierigkeiten gab wie in Österreich.
Zu diesen „gutgemeinten" Plagen kam noch der sogenannte Pendeleffekt, daß also ein besonders gutes Wahlergebnis für eine politische Gruppierung in Wien einen Gegenschlag in den Bundesländern und umgekehrt hervorrufen würde. Dies alles war den oberösterreichischen Funktionären, insbesondere dem Wahlstrategen und Landesparteisekretär *Dr. Erwin Wenzl*, bestens bekannt. Selbst die der ÖVP nahestehenden Medien berichteten von dieser Sorge.
Mir liegt noch der Durchschlag eines Briefes vor, den *Dr. Erwin Wenzl* an den damaligen Generalsekretär *Dr. Hermann Withalm* vier Wochen vor der oberösterreichischen Wahl sandte. In beredten Worten wird auf die Stimmung in der Bevölkerung, die massive Propaganda der Sozialisten, die Morgenluft witterten, und die Notwendigkeit zu einem vernünftigen Auftreten aller Wiener Spitzenfunktionäre der ÖVP hingewiesen. „Unsere Landtagswahl will man zu einer Testwahl über die Bundespolitik machen." Dieser Umstand sollte mehr als bisher berücksichtigt werden! Geändert hat sich allerdings nicht recht viel. Ein Beispiel: Bundes-ÖVP-Funktionäre haben sogar die Überlegung angestellt, man sollte alle Privatautos im Bedarfsfall „einrücken" lassen. Ein Vorschlag, der verständlicherweise keine Begeisterung hervorrief.
Trotz dieser Voraussetzung oder gerade deswegen wurde in Oberösterreich intensiv gearbeitet, um für die ÖVP ein halbwegs erträgliches Resultat sicherzustellen. So kam nun der 22. Oktober 1967. Wie bei früheren Wahlen hielt sich Parteiobmann Landeshauptmann *Dr. Gleißner* in seinen Amtsräumen in der Klosterstraße 7, sein Stellvertreter *Dr. Erwin Wenzl* als Landesparteisekretär im ÖVP-Sekretariat im Raiffeisenhof auf. Schon bald zeigte sich, sehr glaubhaft hochgerechnet von *Dr. Otto Lackinger*, daß die Mehrheit der Landtagsmandate nicht zu erreichen sein würde. Schon um 16 Uhr wurde die berechnete Befürchtung zur Gewißheit: Die ÖVP wird ihren Landeshauptmann nicht mehr allein wählen können. *Dr. Wenzl* begab sich schweren Herzens zu seinem Obmann in die Klosterstraße, wo auch die bündischen Obmänner beziehungsweise Regie-

rungsmitglieder *Dr. Franz Schütz, Johann Diwold, Gerhard Possart* und *Rudolf Trauner* anwesend waren.
Die Ausgangslage war nicht leicht. Die SPÖ würde bei einem Stimmen- oder gar bei einem Mandatsüberhang gegenüber der ÖVP sicher den lange ersehnten Landeshauptmannsitz anstreben. Sie für die Wahl *Dr. Gleißners* zu gewinnen, schien ein aussichtsloses Unterfangen.
Würde man der SPÖ den Landeshauptmann überlassen, dann bedeutete dies eine grundsätzliche Richtungsänderung in Oberösterreich für eine lange, lange Zeit. Schließlich gilt auch für Landeshauptmänner der für Boxchampions gern gebrauchte Spruch „They never come back". Die Aussicht, einen verlorenen Landeshauptmann zurückzugewinnen, war praktisch gleich Null.
Als weiterer Partner kam nur die FPÖ in Frage. Damit hatte aber *Dr. Gleißner* anfangs gar keine besondere Freude, konnte sich aber schließlich den Sachargumenten, insbesondere des *Dr. Erwin Wenzl,* nicht verschließen. Dabei hatte gerade *Gleißner* selbst einen großen Anteil daran, daß dieser Gedanke überhaupt sinnvoll gefaßt werden konnte. Er stand schließlich seit mehr als zwei Jahrzehnten für das „oberösterreichische Klima", in dem gegenseitige persönliche Achtung, eine sachliche Argumentation und die Bedachtnahme auf die Notwendigkeiten des Landes im Vordergrund gesehen wurden.
Man hatte auch im Landtag und in der Landesregierung – von ganz wenigen Fällen beim ersten Auftreten des Verbandes der Unabhängigen abgesehen – gute Erfahrungen mit Mandataren dieser Partei gemacht. Noch bevor die amtlichen Ergebnisse der Landtagswahl vorlagen, hatte *Dr. Erwin Wenzl,* der diese einzige Chance erkannt und durchgesetzt hatte, namens der ÖVP Oberösterreich mit FPÖ-Obmann *Friedrich Peter* Gespräche über ein Übereinkommen geführt, nach welchem die FPÖ bei der Landeshauptmannwahl für *Dr. Heinrich Gleißner* stimmen sollte. Noch am Wahltag selbst also konnte *Dr. Erwin Wenzl* diese für Oberösterreich so bedeutende Entscheidung einleiten. Wie notwendig dies war, zeigte das endgültige Wahlergebnis:
Liste 1, ÖVP: 302.135 Stimmen und 23 Mandate,
Liste 2, SPÖ: 307.125 Stimmen und 23 Mandate,
Liste 3, FPÖ: 49.984 Stimmen und 2 Mandate.
Die SPÖ hatte aus dem geringfügigen Stimmenmehr von nicht ganz 5.000 Stimmen ihren Anspruch auf die Führung des Landes abgeleitet. Nur die taktisch kluge und rasche Entscheidung, mit der FPÖ zu verhandeln und diese Verhandlungen auch zu einem guten Ergebnis zu bringen, hat der ÖVP Oberösterreich den Landeshauptmann erhalten.
Am 17. November wurde bei der konstituierenden Sitzung des Landtages und dabei bei der Wahl des Landeshauptmannes und der oberösterreichischen Landesregierung das Übereinkommen wirksam. *Dr. Heinrich Gleißner* wurde mit den 25 Stimmen von ÖVP und FPÖ wieder zum Landeshauptmann von Oberösterreich gewählt. *Ludwig Bernaschek* blieb mit 23 SPÖ-Stimmen in der Min-

derheit. Vier Regierungsmitglieder der ÖVP (*Johann Diwold, Gerhard Possart, Dr. Wenzl* und *Dr. Wildfellner*) und vier der SPÖ (*Ludwig Bernaschek, Prof. Stefan Demuth, Franz Enge* und *Josef Fridl*) bildeten mit *Dr. Gleißner* die Landesregierung.

Am Wahlergebnis wurde natürlich viel herumanalysiert. Letztlich war man aber überzeugt, daß es keine hausgemachte Niederlage der ÖVP Oberösterreich war, sondern daß Außeneinflüsse die Niederlage verschuldet hatten. Besonders deutlich drückte dies ein Artikel der „Salzburger Nachrichten" vom 25. Oktober 1967 aus, in dem beispielsweise ein sich selbst als VP-nahe bezeichnender Wähler sagte: „Wenn ich gewußt hätte, daß wir jetzt vielleicht sogar den *Gleißner* verlieren, dann hätte ich auch diesmal beim Land ÖVP gewählt. Aber was die monocolore ÖVP-Regierung in Wien aufgeführt hat, ging auf keine Kuhhaut." Oder ein anderer (Stammwähler der ÖVP): „Die VP brauchte einfach einen Denkzettel." Ein SPÖ-Wähler sagte beispielsweise: „Was der Olah vor Jahren für uns, war das Budget heuer für die VP." Ein VP-Wähler wieder: „Jeden Tag kam ein neuer Reinleger im Fernsehen. Das begann mit der Sackgasse in der Außenpolitik, brachte dann die Steuererhöhungen und ging richtig auf die kleinen Leute los." Der „Mut zur Wahrheit" kann also auch harte Folgen haben.

Wie ernst es der SPÖ mit ihrem Anspruch auf die Führungsposition im Lande war, beweist die Anfechtung der Wahl der Landesregierung beim Verfassungsgerichtshof in Wien. Eine „Kann"-Bestimmung der oberösterreichischen Landesverfassung über die Anrechnung des Landeshauptmannes bei der Wahl der Regierungsmitglieder war der juristische Aufhänger: Nach der Rechtsmeinung – mehr noch nach dem Willen – der oberösterreichischen Sozialisten wären nach dem SPÖ-Antrag Landeshauptmann *Dr. Gleißner* und drei weiteren ÖVP-Regierungsmitgliedern fünf SPÖ-Regierungsmitglieder, also eine SPÖ-Mehrheit, gegenübergestanden.

Der Verfassungsgerichtshof hat diese Anfechtung umfangreich und gewissenhaft geprüft und die Argumentationen der drei Landtagsparteien ÖVP (vertreten durch *Dr. Helmut Wildmoser*), SPÖ (vertreten durch *Dr. Christian Broda*) und FPÖ (vertreten durch *Dr. Tassilo Broesigke*) angehört und schließlich zu Recht erkannt: „Der Wahlanfechtung wird nicht stattgegeben." Diese am 12. März 1968 ergangene Entscheidung hat die Rechtmäßigkeit der Vorgangsweise bei der Landeshauptmannwahl endgültig bestätigt. Die vorausschauende und mutige Entscheidung des *Dr. Wenzl* und seiner Parteifreunde, die damals in Oberösterreich koalitionswürdige FPÖ für die Wahl des ÖVP-Landeshauptmannes zu gewinnen, hatte ihre Erfüllung gefunden. Die Grundlage für eine erfolgreiche Arbeit war geschaffen. Sie wurde auch genützt.

In beispielhafter Einmütigkeit hat die ÖVP-Riege in der Landesregierung – in bester Übereinstimmung mit den im ÖVP-Klub vereinten ÖVP-Abgeordneten zum oberösterreichischen Landtag – Lösungen erkannt, erarbeitet und umgesetzt, die geradezu beispielgebend für andere Länder, aber auch für manche anstehenden Lösungen in diesen Tagen sein konnten. Besonders hervorheben möchte ich das vertrauensvolle, freundschaftliche Verhältnis zwischen dem nun doch schon bejahrten Landeshauptmann *Dr. Gleißner* und dem „logischen" Nachfolger *Dr. Wenzl.*

Die taktische und praktische Arbeit in der ÖVP-Landespolitik ging allerdings auch in den Zwischenjahren immer mehr auf *Dr. Erwin Wenzl* über. *Dr. Wenzl* verstand es in ausgezeichneter Weise, die großen Erfordernisse dieser Periode zu erkennen und zu verfolgen, dabei aber auch den Sinn für das Praktische und Machbare zu behalten. Genauso verstand er es, notwendiges Durchsetzungsvermögen mit menschlicher Verbundenheit, in vielen Fällen mit persönlicher Freundschaft, zu verbinden. Keine Idee war ihm zu umfassend und weitreichend, kein Anliegen eines oberösterreichischen Mitbürgers zu klein, als daß er sich nicht voll dafür eingesetzt hätte.

Das gute Klima in Oberösterreich setzte sich auch unter den gegebenen Verhältnissen – der mandatsmäßigen Pattstellung zwischen SPÖ und ÖVP – fort, sachliche Lösungen standen im Vordergrund. Im Rahmen der ÖVP Oberösterreich wurde eine Reihe von Arbeitskreisen eingerichtet, die sich mit allen grundlegenden Fragen intensiv beschäftigten und die nicht nur mit ÖVP-Mitgliedern besetzt waren: Wissenschaftler und Praktiker aus allen Hierarchiestufen arbeiteten einträchtig zusammen, vieles mündete in Anträgen an den gesetzgebenden Landtag und an die vollziehende Landesregierung. Vieles, was damals geschah, mutet höchst aktuell an, beispielsweise die Maßnahmen auf dem Gebiet des Umweltschutzes. In einer Zeit, als wenige andere davon sprachen und fast niemand Konkretes tat, wurde in Oberösterreich bereits vieles erfolgreich umgesetzt. Ich denke an die Autowrackbeseitigung, an die Luftreinhaltung, an die Seenreinhaltung, an die Abfallbeseitigung und vieles, vieles andere mehr. Wenn beispielsweise unsere Seen wieder Trinkwasserqualität haben und die Traun wieder sauber ist, dann wurden die Grundlagen hiefür damals gelegt.

Trotz aller politischen Ausrichtung auf den Landeshauptmannwechsel und die nächste Landtagswahl wurde in erster Linie sachlich gearbeitet. Im Landtag informierten sich beispielsweise Unterausschüsse, die von Landtagsmitgliedern aller Fraktionen besetzt waren, nicht nur in Oberösterreich, sondern auch in den anderen Bundesländern und im Ausland über Sachlösungen. Das Jahr 1972 wurde aus solchen Erkenntnissen heraus zum Umweltschutzjahr bestimmt, 1973 wurde der Umweltschutztag eingeführt.

Breite Diskussion nahm auch die Raumordnungsfrage ein, und auch das Landesverfassungsgesetz wurde nach langen und ausführlichen Beratungen einstimmig beschlossen.

Das Übereinkommen mit der FPÖ nach der Landtagswahl 1967 hat sich bewährt und bestätigt. Es hat auch 1971 gehalten, als Landeshauptmann *Dr. Heinrich Gleißner* auf eigenen Wunsch zurücktrat und an seiner Stelle *Dr. Erwin Wenzl* zum Landeshauptmann von Oberösterreich gewählt wurde.

Das Ereignis stellte keine Zäsur dar, sondern war eine Fortsetzung der bisherigen Arbeit. Auch das Motto, unter dem *Dr. Erwin Wenzl* seinen Posten als Landeshauptmann antrat, war nur neu formuliert, die Zielsetzung war immer dieselbe und für einen Politiker, der im Interesse des Gemeinwohls zu arbeiten sich verpflichtet fühlte, sehr naheliegend. Es lautete „Besser leben in gesunder Umwelt" – eine Zielsetzung, die heute genauso aktuell ist wie vor mehr als zwanzig Jahren.

Johann Blöchl, für Wenzl wie für Hackl väterlicher Freund, Mentor und großer Lehrmeister.

Wahlkampf – Innovation und Phantasie
Der „Löwe" als Sieger

Helmut Kukacka

Die „Bekanntheitsstrategie" wurde zum wesentlichen Element der Wahlwerbung

Als *Dr. Erwin Wenzl* bei den Landtagswahlen 1973 als Sieger hervorging, war es nicht nur der „Löwe" als Symbolfigur, der dazu geführt hat. Es war das Zusammenwirken einer Unzahl von Faktoren, wobei der Löwe sicher eine entscheidende Rolle gespielt hat, jedoch zwei Umstände als die wichtigsten bezeichnet werden können: Die überlegene Persönlichkeit von *Dr. Erwin Wenzl* und die überzeugende politische Strategie der Landes-ÖVP, der die oberösterreichischen Sozialisten nichts Adäquates entgegenzusetzen hatten.

Dr. Erwin Wenzl ist ein analytisch denkender und agierender Mensch. Dementsprechend war auch sein Wahlkampf aufgebaut. In einer umfassenden demoskopischen Untersuchung wurde im März 1972 das politisch-soziale und kulturelle Bewußtsein der Oberösterreicher erhoben. Das Ergebnis zeigte vielfältige und oft unerwartet starke Einflußfaktoren, zum Teil von außen, auf das oberösterreichische Wahlergebnis. Diese Erkenntnisse galt es, sowohl inhaltlich als auch zeitlich gesplittet, entsprechend dem Aufbau des Wahlkampfes zu berücksichtigen. Was etwa die Erwartungshaltung der Wähler betraf, so standen Dynamik, Entscheidungsfreude, Flexibilität und die Aufgeschlossenheit gegenüber Reformen im Vordergrund. Und einmal mehr wurde bestätigt: Ein Großteil der Bevölkerung war politisch vornehmlich an Personen, an ihrem Erscheinungsbild und Verhalten orientiert.

All das hat schließlich dazu geführt, daß die ÖVP-Landesparteileitung mit der Wahlwerbung schon eineinhalb Jahre vor der Wahl begonnen hat, und zwar mit einem Plakat, von dem man erwartete, daß es in der ersten Phase den Erwartungshaltungen der Wähler gerecht würde, dem „*Wenzl*-Honda-Plakat". Damit forcierte man – der zuvor erläuterten Erkenntnis entsprechend, daß sich ein Großteil der Bevölkerung an Personen orientiert – bewußt die Personifizierung des Wahlkampfes. Nicht die Partei, sondern die Person des Landeshauptmannes wurde in den Vordergrund gestellt. Auf *Wenzl* und nicht in erster Linie auf die Partei als Gesamtheit wurden alle Aussagen abgestimmt. Diese Werbelinie wurde in der Folge konsequent bis zum Wahltermin durchgehalten. Auch das folgende Teamplakat entsprach dem eingeschlagenen Weg der Personifizierung durch Landeshauptmann *Dr. Wenzl.* Es wurden die ÖVP-Mitglieder seines Regierungsteams präsentiert, jedoch damit auch – oder vor allem – *Wenzls* moderner und kooperativer Führungs- und Arbeitsstil.

Das erst in der nächsten Phase eingesetzte, beinahe schon legendäre „Löwenplakat" war wohl der gewagteste Einfall der gesamten Wahlwerbung. Die werbliche Umsetzung des Wahlkampfes oblag der „Werbeagentur *Sery*". Zuvor hatte es bei uns im Lande Derartiges noch nie gegeben. Es entfesselte im ganzen Land Diskussionen, lenkte so aber in einer unübersehbaren Weise die Aufmerksamkeit auf den Landeshauptmann und seine Äußerungen. Auch das politische Agieren von Landeshauptmann *Dr. Wenzl* zu dieser Zeit ist mit dem eines Mannes im Zeichen des Löwen vergleichbar, der mit Mut und Kraft für ein modernes Oberösterreich kämpfte.

Das Programmplakat „Die Pläne verwirklichen" war Bestandteil des sogenannten „Programmwahlkampfes". Der breiten Öffentlichkeit sollte die Tatsache deutlich gemacht werden, daß die zukünftige Politik des Landeshauptmannes auf fundierten und von Experten erarbeiteten Plänen beruhte.

Das letzte Plakat machte schließlich deutlich, worum es der ÖVP-Landesparteileitung bei dieser „Personalisierung" des Wahlkampfes eigentlich ging. *Dr. Wenzl,* der Schrittmacher einer sicheren Zukunft, sollte Landeshauptmann bleiben. Ein Plakat, das wiederum die Personifizierung in den Vordergrund rückte.

Das einzige ÖVP-Plakat, das nicht die Person des Landeshauptmannes in den Vordergrund stellte, war ein Plakat gegen die sozialistische Bundesregierung. Im Hinblick auf den Ärger über die Preisentwicklung und auf die Tatsache, daß der ÖVP auf dem wirtschaftlichen Sektor größeres Vertrauen zuerkannt wurde, wurde im Sommer 1973 das Antiinflationsplakat „Der Schilling zerrinnt" plakatiert. Damit sollte das Protestwählerpotential für die VP mobilisiert werden.

Mit Dezember 1972 begann die sogenannte Problemlösungswerbung, die letztendlich auch wieder eine Form der Persönlichkeitswerbung ist. Der Grund: Die besten Programme nützen nur wenig, wenn nicht eine Person vorhanden ist, die diese Programme vertreten kann und die Kompetenz besitzt, sie auch zu realisieren. In dieser Phase wurden vor allem die Landespläne als Modell für ein modernes Oberösterreich präsentiert. Die ÖVP Oberösterreich konnte besonders stolz auf ihre Landespläne sein, weil es keine andere Landespartei gab, die ein derart umfassendes und anerkannt gutes Programm erarbeitet hatte. Diese Landespläne beinhalteten praktisch den gesamten öffentlichen Bereich und wurden in vielfältiger Weise der Öffentlichkeit präsentiert beziehungsweise direkt verschickt. Bereits im Laufe des Wahlkampfes wurde mit der Realisierung einiger der in diesen Landesplänen enthaltenen Vorstellungen begonnen.

Klar definierte Ziele und eine deutliche Sprache prägten den Wahlkampf, der die Person des Dr. Erwin Wenzl in den Mittelpunkt stellte.

Ein wesentliches Element der Wahlkampagne der ÖVP möchte ich mit „Bekenntnisstrategie" umschreiben. Es handelte sich hiebei um jenes Element der Wahlwerbung, das im Tragen des sogenannten „*Wenzl*-Löwen-Leibchens", dem Anbringen der Autoplaketten „I like *Wenzl* den Löwen", „LH *Dr. Wenzl*" und „*Wenzl* ist O. K." und in der Existenz der *Wenzl*-Komitees seinen Niederschlag gefunden hat. Das Tragen der *Wenzl*-Leibchen und die Klebeetiketten waren zwei Werbemittel, mit denen man sich öffentlich zum Spitzenkandidaten, zu Landeshauptmann *Dr. Wenzl*, bekannt hat. Dieses von der ÖVP bewußt forcierte Bekenntnis zu ihrem Spitzenkandidaten sollte der Öffentlichkeit die quantitative Dominanz von ÖVP-Anhängern, die öffentlich zu ihrem Kandidaten stehen, vermitteln. Sie sollten Ausdruck einer offensiven und selbstbewußten Wahlkampagne sein.

Ein weiteres Schwergewicht der Wahlstrategie wurde auf die Gewinnung der Jungwähler gelegt. Es wurden eigene *Wenzl*-Jugend-Komitees gegründet, die mit Jugend- und Tanzveranstaltungen, aber auch durch politische Werbeaktionen für die Person von Landeshauptmann *Dr. Wenzl* eintraten. Außerdem wurde an alle Jungwähler ein eigener Jugendposter versandt. Auch die „*Wenzl*-Schallplatte" war auf die Jungwähler abgestimmt. Von den beiden Kinofilmen, die die Landesparteileitung produziert hatte, war einer überhaupt auf die Jungwähler abgestimmt. Aber auch der andere kam durch die bei einem politischen Wahlfilm zum ersten Mal verwendete Trickfilmtechnik vor allem dem jugendlichen Publikum sehr entgegen. Überhaupt muß hier angeführt werden, daß die gesamten Wahlwerbemittel bewußt einen relativ jugendlichen und unkonventionellen Charakter hatten, um das fortschrittliche und moderne Image von Landeshauptmann *Dr. Wenzl* zu demonstrieren. Die übrigen Wahlwerbemittel hatten natürlich grundsätzlich keinen Einfluß auf die Wahlentscheidung, unterstützten jedoch wegen ihrer großteils unkonventionellen und neuen Art den übrigen Wahlkampfstil.

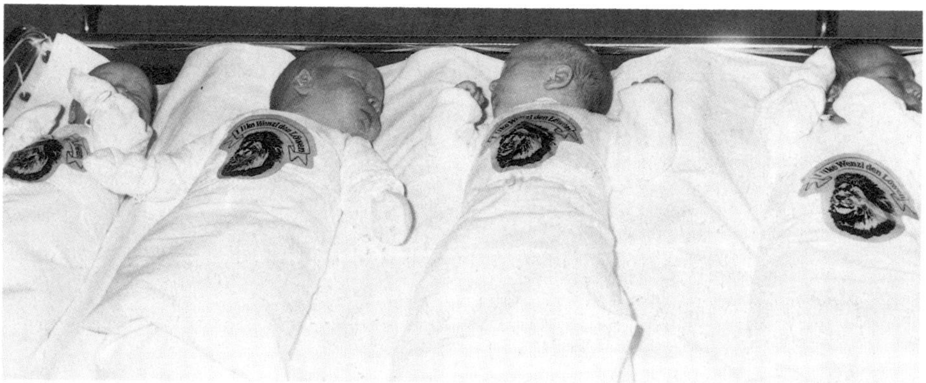

Früh übt sich ...

Die „Löwen-Pickerln" und „Löwen-Leiberln" waren die großen Renner in ganz Oberösterreich (im Bild Dr. Wenzl mit seinen Töchtern Claudia und Gabriele).

Strukturwandel der Bevölkerung und seine Auswirkungen auf die Politik

Otto Lackinger

Erstmals in Österreich bekam Oberösterreich mit dem Statistischen Dienst eine stetige Strukturanalyse

Statistik hat in der Wirtschaft und vor allem in der Politik heute einen ganz besonderen Stellenwert. Es war das besondere Verdienst des Landespolitikers *Dr. Erwin Wenzl,* daß er rasch die Bedeutung von Strukturanalysen erkannt hat. Der Politiker braucht sie für Wähleranalysen, und Statistik ist vor und nach Wahlen enorm wichtig. Doch da herrschte früher nur eine Art „genialer Intuition". Das ist in der modernen Politik freilich zuwenig.

In diesem österreichweiten „Wahlforschungs-Vakuum" gab es jedoch eine – zunächst noch wenig beachtete – Ausnahme: Oberösterreich! *Dr. Erwin Wenzl* – seit 1951 Landesparteisekretär der ÖVP – ließ erstmals die Landtagswahl vom Oktober 1955 (mit der er Regierungsmitglied wurde) nicht nur nach regionalen, sondern auch nach strukturellen Gesichtspunkten eingehend analysieren. In seinem Artikel „Oberösterreich unter dem Röntgenschirm der Statistik" schrieb er darüber: „In Oberösterreich setzten nach den großen Wahlschlachten von 1955 (Landtag) und 1956 (Nationalrat) systematische Untersuchungen über die Veränderungen in der Bevölkerungsstruktur, bezogen auf die Wahlergebnisse, ein. Sie sollten zur Grundlage der politischen Arbeit im Sinne der Erhaltung und des Ausbaues der starken Position der ÖVP im Lande gemacht werden."

Erwin Wenzl schuf in Oberösterreich als erstem Bundesland mit dem Statistischen Dienst eine Einrichtung zur intensiven und fortlaufenden Analyse des Strukturwandels und rückte bei jeder nur möglichen Gelegenheit diesen Prozeß und die daraus resultierenden politischen Konsequenzen in das Bewußtsein seiner Gesinnungsgemeinschaft. In der Festschrift zum 10. Landesparteitag im Dezember 1958 schrieb er dazu: „Die soziale und wirtschaftliche Struktur des Landes ändert sich fortlaufend. In den meisten Bereichen vollzieht sich dieser Entwicklungsprozeß langsam und natürlich, manchmal aber auch sprunghaft und zeitigt tiefgreifende Veränderungen. Eine wirklichkeitsnahe Politik muß diesen Wandlungsprozeß genau verfolgen und besonders in Zeiten, in denen sich der Strukturwandel in einem nahezu stürmischen Tempo vollzieht, ebenso rasch der Entwicklung Rechnung tragen." Und er zog daraus die Schlußfolgerung: „Damit ist aber auch schon auf die politische Problematik des Strukturwandels in unserem Land hingewiesen. Es braucht nicht wiederholt zu werden, daß die genaue und objektive Beobachtung des Strukturwandels nicht nur eine wissenschaftliche Aufgabe darstellt, sondern auch für die politische Arbeit unentbehrlich ist."

Besonders der fortschreitenden Verlagerung der Wählerschaft aus dem ländlichen Bereich in die Städte und der deshalb notwendigen verstärkten Parteiaktivität in den Städten galt *Wenzls* Aufmerksamkeit und politische Arbeit. Das war nicht leicht in einer Zeit, in der die Parteiwahlkämpfer sich lieber am Dorfstammtisch huldigen ließen, als in Fabriken und städtische Versammlungen hineinzugehen. Die Relation ländliche/städtische Wählerschaft hatte sich im Verlauf von zwei Jahrzehnten (1945 bis 1965) fast umgekehrt. Aus 49 : 38 wurden 39 : 45 Prozent (Rest = Übergangsgemeinden).

Dieser Neuakzentuierung der ÖVP-Politik in Oberösterreich war es zu verdanken, daß die Volkspartei trotz des Strukturwandels in allen Wahlgängen bis 1967 erfolgreich bestehen konnte. Stammten 1955 noch 60 Prozent ihrer Stimmen aus dem ländlichen Raum und nur 28 aus dem städtischen Bereich, so steuerten 1966 die Städte bereits 31,7 Prozent aller ÖVP-Stimmen bei, die ländlichen Gemeinden nur noch 56,3 Prozent. Symbolisch für diese Entwicklung war die Landeshauptstadt Linz, in der die ÖVP mit 36,4 Prozent ihren höchsten jemals verzeichneten Stimmenanteil erreichte (1945: 36,3 Prozent).

Die Bedeutung strukturpolitischer Wahlanalysen hatten inzwischen auch die anderen politischen Parteien in Oberösterreich und darüber hinaus erkannt. So warnte etwa Landeshauptmann-Stellvertreter *Bernaschek* am SPÖ-Parteitag 1962: „Der Strukturwandel Oberösterreichs darf uns nicht verleiten anzunehmen, die Mehrheit im Lande werde uns automatisch zufallen, könnte ohne unser Zutun errungen werden." Und *G. Nenning* schrieb – unter vorwiegender Verwendung der oberösterreichischen strukturellen Wahlanalysen – in seinem Artikel „Wahlschatten": „Das Vertrauen auf ein automatisches Weiterwachsen der sozialistischen Bewegungen beruhte einst auf dem Glauben an die historische Notwendigkeit. Heute beruht es mancherorts auf dem Glauben an ein erfolgreiches Weiterwurschteln ohne eigentliches Konzept. Beide Male handelt es sich um Aberglauben."

Erwin Wenzl hat jedoch nicht nur aufgrund der Analyse des Wandels der Bevölkerungsstruktur und -verteilung eine parteipolitische Weichenstellung vorgenommen. Er bediente sich auch als erster einer methodisch fundierten Wahlhochrechnung, also der Vorausberechnung der endgültigen Wahlergebnisse (die in den sechziger Jahren jeweils erst gegen Mitternacht vorlagen). Die in Oberösterreich schon lange vor den späteren Fernseh-Hochrechnungen *Prof. Bruckmanns* mit ähnlicher Methode, aber einfacheren Mitteln praktizierte Vorausberechnung brachte ihm bei der Landtagswahl vom 6. Oktober 1967 einen entscheidenden Zeitvorsprung. Dieser ermöglichte ihm die für die politische Entwicklung in Oberösterreich entscheidendste Weichenstellung: Die Zustimmung der FPÖ zur Wiederwahl *Dr. Gleißners* als Landeshauptmann, obwohl die ÖVP stimmenmäßig von der SPÖ überflügelt worden war. Die dramatischen Stunden dieser Wahlnacht zwischen dem gesicherten Erkennen der Wahlniederlage (ca. 16 Uhr) und dem *Wenzl-Peter*-Pakt (ca. 22 Uhr) werden von *J. Hackl* in einer eigenen Abhandlung dargestellt.

Mit der Landtagswahl 1967 schien der Wandel Oberösterreichs vom einstigen Agrarland in ein Industrieland seinen – wenngleich verspäteten – Niederschlag gefunden zu haben. Dem widerspricht jedoch die Tatsache, daß der ÖVP-Anteil in den Städten lediglich um zwei Prozent sank, in den ländlichen Gemeinden jedoch um vier. Hier büßte die Volkspartei rund acht Prozent ihres Wählerpotentials von 1961 ein. Das Wahlergebnis von 1967 war demnach nicht mehr mit dem Anwachsen beziehungsweise dem Schwund „traditioneller" Wählerschichten zu erklären. Andere, neue Aspekte der Wählerentscheidung wurden hier bereits deutlich erkennbar. So hatte die SPÖ mit offensichtlichem Erfolg die landespolitischen Fragen weitgehend aus dem Wahlkampf ausgeklammert und aus den äußerst unpopulären wirtschafts- und finanzpolitischen Maßnahmen der damaligen ÖVP-Alleinregierung eine Nationalrats-„Nachwahl", eine Denkzettelwahl für die Bundes-ÖVP gemacht. Daß der Anteil der jungen, nicht mehr so sehr von „Lagermentalität" geprägten Wähler von einem Fünftel (1951) auf ein Viertel gestiegen war, spielte gleichfalls eine Rolle. Der Wahlkampf der ÖVP war zu stark parteiorientiert und zu wenig auf den Spitzenkandidaten ausgerichtet.

Diesen zuletzt genannten Fehler hat die ÖVP bei der Landtagswahl 1973 nicht wiederholt. Mit ihrem massiv auf den neuen Spitzenkandidaten *Dr. Erwin Wenzl* ausgerichteten „Löwen-Wahlkampf" hat sie für Bundesländerwahlen neue Maßstäbe gesetzt. Dazu zählt auch die erstmals in einem Bundesland angewandte Wähler-Meinungsforschung als Hilfsmittel der Wahlstrategie. Das 1972 in Linz gegründete Institut für Markt- und Sozialanalysen (IMAS) hat in der damals auf Bundesländerebene noch wenig praktizierten Meinungsforschung Pionierarbeit und einen wertvollen Beitrag zur Neuorientierung der politischen Aktivitäten geleistet.

In den siebziger Jahren wurde immer deutlicher, daß die berufliche Struktur der Wähler (die „Wählerschichten") mehr und mehr an Bedeutung verlor. In der sich ausbreitenden Wohlstands- und Freizeitmentalität wurden die traditionellen, schichtenspezifischen Wählerbindungen immer schwächer. Die Wähler orientierten sich mehr und mehr an den Spitzenpolitikern der Parteien und weniger an dieser selbst. Ein Charakteristikum für diese neue, in den achtziger Jahren verstärkte Entwicklung ist das Auseinanderklaffen der Wahlergebnisse der großen Parteien bei Bundes- und Landeswahlen: Bis zur Landtagswahl 1961 differierte der Stimmenanteil der ÖVP für den Nationalrat und den Landtag (bei zeitgleichen oder zeitnahen Wahlen) nur um rund 1,5 Prozent. Bei der „*Wenzl*-Wahl" 1973 lag das ÖVP-Ergebnis bereits drei Prozent über dem der Nationalratswahl 1971. Bei den nachfolgenden „*Ratzenböck*-Wahlen" 1979 und 1985 erreichte dieser Abstand fast zehn Prozent.

Dennoch hat ein Aspekt der Bevölkerungsstruktur – die regionale Verteilung nach Gemeindetypen – ganz offensichtlich noch immer einen nicht unerheblichen Einfluß auf die Entscheidung der Wähler. Bei der Landtagswahl 1987 stammten 70 Prozent der ÖVP-Stimmen aus dem ländlichen Raum (Gemeinden bis 5.000 Einwohner). Genauso groß war der ÖVP-Anteil bei der Landtagswahl 1961, also vor fast 25 Jahren. Für die SPÖ haben die traditionellen „Städte-Hochburgen" nur leicht an Bedeutung eingebüßt (von 52 auf 49 Prozent der SPÖ-Stimmen). Die tiefgreifende Umschichtung der beruflichen Struktur der Bevölkerung im ländlichen und städtischen Raum (man denke nur an den starken Rückgang des landwirtschaftlichen Bevölkerungsanteiles, die enorm gestiegenen Pendlerzahlen usw.) hat an dieser Grundstruktur der Wählerentscheidung wenig geändert.

Es bleibt das Verdienst *Erwin Wenzls,* daß er früher als andere die Bedeutung des Strukturwandels der Bevölkerung auf die Entscheidung der Wähler erkannt und die Politik der ÖVP in starkem Maße darauf ausgerichtet hat. Nicht zuletzt dadurch hat er in der kritischen Phase der Umschichtung des Wählerpotentials seine Partei als entscheidende politische Kraft in Oberösterreich erhalten.

Dr. Wenzl, ein Abgeordneter für das Innviertel

Wolfgang Holzinger

Gezielt wurde das Innviertel zum attraktiven Lebensraum gemacht

Als gebürtiger Mühlviertler, jedoch seit meiner Kinderzeit „gelernter" Innviertler, kenne ich diesen Landesteil Oberösterreichs wohl wie meine Westentasche. Durch meine zahlreichen Funktionen in der oberösterreichischen Volkspartei kam ich wohl auch bis in den letzten Winkel dieses Landes. Dabei lernte ich schon sehr früh *Dr. Erwin Wenzl* kennen.

Als Sekretär von Landeshauptmann-Stellvertreter *Felix Kern*, dessen Wahlkreis ja das Innviertel war, wurde er mir vorgestellt. Es sollte alles andere als ein einmaliges Treffen bleiben! Denn von 1947 bis 1955 begleitete *Dr. Erwin Wenzl Kern* bei all seinen monatlichen Sprechtagen und Versammlungen. Auf diese Weise wurde er wie kaum ein anderer mit Land und Leuten vertraut, kannte bald ihre Nöte und Probleme, die vor allem in der exponierten Lage begründet waren.

So war es eigentlich weiter auch nicht verwunderlich, daß bereits 1949 ein *Dr. Erwin Wenzl* als ÖVP-Kandidat auf der Wahlliste des Innviertels aufschien. Freilich, weit hinten gereiht, also fernab jeder Hoffnung, auf diese Weise in den Nationalrat einziehen zu können. Anders aber sechs Jahre später: Nach wie vor als *Kern*-Sekretär und mittlerweile bereits auch als Parteisekretär kandidierte er abermals und diesmal an besserer Stelle auf der Landtagsliste des Innviertels. Die Wahl wurde von der ÖVP eindeutig gewonnen, jedoch hatte die Partei gerade an diesem Tag einen großen Verlust zu beklagen: Völlig unerwartet verstarb am Wahltag *Felix Kern.* 34jährig rückte damit *Dr. Erwin Wenzl* als Abgeordneter des Innviertels nach und übernahm als Landesrat das Bauressort. Trotz seines jugendlichen Alters bewies er Weitblick und politisches Fingerspitzengefühl, vor allem aber eine enge Verbundenheit zu „seinem" Innviertel.

Er setzte sich wie sein Vorgänger *Felix Kern* vehement für einen forcierten Straßenbau in dieser Region ein. Er förderte etwa den Bau einer Autobahn, um das Innviertel mit den wichtigen wirtschaftlichen Knotenpunkten in Bayern und den Routen nach Linz besser zu verbinden. Sein Verdienst bestand nicht nur

darin, daß er sich für diese Innkreisautobahn besonders einsetzte, sondern daß er Bayern bewegen konnte, die Autobahn von Passau auf deutscher Seite bis südlich von Schärding heranzuführen. Die Schnell- bzw. Fernstraße wurde gebaut, und so manche Ortsumfahrung brachte den Autofahrern ein rascheres Weiterkommen, den Bewohnern der jeweiligen Gemeinde hingegen bessere Lebensbedingungen.
Auch der Jugend dieser Region sollte Chancengleichheit geboten werden. Nach dem Motto „Jedem Bezirkshauptort ein eigenes Gymnasium" entstanden daher schon bald in Braunau und in Schärding Mittelschulen. Vielfach war zuvor Bildung an zu großen Distanzen gescheitert.
Gleichzeitig bemühte sich *Dr. Wenzl,* die Wirtschaft im Innviertel anzukurbeln. Er förderte etwa Betriebsansiedlungen, war aber auch stets bemüht, Großbetriebe wie die Aluminiumwerke in Ranshofen in deren wirtschaftlichen Bestand zu unterstützen. Wohl auch als Sohn eines Bergmannes nahm sich *Dr. Wenzl* besonders der Salzach-Kohlenbergbau-Ges. m. b. H. (SAKOG) an. In der Folge war er wesentlich daran beteiligt, daß der Beschluß gefaßt wurde, SAKOG-Kohle in einem nahe gelegenen Wärmekraftwerk zu verstromen. Damit wurde die Geburtsglocke der Kraftwerke Riedersbach I und II geläutet und darüber hinaus vielen Familien auf Jahre hinaus die Existenz gesichert. Alles in allem genommen erhielten die Menschen des Innviertels durch die von Landeshauptmann-Stellvertreter *Felix Kern* und Landeshauptmann *Dr. Erwin Wenzl* betriebene Verbesserung der Infrastruktur gleiche Chancen wie die Menschen in den anderen Landesteilen.

Der Kampf um die Verstaatlichte

Johann Grünn

Wie es die Volkspartei gesehen hat ...

Zunächst ein kurzer Rückblick auf die Entstehungsgeschichte der „Verstaatlichten". Schon nach dem Ersten Weltkrieg wurde von weiten Teilen der Gewerkschaften und der Sozialdemokraten die „Sozialisierung" der sogenannten Kommandohöhen der Wirtschaft (Großbanken und Schwerindustrie) gefordert. Insbesondere sollte die Alpine-Montan-Gesellschaft verstaatlicht werden. Der theoretische Wortführer der Sozialdemokraten, *Otto Bauer,* arbeitete sogar einen detaillierten Sozialisierungsplan aus. Auf Grund der parlamentarischen Verhältnisse kam es aber nicht zur Verwirklichung dieser Absichten. Nach dem Zweiten Weltkrieg war nun eine neue, sehr schwierige Situation gegeben. Auf der Potsdamer Konferenz der Alliierten im Juli/August 1945 wurde noch einmal ausdrücklich bestätigt, daß die Siegermächte des Zweiten Weltkrieges in ihren Besatzungszonen berechtigt seien, das sogenannte „Deutsche Eigentum" als Kompensation für erlittene Kriegsschäden einzuziehen.

In Österreich fielen drei Kategorien von Unternehmen unter den Begriff „deutsches Eigentum": Firmen, die bereits vor dem „Anschluß" 1938 in deutschem Besitz waren, zum Beispiel die Alpine-Montan-Gesellschaft; Betriebe, die nach dem Anschluß vom deutschen Staat errichtet worden waren, zum Beispiel die Hermann-Göring-Werke (später VOEST), Stickstoffwerke, Aluminiumwerke Ranshofen sowie eine Reihe von Unternehmungen, die nach 1938 in deutsche Hände übergegangen waren.

Was sollte nun geschehen? Zunächst hatte das zu geschehen, was die Besatzungsmacht anordnete. Unter den nunmehrigen österreichischen Politikern gab es unter anderem auch die Ansicht, die NS-Betriebe (also die vom deutschen Staat errichteten Betriebe) total zu schleifen. Im oberösterreichischen Raum setzte sich jedoch, getragen durch Landeshauptmann *Dr. Gleißner* und den Linzer Bürgermeister *Dr. Koref,* die Meinung durch, die Betriebe wiederaufzubauen und eine Friedensproduktion auf die Beine zu stellen. Neuerlich kam der

Ruf nach Verstaatlichung von den Sozialisten, wie sich die seinerzeitigen Sozialdemokraten nun in der Zweiten Republik nannten, und den Gewerkschaften, die darin einen Schritt zu einer „gerechteren Gesellschaftsordnung" sahen. Insbesondere sollten durch Verstaatlichung und Wirtschaftsplanung die Grundlagen für eine Vollbeschäftigung geschaffen werden.

Dies war nur zu verstehen aus den katastrophalen Erfahrungen der Zwischenkriegszeit mit Arbeitslosen zwischen 500.000 und 600.000, am Höhepunkt der Weltwirtschaftskrise etwa 45 Prozent der Industriearbeiter und -angestellten.

Bei der Volkspartei gab es trotz des grundsätzlichen Bekenntnisses zur freien Wirtschaft drei Argumente, einer Verstaatlichung zuzustimmen: Keine private Stelle wäre in der Lage gewesen, die ungeheuren Kapitalien aufzubringen, um die Betriebe wieder in Gang zu bringen; man wollte einen allzu großen Einfluß ausländischen Kapitals auf die österreichische Wirtschaft ausschließen; man hatte 1946 noch gehofft, durch die Verstaatlichung die Erdölfelder und die Schwerindustrie in der sowjetischen Besatzungszone dem Zugriff der Besatzungsmacht zu entziehen. Letzteres war das einigende Band zwischen ÖVP und SPÖ zur Frage der Verstaatlichung. Von der SPÖ wurden ursprünglich 125 Unternehmungen zur Verstaatlichung vorgeschlagen und weitere 110 sollten zu einem späteren Zeitpunkt noch verstaatlicht werden. Die ÖVP dagegen wollte nur die sogenannte Grundstoffindustrie verstaatlichen. Schließlich wurden 70 Gesellschaften und Betriebe verstaatlicht, darunter 47 aus deutschem, 13 aus österreichischem, 9 aus US-amerikanischem, britischem und niederländischem sowie 1 aus kanadischem Eigentum.

Im Juli 1946 übergaben die Amerikaner demonstrativ die VOEST und die Steyr-Werke der österreichischen Regierung zur treuhändischen Verwaltung, die englische und französische Besatzungsmacht schlossen sich dem Vorgehen der amerikanischen an. Am Beginn der Sitzung des Nationalrates am 26. Juli 1946 wurde die Mitteilung des sowjetischen Oberkommandierenden verlesen, daß die Sowjetunion auf eine Reihe von Betrieben als „deutsches Eigentum" Anspruch erhebe. So entstanden die Bereiche SMV (Sowjetische Mineralölverwaltung) und USIA (Verwaltung des sowjetischen Vermögens in Österreich).

Im Bundesgesetz über die Verstaatlichung von Unternehmungen vom 26. Juli 1946 wurden Kreditinstitute, Bergbauunternehmungen, Hüttenindustrien, Erdölförderung und -raffinerie, Erdgasförderung, Verkehr, Schiff-, Lokomotiv- und Waggonbau, Elektroindustrie, Metallindustrie, Maschinen- und Stahlbau und chemische Industrie in das Eigentum der Republik Österreich überführt.

Nun konnten rechtens die nunmehr österreichischen Unternehmungen mit Ausnahme von SMV und USIA betreut und organisiert werden. Ein eigenes Ministerium für „Vermögenssicherung und Wirtschaftsplanung" wurde installiert. Es stand unter einem ÖVP-Minister. 1947 wurde auch die Elektrizitätswirtschaft verstaatlicht. Sehr bald begannen sich die ideologisch unterschiedlichen Auffassungen von ÖVP und SPÖ auszuwirken.

Im sozialistischen Parteiprogramm heißt es unter anderem: „Der Kapitalismus hat sich gewandelt, aber seine entscheidenden Merkmale sind geblieben. Auch in der modernen Industriegesellschaft entscheiden die Unternehmer, ob als Eigentümer oder Manager, über die Produktion, die Investitionen und somit über die Arbeitsplätze... Gesellschaftliche Bedürfnisse werden in der kapitalistischen Wirtschaftsordnung übergangen, wenn deren Befriedigung keinen Gewinn verspricht... Bei der Verwirklichung der sozialen Demokratie hat der gemeinwirtschaftliche Sektor – die verstaatlichten Unternehmen, die Genossenschaften und die öffentlichen Versorgungsbetriebe – eine gesellschafts- und strukturpolitisch wichtige Aufgabe. In gemeinwirtschaftlichen Unternehmen ist die Zusammenarbeit von Unternehmensleitung und Beschäftigten vorbildlich zu gestalten. Sozialpolitische Experimente sind vorzubereiten und zu erproben..."

Es bedarf sicher keiner langen Erläuterungen, daß die Verantwortung für die Führung der Unternehmungen durch die gesetzlichen Bestimmungen klar geregelt ist. Viele Köche verderben bekanntlich den Brei. Das Beharrungsvermögen der Betriebsräte erschwert den so nötigen Strukturwandel in den Unternehmungen. Ja, es bedeutet schon oft die Verlegung der Arbeitsstelle von einer in die benachbarte Halle eine „Unzumutbarkeit". Das kann doch nur als Verhinderungs- beziehungsweise Konservierungspolitik zum Nachteil von Unternehmungsentwicklung und Mitarbeitern bezeichnet werden. Vom Gewinn lebt die Unternehmung, nicht nur etwa ein Unternehmer. Die verstaatlichten Unternehmungen, die dem nationalen wie internationalen Konkurrenzkampf ausgeliefert sind, als gemeinwirtschaftlich zu bezeichnen, ist Unsinn. Sie sind erwerbswirtschaftlich orientiert. Was die sozialpolitischen Experimente angeht, so sollten sich die Verfasser des Programms vor einer Überspitzung hüten und eher darüber nachdenken, daß sozialpolitische Experimente schon längst von großen Unternehmerpersönlichkeiten gemacht wurden (Berndorf = Kruppstadt).

Es ist verständlich, daß bei solchen Programmpunkten die Sozialisten mit allen Mitteln versuchten, die Verstaatlichte in ihre ministerielle Verantwortung zu bekommen.

Die ÖVP dagegen unterschied zunächst zwischen Grundstoffindustrie und verarbeitender Industrie sowie sonstigen Unternehmungen. Die Verstaatlichte sollte nicht auf ewige Zeiten im Eigentum der Republik verbleiben. Man dachte an Privatisierungen beziehungsweise Teilprivatisierungen, insbesondere bei den Betrieben der verarbeitenden Industrie und den sogenannten sonstigen Unternehmungen. Lange Zeit wurde über eine Relation zwischen privaten und staatlichen Unternehmensanteilen von zum Beispiel 49:51 debattiert. Besonders im Zeitraum 1956 bis 1959 wurde viel über die sogenannte Volksaktie gesprochen. Im Bankenbereich kam es auch zur Ausgabe solcher Volksaktien. Im ÖAAB wurden Erfolgsbeteiligungssysteme konstruiert und debattiert, mit der Zielsetzung, Unternehmung und Mitarbeiter näher zusammenzuführen.

Nun begann immer mehr der politische Kampf. Der politische Kampf auf Regierungs- beziehungsweise auf parlamentarischer Ebene. Das Kräfteverhältnis nach jeder Nationalratswahl beeinflußte die Organisation der Verwaltung der verstaatlichten Industrie. Nach den Wahlen von 1949, bei welchen die ÖVP die absolute Mehrheit verlor, wurde das schon erwähnte Ministerium für Vermögenssicherung und Wirtschaftsplanung aufgelöst. Die verstaatlichten Banken wurden dem Finanzministerium unterstellt, während die Kontrolle über die Elektrizitätswirtschaft und die verstaatlichte Industrie an das Ministerium für Verkehr und verstaatlichte Industrie überging, das von *Dipl.-Ing. Waldbrunner* geleitet wurde. Es wurde auch spaßhalber „Königreich Waldbrunner" genannt. Nach den Nationalratswahlen von 1956, bei denen die ÖVP große Gewinne erzielte, wurde das „Königreich Waldbrunner" aufgelöst, die verstaatlichten Unternehmungen wurden aus der unmittelbaren Hoheitsverwaltung herausgelöst und der Bundesregierung unterstellt, die ihre Kompetenz an die neu gegründete „Österreichische Industrie- und Bergbauverwaltungs-Gesellschaft (IBV)" übertrug. Generaldirektor wurde *Dr. Hans Igler* (ÖVP). Der Aufsichtsrat dieser Gesellschaft war paritätisch von ÖVP- und SPÖ-Regierungsmitgliedern beschickt, was die Arbeit dieser Gesellschft sehr behinderte. Trotzdem wurde in dieser Zeit die Zahl der Unternehmungen als Folge von Liquidationen, Fusionen und Rückgaben von Erdölfirmen an die Vorbesitzer verringert.

Nach den Wahlen von 1959 wurde die IBV wieder aufgelöst. Die Verwaltung der verstaatlichten Industrie ging auf die Sektion IV – Verstaatlichte Unternehmungen – über, die dem Vizekanzler *Dr. Bruno Pittermann* (SPÖ) unterstellt war. 1962, bei gestärkter ÖVP, wurde ein Viererkomitee der Sektion IV zugeschaltet. Durch das schon 1960 beschlossene Rekonzernierungsgesetz und das nun folgende erste Verstaatlichungsorganisationsgesetz wurde die Zahl der Unternehmungen halbiert.

In der ÖVP-Alleinregierung nach 1966 sollten durch die Gründung der Treuhandgesellschaft „Österreichische Industrieverwaltungs-Ges. m. b. H." die parteipolitischen Einflüsse von den Unternehmungen ferngehalten und diese nach rein kommerziellen Gesichtspunkten geführt werden. Durch die politische Besetzung des Aufsichtsrates der ÖIG und die Notwendigkeit der Einschaltung des Ministerrates beziehungsweise des Nationalrates bei Entscheidungen von weittragender Bedeutung kam die Parteipolitik auf diesem Umweg wieder herein. 1970 glaubte man durch die Umwandlung der ÖIG in eine Aktiengesellschaft diese Mängel beseitigt zu haben. Es folgten die Fusionen im Stahl-, Edelstahl- und Metallbereich sowie die Umgruppierung bei den Elektrobetrieben mit der Reprivatisierung bei der Siemens AG Österreich. Unter dem Eindruck großer Verluste bei einigen Unternehmungen wurde ein neues ÖIAG-Gesetz beschlossen und eine Namensänderung in „Österreichische Industrieholding AG" vorgenommen. In der Zwischenzeit wurden die Industrieunternehmungen unter der Bezeichnung „Austrian Industries" zusammengefaßt.

Daß diese vielen Veränderungen dem Image der Verstaatlichten nur schaden konnten, ist leider verständlich und stellt dem Staat als Unternehmer kein gutes Zeugnis aus.
Trotz der vielen Veränderungen in der Verwaltungsform mußte aber eine Grundregel für die Besetzung der Organe der Gesellschaften eingehalten werden. Man vereinbarte den Proporz (Besetzung der Aufsichtsratspositionen nach dem Verhältnis der im Parlament vertretenen Parteien). Durch diese Besetzung der Aufsichtsräte schlug der Proporz praktisch auch vielfach auf die Geschäftsführungen beziehungsweise Vorstände über.
Vorweg muß aber gesagt werden, daß der Proporz als solcher nichts Neues und auch kein Spezifikum der verstaatlichten Industrie darstellt. In der privaten Wirtschaft gibt es ihn natürlich auch, aber dort spricht man nicht darüber. Aktionärsgruppen oder Familiengruppen nehmen Einfluß auf die personelle Besetzung, vor allem der Führungsebenen, mit Personen ihres Vertrauens. Viele Unternehmungen leiden an den unterschiedlichen Auffassungen aus dem Bereich der Eigentümer.
Die Medien taten in der irrigen Auffassung, in einer ihnen selbst nicht geläufigen Materie Richter sein zu wollen, das Ihre zur Verteufelung des Proporzes, indem sie einfach unterstellten, daß Mitgliedschaft oder Nahverhältnis zu einer Partei von vornherein jede Managereigenschaft ausschließt. Dies ist schon deshalb ein Trugschluß, da sich eine Partei nicht bewußt der Gefahr eines Fehlgriffes aussetzen wird.
Natürlich waren daher entscheidende Parteifunktionäre genötigt, auf die Einhaltung der diesbezüglichen Vereinbarungen zu achten. Bei dem bekannten Appetit der Sozialisten nach noch mehr Einfluß achtete daher *Dr. Wenzl* als Landesparteisekretär und später als Landeshauptmann sehr auf die Besetzungen durch standfeste Manager guten Rufes.
Für die politischen Parteien stellt der Komplex der verstaatlichten Industrie mit seinen durchschnittlich 100.000 Mitarbeitern – und deren Familien – ein nicht zu unterschätzendes Wählerpotential dar. In Oberösterreich hat die Umschichtung der Landesbevölkerung von einer mehrheitlich der Landwirtschaft zuzuzählenden Bevölkerung in eine industriell orientierte schon frühzeitig die Aufmerksamkeit *Dr. Wenzls* erweckt. In dieser Zeit als Landesparteisekretär der ÖVP versäumte er keine Gelegenheit, auf diese Entwicklung hinzuweisen.
Der politische Kampf auf Betriebsebene, der besondere Auswüchse zeitigte, weil hier die Grenzen des Anstandes und des demokratischen Verhaltens immer wieder überschritten wurden, interessierte *Wenzl* zu jener Zeit ganz besonders. Der Druck auf die Nichtsozialisten war eng aufgebaut. Die vom Gesetz freigestellten Betriebsräte (fast nur Sozialisten), die Vertrauensleute und die von den Sozialisten auf mittlere Führungsposten gehievten Leute konnten fast ungestört in den Betrieben agieren. Die vielfach erhobenen Forderungen nach Einführung eines amtlichen Stimmzettels wurden immer wieder von den „so toleranten"

sozialistischen Gewerkschaftern verhindert. Bei einem amtlichen Stimmzettel wäre das Wahlgeheimnis gesichert und eine Kontrolle à la „Geh'n ma wähl'n" weitgehend ausgeschaltet.

Dr. Wenzl wurde in vielen Fragen der bedrängten christlichen Gewerkschafter und ÖAAB-Angehörigen zur Vertrauensperson. *Wenzl* erfaßte die verschiedenen Problemstellungen im Augenblick und war vor allem ein Mann, bei dem es nur ein Ja oder aber ein Nein gab, nicht aber ein Vielleicht: „Das könnt ihr machen" und „Davon rate ich euch ab". Eine klare Aussage ist jedem Menschen lieber als das Gefühl der Ungewißheit.

Natürlich hat ein Politiker dort und da mit einem Kollegen der anderen Seite Gespräche zu führen, die über das Thema des Augenblicks hinausgehen. Dabei kann manches bereinigt oder erleichtert werden.

Eine äußerst wichtige Angelegenheit ist die Information nicht nur der Mitarbeiter selbst, sondern auch ihrer Familienangehörigen. Das ungestörte Gespräch zu Hause läßt die wahren Verhältnisse deutlicher zutage kommen. Es kam daher schon sehr früh, um das Jahr 1960, der Gedanke auf, Betriebszeitungen zu gründen, die an alle Mitarbeiter an deren Wohnadresse versandt werden sollten. Der Streubereich dieser Mitteilungen war damit wesentlich größer als der der Konkurrenzblätter und war noch dazu kostenlos. Der Anfang war schwierig, aber *Wenzl* hatte immer einen guten Ratschlag bei der Hand. Die Inseratenwerbung begann recht gut zu funktionieren, sodaß die Finanzierung eine gewisse Basis hatte.

Dem schon erwähnten Hinweis auf die Umschichtung der Bevölkerungsstruktur Rechnung tragend, setzte sich *Dr. Wenzl* stets dafür ein, daß bei der Auswahl der Kandidaten für die verschiedenen Körperschaften Angehörige der Verstaatlichten zum Zug kamen. Eine respektable Anzahl von Betriebsangehörigen wurde in die Gemeindestuben gewählt. Auch die Landtagsliste wies Arbeiter und Angestellte auf. Lange Jahre bekleidete *Anton Wimmersberger* von der VOEST-ALPINE, Obmann der „ÖAAB-Arbeitsgemeinschaft verstaatlichte Industrie", das Mandat eines Abgeordneten zum Nationalrat und wurde auch von Menschen unterschiedlicher Gesinnung hochgeachtet. Mit bewundernswertem Geschick und viel aufopfernder Initiative setzen *Wimmersbergers* Kollegen und Nachfolger in seinem Geist die gewerkschaftliche Arbeit fort.

Dr. Wenzl wurde nach seinem Ausscheiden aus der aktiven Politik selbst durch sein Engagement bei der OKA mit den Problemen der verstaatlichten Elektrizitätswirtschaft konfrontiert. Auch bekleidete er eine Reihe von Aufsichtsratspositionen in verstaatlichten Industrieunternehmungen (Vereinigte Metallwerke Ranshofen-Berndorf, Chemie Linz AG, Österreichische Industrieverwaltungs AG, ÖIAG und VOEST-ALPINE AG). Und einmal mehr erlebte er, wie man mit dem von weiten Kreisen geschmähten Proporz umgehen kann. In einem Aufsichtsrat hat man den Proporz „abgeschafft". Ursprüngliche Zusammensetzung: 9 SPÖ, 9 ÖVP, 1 FPÖ, 1 Parteiloser und 10 Betriebsräte. Anteil der

SPÖ 63,3 Prozent. Nach berechtigter Reduzierung des Aufsichtsrates Anteil der SPÖ 66,66 Prozent. So geht's auch.
Bei allen aus dem politischen Bereich kommenden Ungereimtheiten und allem Negativen, was von Außenstehenden gesagt wird, muß aber auf die großartigen Leistungen einer Vielzahl ausgezeichneter Mitarbeiter auf allen Gebieten, die in den Unternehmungen vollbracht wurden und werden, mit großer Hochachtung hingewiesen werden. Deswegen ist auch der Ruf der einzelnen Unternehmungen weltweit ausgezeichnet.

Eine Chance für Mittel- und Kleinbetriebe

Rudolf Trauner

Wirtschaftsförderung für Oberösterreich und seine Menschen

Mich bewegen vielerlei Erinnerungen, wenn ich an meine Mitarbeit und Zusammenarbeit mit dem Politiker *Dr. Erwin Wenzl* denke. Ich war schon in den sechziger Jahren in vielfältigen politischen Funktionen im Wirtschaftsbund der ÖVP und in der Handelskammer tätig, und im Jahre 1963 war ich in die Landesparteileitung der ÖVP berufen worden, um die Finanzen der ÖVP Oberösterreich zu übernehmen, die dramatische „Schicksalsstunde" kam jedoch mit der Landtagswahl am 22. Oktober 1967. Damals waren die Sozialisten – erstmals in der langen Geschichte Oberösterreichs – stimmenstärkste Partei des Landes geworden. Am Abend des 22. Oktober wußte niemand, wer am nächsten Tag Landeshauptmann von Oberösterreich würde. Durch vielfältige Verhandlungen gerade auch mit der freiheitlichen Partei, an denen ich mit *Dr. Wenzl* teilnehmen konnte, gelang es uns, die Wiederwahl von *Dr. Heinrich Gleißner* zum Landeshauptmann zu erreichen.

Als Finanzreferent der ÖVP ergaben sich dann immer engere Kontakte mit dem damaligen Landeshauptmann-Stellvertreter *Dr. Wenzl*, der gerade auch als Landesparteisekretär um die wirtschaftliche Absicherung der ÖVP und ihrer Ziele bemüht war. Die Mitgliedsbeiträge und Spenden waren faktisch das einzige finanzielle Fundament der ÖVP, denn staatliche Zuwendungen für die Partei gab es kaum, außer für Schulungskosten der Mandatare. Die Ortsgruppen und Bezirke der Partei mußten sich selbst erhalten.

Auch die wirtschaftliche Absicherung des „Linzer Volksblattes" war *Dr. Wenzl* und mir ein besonders Anliegen. Damals haben wir die „Heimatwerbung" gegründet, ein Unternehmen, das der ÖVP in der Medienwirtschaft große Dienste erwiesen hat.

Für eine erfolgreiche ÖVP-Politik im Land, das war uns allen klar, war die lebensbestimmende Frage die Sicherung der Arbeitsplätze und die Gesundheit der Bevölkerung in einer umweltbelasteten Landschaft. Hier gab *Dr. Wenzl* den Auftrag, ganz systematisch Konzepte für die Entwicklung der oberösterreichischen Wirtschaft und für die Problemgebiete auszuarbeiten. Die Probleme sollten zielbewußt angegangen werden, uns allen ging es um die möglichst große Chancengleicheit für alle im Land und gerade auch um die Hilfe für Klein- und Mittelbetriebe als Gegengewicht zu der heftigen Schwankungen ausgesetzten Großindustrie. So wurden mehrere Strukturprogramme für die einzelnen Landesteile in den siebziger Jahren ausgearbeitet, es wurde 1973 beispielsweise der Wirtschaftsplan für die Wirtschaftsentwicklung (Modell für Oberösterreich) erstellt, wir legten ein oberösterreichisches Fremdenverkehrskonzept vor. Nach diesen konkreten Zielvorgaben und Plänen wurden die Förderungsmittel des Landes eingesetzt. Und Jahr um Jahr vom Land erhöht. Auch die Förderung der Nahversorgung und die Lehrlingsausbildung waren uns wichtig, wir ahnten, daß eine Zeit kommt, da man „Lehrlinge mit der Laterne suchen" würde.

Die Wirtschaftsförderung des Landes aus dem Landesbudget erhöhte sich von 1971 mit 27,1 Millionen Schilling auf 1979 mit 92,9 Millionen Schilling um 342 Prozent! Im Zeitraum 1971 bis 1980 erledigten wir mehr als 33.000 Förderungen. Eine eindrucksvolle Bilanz konnten wir auch für den Arbeitsmarkt vorlegen. Es gelang, von 1971 auf 1980 die Arbeitslosenrate in Oberösterreich von zwei auf ein Prozent zu senken und die Zahl der Lehrstellen in Oberösterreich in diesem Zeitraum von etwa 25.000 auf mehr als 35.000 zu erhöhen. Oberösterreich hat beispielsweise 1979 die bis dahin führende Steiermark in der Zahl der Lehrstellen übertroffen.

Ein besonders zukunftsweisendes Anliegen war insbesondere seit meinem Eintritt in die oberösterreichische Landesregierung die Schiffbarmachung der unteren Enns, verbunden mit der Errichtung einer Hafenlände, sowie die Nutzung der zum Großteil bereits naturgegebenen Standortvorteile für die oberösterreichische Wirtschaft. Obwohl der Grundgedanke für dieses Projekt bis in die fünfziger Jahre zurückreicht, kam es erst am 10. Juni 1976 zur Gründung der Ennshafen-Entwicklungs- und Betriebsgesellschaft mit den Gesellschaftern Niederösterreich und Oberösterreich. Die Schiffbarmachung der unteren Enns und ein Hafen bei der Enns waren das Ziel, die Ansiedlung von Betrieben und die Belebung der Wirtschaft dieses Raumes die Aufgabe.

Am 3. September 1979 wurde die erste Ausbaustufe eröffnet, womit der Ennsfluß auf 1,6 km Länge mündungsaufwärts und zunächst in 80 m Breite eine Fahrwassertiefe von 2,80 m aufweist. Bis Ende 1979 wurden rund 38 Millionen Schilling verbaut.

Leider war es dem Land Oberösterreich nicht möglich, über die fünfzigprozentige Finanzierung des Projektes hinaus, eine der Bedeutung des Projektes entsprechende Grundstückspolitik zu betreiben.

Es müssen auch die regional- und strukturpolitischen Aspekte genannt werden. So etwa die „Mühlviertler Kreditaktion" zur Absicherung des geopolitisch benachteiligten Landesteiles, die Maßnahmen zur Sicherung der Mühlviertler Webereibetriebe, die Investitionsförderungen für die Krisenregion Steyr und

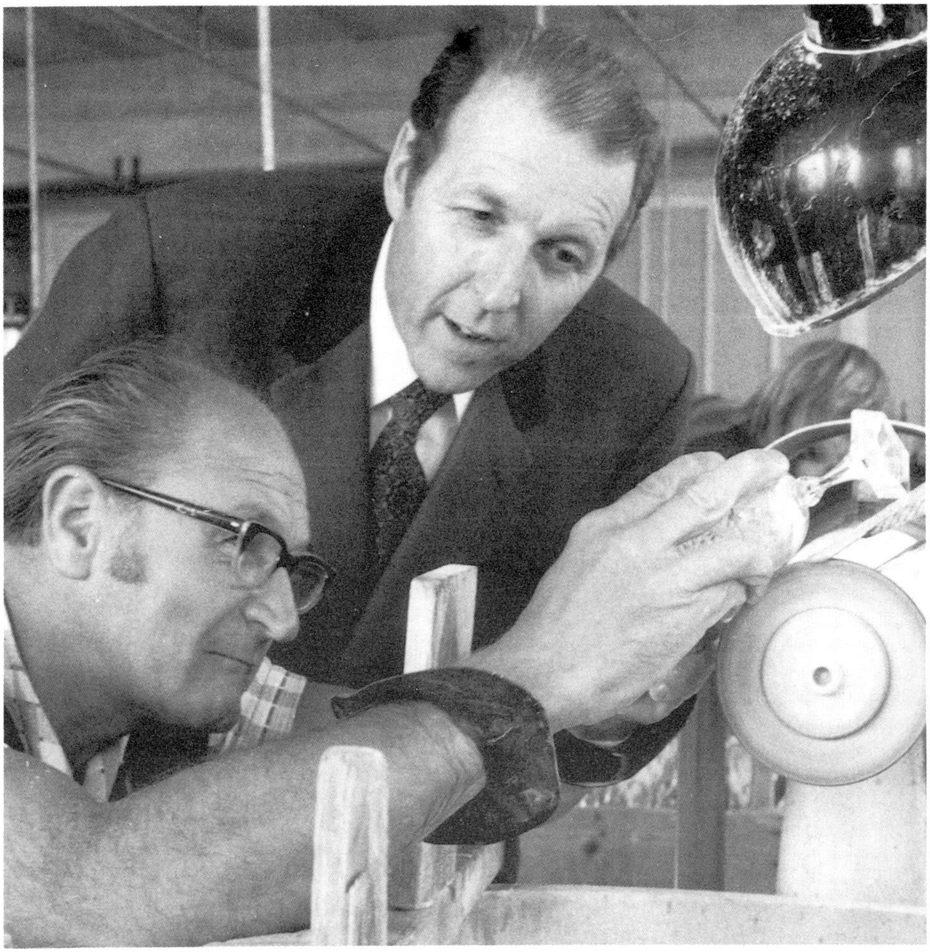

Florierende Wirtschaftsbetriebe waren schon immer ein großes Anliegen von LH Dr. Wenzl. Bei zahlreichen Betriebsbesuchen holte er Informationen quasi „aus erster Hand". *Foto: Gangl*

die Förderungen für die aufstrebenden Fremdenverkehrsregionen in allen Landesteilen. Die Schaffung von Fremdenverkehrsgroßregionen hat sich bewährt. Eine wirtschaftsentscheidende Aufgabe kam dem Land in der Energiewirtschaft zu. Im Oktober 1976 konnten Landeshauptmann *Dr. Wenzl* und ich eine Untersuchung über die Energiesituation des Landes und deren Entwicklungstendenzen der Öffentlichkeit vorstellen. Es wurde eine Energiebilanz erstellt, die die Basis für die erfolgreiche Energiepolitik des Landes und der OKA darstellte. Erstmals legten wir in Oberösterreich mit diesen Energiebilanzen 1977 und 1978 detaillierte Ergebnisse über die regionale Verteilung des Energieeinsatzes vor. Das war einmalig in Österreich. Die Studie zeigte unter anderem auch Lagerkapazitäten für die Energieträger und die bestehenden und geplanten Anlagen zur Energiegewinnung beziehungsweise Energieverteilung auf. Diese Studie lieferte die wesentliche Grundlage für rasche und vor allem effiziente Entscheidungen bei eventuell auftretenden Energiekrisen.
In diesem Zusammenhang darf auch auf die von mir initiierte und erstmals in Oberösterreich durchgeführte Energieenquete hingewiesen werden, die im Landeskulturzentrum Ursulinenhof stattfand und in deren Rahmen maßgebliche Fachleute über die Versorgung Oberösterreichs mit den wichtigsten Energieträgern referierten und die voraussichtliche energiepolitische Situation 1985 in Oberösterreich skizzierten.
Unter dem Aspekt der Förderung alternativer Energiequellen kann neben der Solarförderung für Freibäder auch auf die Förderung der Geothermalstudien im Innviertel hingewiesen werden, wovon für den Raum Geinberg bereits erfreuliche positive Aspekte vorliegen.
Schließlich sei auch auf die gesetzlichen Änderungen im Bereich der gewerblichen Wirtschaft hingewiesen. Das bedeutendste Gesetzeswerk in dieser Zeit war wohl die Gewerbeordnung 1973. Der oberösterreichische Landtag verabschiedete schließlich auch in der Zeit von Landeshauptmann *Dr. Wenzl* und mir die Fremdenverkehrsgesetznovelle 1975 und 1980 sowie das oberösterreichische Privatzimmervermietungsgesetz 1975. Mit der Novelle zum oberösterreichischen Raumordnungsgesetz des Jahres 1977 wurde die Errichtung von Einkaufszentren, Supermärkten und dergleichen im Interesse der Sicherung der Nahversorgung einer gesetzlichen Regelung unterzogen. In all dieser wirtschaftspolitischen Arbeit wurden wir in der Landesregierung von einem gut eingearbeiteten Team unter Führung von *Hofrat Dr. Franz Starzer* entscheidend unterstützt.
Sowohl *Dr. Wenzl* wie mir war besonders die Förderung und Hilfe für die sogenannten Kleinen im Mittelstand der Wirtschaft ein Anliegen. Daß Oberösterreich die schwerwiegende Krise der Staatsbetriebe, wie VOEST und Chemie, dennoch so gut bewältigt hat, ist vor allem auch ein Verdienst des wirtschaftlichen Mittelstandes, der den Arbeitsmarkt entlastet und die Wirtschaftskraft der Bevölkerung bewahrt hat. Was wir mit einer mittelstandsfreundlichen Wirt-

schaftspolitik dazu beitragen konnten, das haben der Politiker *Dr. Erwin Wenzl* und ich getan. Das ist die schöne Erinnerung, die mich an die Zeit von und mit dem Landespolitiker *Dr. Wenzl* besonders verbindet.

Bei der Wiederwahl Dr. Wenzls zum Landeshauptmann von Oberösterreich. Im Bild von links nach rechts: LH-Stv. Fridl, LR Dr. Diwold, LR Dr. Ratzenböck und LR Trauner.

Eine Infrastruktur für Oberösterreich

Josef Pühringer

Wenzl erkannte die Zeichen der Zeit und forcierte einen zukunftsorientierten Straßenbau

Die Welt ist klein geworden. Flugzeug und Auto haben in wenigen Jahren Distanzen schrumpfen lassen, und der zügige Ausbau der Straßen hat ein übriges dazu beigetragen. Gut ausgebaute Verkehrswege, auch in entlegenen Gegenden, sind heute eine Selbstverständlichkeit. Eine Selbstverständlichkeit freilich erst seit der jüngsten Vergangenheit. Auch Oberösterreichs Straßen waren von den Kriegswirren nicht verschont geblieben und befanden sich in den Nachkriegsjahren in einem äußerst desolaten Zustand.
Damals war es *Felix Kern,* der die große Bedeutung eines gut ausgebauten Straßennetzes für die Wirtschaft, für die Infrastruktur der Regionen unseres Landes und damit für den Lebensstandard der Menschen erkannte. Er war es schließlich auch, der dafür sorgte, daß der Straßenbau intensiv vorangetrieben wurde.
Die Aktivitäten für den Straßenbau beinhalteten nicht nur die Wiederherstellung beschädigter Verkehrswege, sondern ebenso den forcierten Neubau und die Erhaltung des bestehenden Straßennetzes. Ein Konzept und Führungsstil auch, die den oberösterreichischen Straßenwärtern einen weit über unsere Landesgrenzen hinausreichenden, klingenden Ruf einbrachten, einen Ruf aber auch, der immer wieder mit dem Namen *Kern* in Verbindung gebracht wurde.
In dieser Schule mit *Kern* als wohlwollendem Lehrmeister verdiente sich *Dr. Erwin Wenzl* seine ersten Sporen, die all sein späteres Wirken maßgeblich beeinflussen sollten: analytisches Denken und Handeln, klar definierte Zielvorgaben und ein unbeirrtes Beschreiten des einmal festgelegten Weges.
Als *Dr. Erwin Wenzl* nach dem unerwartet frühen Tod von *Felix Kern* am Landtags-Wahltag im Jahre 1955 dessen politisches Erbe antrat und dessen Ressort übernahm, unterstanden ihm mit Ausnahme der Wildbachverbauung und des Wohnbaues sämtliche Bauagenden Oberösterreichs: der Straßen- und Brückenbau, der Wasserbau sowie der Hochbau. Und noch etwas übernahm *Wenzl* von seinem Vorgänger, das ihm geradezu auf den Leib geschneidert war: die Raumordnung in unserem Bundesland!

Die Eröffnung neuer Straßen, wie hier durch LH Dr. Gleißner und den zuständigen Minister für Bauten und Technik, Dr. Vinzenz Kotzina, war stets ein Volksfest.

Raumordnung, ein Anliegen mit Tradition

Durch die intensiven Bemühungen des damaligen Landesrates *Felix Kern* und des nachmaligen Landesbaudirektors W. Hofrat *Dipl.-Ing. Alfred Sighartner* wurde von der oberösterreichischen Landesregierung bereits im Jahre 1937 der Beschluß gefaßt, eine Landesplanungsstelle einzurichten, und in der Folge wurde auch ein entsprechendes Landesplanungsgesetz verabschiedet. Die politische Entwicklung dieser Zeit brachte jedoch seine Realisierung zum Erliegen. Nach dem Krieg wurden die diesbezüglichen Aktivitäten von den Landespolitikern wieder aufgenommen, und durch die Bauordnungsnovelle 1946 wurde es den Gemeinden ermöglicht, Flächwidmungs- und Bebauungspläne zu erstellen. Mit dem Eintritt von *Dr. Erwin Wenzl* als Landesrat und Referent für die Raumordnung und Landesplanung in die Landesregierung wurde der von *Felix Kern* eingeschlagene Weg fortgesetzt, ja sogar noch verstärkt.
So wurden 1957 die Untersuchungen „Regionale Überschau oberösterreichischer Zentralraum" und „Gebietsplanung Trimmelkam" abgeschlossen und bildeten damit eine wichtige Basis für weitere Entscheidungen. Allerdings wurde mit der Zunahme der diesbezüglichen Aktivitäten schon bald die Bedeutung rahmensetzender landesgesetzlicher Bestimmungen für die überörtliche Raumplanung offensichtlich. Für *Dr. Erwin Wenzl,* damals bereits Landeshauptmann-Stellvertreter, ein Signal zum Handeln. Er veranlaßte daher im Jahre 1965, daß die Abteilung für Baurechtsangelegenheiten des Amtes der oberösterreichischen Landesregierung eine gesetzliche Grundlage für die Raumordnung in Oberösterreich erarbeitete. Die Folge: Am 23. März 1972 wurde vom oberösterreichischen Landtag das Oberösterreichische Raumordnungsgesetz beschlossen.
Bedeutsame Initiativen wurden nun gesetzt: so etwa die Konzepte für „zentrale Orte und Schwerpunkträume", ein Gestaltungsmodell für die Entwicklungsachse Linz – Enns – Perg oder ein Gesamtverkehrskonzept für das Land Oberösterreich unter vorrangiger Behandlung der Verkehrsprobleme im oberösterreichischen Zentralraum einschließlich des schienengebundenen Nahverkehrs. Auch Landschafts- und Grünordnungspläne wurden bereits damals erstellt. Dieses Gesetz brachte auch eine wesentliche Steigerung der Raumplanungstätigkeit der Gemeinden, wobei der Schwerpunkt bei der Erstellung von Flächenwidmungsplänen lag.
Obwohl die Erstellung der Flächenwidmungspläne eine Pflichtaufgabe der Gemeinden ist, war es *Dr. Wenzl* stets ein wichtiges Anliegen, die Planungen durch freiwillige Zuschüsse zu den Planungskosten zu unterstützen. So wurden die Gemeinden vom Land finanziell unterstützt. Alleine daraus ist ablesbar, welch große Bedeutung Landeshauptmann *Dr. Erwin Wenzl* gerade dieser, den einzelnen Gemeindebürger direkt betreffenden Ebene der Raumplanung zugemessen hat.

Am 10. November 1978 gab es Grund zum Feiern: In St. Peter a. W. wurde der letzte Bezirksstraßenkilometer staubfrei.

Oberösterreichs Baureferenten unter sich! Von links nach rechts: Landesbaudirektor W. Hofrat Dipl.-Ing. Emil Schacherl, Bau-LR Dr. Josef Pühringer, der ehemalige Baureferent und LR Mag. Helmut Kukacka, der ehemalige Baudirektor W. Hofrat Dipl.-Ing. Hubert Kohl und Dr. Erwin Wenzl, dessen politischer Werdegang in der Landesbaudirektion seinen Anfang genommen hat.

Staubfreimachung als primäres Ziel

Ein wesentlicher Faktor der Bauplanung des Landes war der Straßenbau, der auch zu einem wesentlichen Faktor im politischen Wirken von *Dr. Erwin Wenzl* werden sollte, nachdem er *Kerns* Nachfolge angetreten hatte. Wie sein Vorgänger wußte er die Zeichen der Zeit richtig einzuschätzen. Was waren nun diese Zeichen der Zeit? Unter der Ära von Bundeskanzler *Dr. Raab* mit *Dr. Kamitz* als Finanzminister trat etwa im Jahre 1953, also zwei Jahre vor dem Tod von *Felix Kern*, eine Stabilisierung des Dollarkurses mit 26 Schilling ein. Die Folge: Waren Autos bis zu diesem Zeitpunkt für die meisten Österreicher ein unerschwinglicher Luxus – ein Fiat kostete etwa 130.000 Schilling. So waren sie nun zwar schwer, aber doch erschwinglich geworden. Zeichen der Zeit freilich, die nicht überall richtig gedeutet wurden. So erklärte etwa 1953 der damalige Verstaatlichten-Minister *Waldbrunner* anläßlich des Baubeginnes der Westautobahn: „Der Autobahnbau ist ein Aprilscherz des Finanzministers." Die rapid ansteigende Motorisierung sollte die Zweifler schon bald eines Besseren belehren: Waren etwa 1950 in Oberösterreich erst 55.995 Kraftfahrzeuge zugelassen, so waren es zehn Jahre später, also 1960, bereits 172.275 und 1970 schon 410.514 ...

Diese Entwicklung hatte natürlich einen lauten Ruf nach entsprechenden Straßen, Autobahnen, Schnellstraßen zur Folge. Das Auto wurde nicht nur in der Freizeitgestaltung ein immer wichtigerer Faktor, sondern vor allem in der Wirtschaft und als immer unentbehrlicheres Transportmittel auf dem Weg zur Arbeit. Ein Ruf also, der berechtigt war, und ein Ruf, der in *Dr. Erwin Wenzl* als Straßenbaureferenten einen engagierten Partner gefunden hatte.

Als er 1955 das Ressort übernahm, hatten der Ausbau und die Staubfreimachung des oberösterreichischen Straßennetzes bereits begonnen. Ziel war es, daß jede oberösterreichische Gemeinde über mindestens eine staubfreie Ortsdurchfahrt verfügen sollte, was bis dato eher Seltenheitswert besaß. Schon im Jahre 1960 zeigte sich ein neues Bild: Von den 445 Gemeinden des Landes waren bereits 366 mit staubfreien Durchfahrten ausgestattet, was 82,2 Prozent entsprach. Fünf Jahre später waren es schon 421 Gemeinden oder 94,6 Prozent, und Ende 1968 war das Ziel erreicht: Alle 445 Ortsdurchfahrten waren staubfrei!

Parallel dazu hatte man sich in der Landesbaudirektion noch zwei weitere große Ziele gesteckt: Eines davon war das Vorhaben, Gemeindehauptorte als regionale Zentren mit gut befahrbaren Straßenanschlüssen an die nächste Bundes- oder Landesstraße anzuschließen. Ein Vorhaben, das nicht nur im Interesse der Gemeindebewohner, sondern auch im Interesse der Wirtschaft lag.

Und auch hier ließen die ersten Ergebnisse nicht lange auf sich warten: Schon 1963 waren von den 445 Gemeindeorten 269 oder 60,4 Prozent durchgehend auf staubfreien Straßen erreichbar. 1968, als bereits alle Gemeindehauptorte

staubfreie Ortsdurchfahrten besaßen, waren 410 oder 92,1 Prozent der Gemeinden auf gut befahrbaren Verkehrswegen an das höherrangige Straßennetz angeschlossen, und Ende 1973 war es für die restlichen 35 Gemeinden ebenfalls soweit.
Der dritte und letzte Schritt des Staubfreimachungs-Programms hatte die totale Staubfreimachung sämtlicher oberösterreichischer Landes- und Bezirksstraßen zum Ziel. Die Ausgangssituation war wenig ermutigend: 1955 waren von den Landes- und Bezirksstraßen nur 541 Kilometer staubfrei, was lediglich 12,8 Prozent entsprach. Bis zum Jahre 1965 hatte sich der Ausbaustand aber bereits auf 1.797 Kilometer oder 40,2 Prozent erhöht und bis 1975 gar auf 4.078 Kilometer oder 92,3 Prozent. 1977 waren schließlich 4.333 Kilometer oder 98 Prozent der Landes- und Bezirksstraßen staubfrei befahrbar. Im Herbst 1978 konnte schließlich die letzte Lücke geschlossen werden.
Wenzls Bestreben, Dinge gesamthaft zu betrachten, entspricht es wohl auch, daß er sich als Straßenbaureferent Oberösterreichs ebenso vehement für die Verbreiterung und Staubfreimachung der Bundesstraßen einsetzte. Dazu kam noch, daß *Wenzl* auch im Zuge seiner straßenbaulichen Aktivitäten den Bau von Ortsumfahrungen, oftmals gegen die anfänglichen Bedenken der Anrainer, erfolgreich forcierte. Vierzehn wurden in seiner Amtszeit fertiggestellt, und weitere elf befanden sich bei seinem Abschied von der oberösterreichischen Landesregierung in Bau!

Autobahnbau initiiert

Grundsätzlich gehört es aus heutiger Sicht zu den ganz großen Verdiensten von *Dr. Erwin Wenzl,* daß er frühzeitig die sich abzeichnende Entwicklung richtig eingeschätzt hat und dem Bau eines modernen, überregionalen Straßennetzes einen sehr hohen Stellenwert in seinem Arbeitsprogramm zugeordnet hat. So war er es schließlich auch, dem es gelang, oberösterreichische Wünsche bei der Abänderung des Bundesstraßengesetzes im Jahre 1958 durchzusetzen. Dadurch konnte etwa für Linz ein autobahngerechter Anschluß an die gerade in Bau befindliche A 1, die Westautobahn, sichergestellt werden. Dabei wurde er übrigens von dem aus Linz stammenden damaligen Minister für Bauten und Technik *Dr. Vinzenz Kotzina* maßgeblich unterstützt. *Wenzl* hatte sich zuvor gemeinsam mit Landeshauptmann *Dr. Gleißner* für ein eigenes Bautenministerium eingesetzt und zählte zu den „Königsmachern" des oberösterreichischen Ministers *Dr. Kotzina. Kotzina* war zunächst als Staatssekretär und dann als Bautenminister Mitglied der Bundesregierung.
Damit gab sich *Wenzl* aber noch nicht zufrieden. Trotz zäher und schwieriger Verhandlungen gelang es ihm schließlich, dem Bund die Zustimmung für eine Autobahnverbindung in Richtung Bundesrepublik Deutschland abzuringen, sodaß 1964 die Autobahnverbindung Linz–Schärding in das Bundesstraßenge-

setz aufgenommen wurde. Gleichzeitig gelang es *Wenzl*, wohl auch als Abgeordnetem des Innviertels, mit den Bayern zu vereinbaren, daß von deutscher Seite ebenfalls die Autobahn Nürnberg–Regensburg nach Passau weitergebaut wurde.

Wenzl führte darüber hinaus mit dem Bund aber noch weitere Verhandlungen über den Autobahnbau in Oberösterreich: Eine Nord-Süd-Verbindung sollte entstehen. Jahrelang verfolgte er sein Vorhaben, bis schließlich die Sensation perfekt war: In der Novelle 1968 zum Bundesstraßengesetz wurde eine Autobahnverbindung von der nördlichen Landesgrenze von Freistadt über Linz (Mühlkreisautobahn) und Sattledt nach Spital/Pyhrn (Pyhrnautobahn) aufgenommen! Als Zukunftsprojekte wurden die Schnellstraßen Linz–Wels und Ried–Braunau damals ebenfalls im Gesetz verankert.

Auch in seiner nachfolgenden Funktion als Landeshauptmann von Oberösterreich waren *Dr. Erwin Wenzl* die Belange des Autobahnbaus ein großes Anliegen. Dementsprechend mangelte es ihm niemals an Einfällen, um ein Vorhaben auch entsprechend realisieren zu können. Um etwa eine ehestmögliche Realisierung der Linzer Autobahn mit der VOEST-Brücke zu erwirken, wurde dem Bundesministerium für Bauten und Technik von Landeshauptmann *Dr. Wenzl* eine Vorfinanzierung unter Mitbeteiligung des Landes an den Zinsenkosten vorgeschlagen. Eine Vorgangsweise, der die Bundesministerien für Bauten und Technik sowie für Finanzen zustimmten. Nur so war es möglich, noch im Jahre 1972 mit den Bauarbeiten zu beginnen. Aber auch die beschleunigte Fertigstellung der A 8, der Innkreisautobahn, und der A 9, der Pyhrnautobahn, wurde auf diese Weise erwirkt. Durch die vielen zusätzlichen Projekte des Bundes in ganz Österreich drohten nämlich bereits empfindliche Verzögerungen der Fertigstellungstermine. Heute ist das Autobahnnetz in Oberösterreich zu einer Selbstverständlichkeit geworden.

Strukturverbesserungen durch Brückenbauten

Im Zuge der Straßenbauaktivitäten nahm der Brückenbau einen breiten Raum ein. Die Erhaltungsarbeiten während der Kriegsjahre waren in nur geringem Maße durchgeführt worden, der allgemeine Zustand der Brücken also schlecht, und dazu kamen noch zahlreiche durch den Krieg zerstörte Brücken. Es galt daher, zerstörte bzw. beschädigte Brücken zu erneuern oder zu sanieren, die Tragkraft ganzer Straßenzüge durch die Sanierung oder den Neubau schwacher Brücken zu heben und schließlich die Verbesserung der Linienführung und den Vollausbau zu realisieren. Während bei *Wenzls* Antritt als Straßenbaureferent des Landes Oberösterreich die Kriegsschäden auf dem Brückensektor weitgehend behoben waren – 402 Brücken waren neu gebaut bzw. instandgesetzt worden –, galt es nun, bei dem Ausbauprogramm des oberösterreichischen Straßennetzes auch den Brückenbau entsprechend zu integrieren. Darüber hinaus

Die Eröffnung der Fernstraße Grieskirchen–Ried i. I. im Jahre 1955 durch Bundeskanzler Julius Raab und LH-Stv. Kern.

Enge Verbundenheit und Loyalität zeichnete das Verhältnis der oberösterreichischen Straßenwärter zu „ihrem" Landesrat aus.

forderte die aufstrebende heimische Wirtschaft Strukturverbesserungen im Verkehrswegenetz. Zahlreiche neue Straßenzüge mit zahlreichen Brücken waren die Folge.
Im Rahmen der Strukturverbesserung galt es aber auch, für die durch ihre geographische Lage benachteiligten Regionen unseres Bundeslandes bessere Chancen zu schaffen.
Um etwa den nördlich der Donau gelegenen Landesteilen wirtschaftliche Impulse zu geben, war es wichtig, zusätzliche Donauübergänge zu bauen. Noch lange Zeit nach dem Krieg gab es über die oberösterreichische Donau nur einen vollwertigen Straßenübergang, die Nibelungenbrücke in Linz. Die Donau bildete also in Oberösterreich eine Barriere, die es zu überwinden galt. In zähen Verhandlungen konnte *Dr. Wenzl* sowohl für Bundes- als auch für Landesstraßenbrücken die Finanzierung sichern. In der Folge konnten sechs Donaubrükken gebaut werden (Niederranna, Aschach, Autobahnbrücke Linz, Steyregg, Mauthausen und Grein).
In den Nachkriegsjahren hatte es sich aber auch gezeigt, daß sich die Wirtschaft in grenznahen Gebieten ohne leistungsfähige Grenzbrücken nicht entwickeln konnte. So standen etwa 1955 nur drei Grenzübergänge nach Bayern zur Verfügung, davon zwei mit sehr beschränkter Tragfähigkeit. Bereits kurz nach seiner Bestellung zum Landesrat und natürlich auch als Abgeordneter des Innviertels nahm *Dr. Wenzl* deshalb Kontakt mit bayerischen Politikern auf. Sein Ziel war es, an der Grenze in Abständen von maximal 25 Kilometern leistungsfähige Grenzübergänge zu schaffen. Es gelang ihm, die Bayern von der Wichtigkeit dieses Vorhabens zu überzeugen und eine gemeinsame Finanzierung sicherzustellen.
Damit hat *Dr. Wenzl* in den 22 Jahren, in denen er das Bauressort leitete, 1.844 Brücken errichtet. Die Dimension dieser Aktivität wird wohl erst gemessen am heutigen Gesamtbestand von zirka 3.200 Brücken deutlich sichtbar. Neben den Schwerpunkten Autobahnbau, Staubfreimachung und Brückenbau setzte *Dr. Wenzl* aber auch starke Initiativen am Sektor des Ausbaues des Kleinstraßennetzes. So forcierte er den Güterwegebau als „Lebensadern des ländlichen Raumes". Er legte den Grundstein dafür, daß unser Güterwegenetz heute 5.000 km umfaßt.
Ein besonderes Anliegen war ihm auch die Gestaltung und Verschönerung der Ortsplätze. Mit *W. Hofrat Dipl.-Ing. Karl Wolfmayr* hatte er einen Fachmann im Hauserhof, der mit den Gemeinden und Pfarren Ortsplatzgestaltungsmaßnahmen in gekonnter Weise durchführte, wofür *Wenzl* auch Landeshilfen zur Verfügung stellte.
Ein Bereich, der *Wenzl* sehr am Herzen lag, sei ebenfalls noch erwähnt: die Bürgerinformation. Er setzte eine eigene Arbeitsgruppe in der Landesbaudirektion ein, die Ausstellungen vorbereitete und die „Schriftenreihe der Oberösterreichischen Landesbaudirektion" betreute.

Saubere Salzkammergutseen

In den Aufgabenbereich von *Dr. Erwin Wenzl* als Baureferent fiel auch der Wasserbau. Wichtige Flußregulierungen wurden aufgrund seiner Initiative in Angriff genommen. So werden die Regulierungen der Traun, der Pram, der Naarn oder der Krems zu Recht als Jahrhundertprojekte bezeichnet, tragen sie doch in wesentlichem Maße dazu bei, die über Generationen herrschende Angst vor den stets verheerenden Überschwemmungen in Vergessenheit geraten zu lassen.
Auch was die Trinkwasserversorgung der Oberösterreicher betrifft, wurde in der Ära *Wenzl* viel geleistet und die Weichenstellung für den weiteren Ausbau durch mehrere Grundsatzentscheidungen getroffen. Mit der Schaffung von regionalen Anlagen, von Schon- und Schutzgebieten und einer Lenkung der auf rund 1.000 Wasserversorgungsunternehmen ruhenden Belieferung der Bevölkerung mit einwandfreiem Trinkwasser wurde eine Grundlage für weitere diesbezügliche Konzepte geschaffen. Vor allem die 1969 erfolgte Gründung des Wasserverbandes „Fernwasserversorgung Mühlviertel" ist hier erwähnenswert, die heute im grundwasserärmsten Bereich Oberösterreichs 29 Gemeinden bzw. rund 30.000 Menschen versorgt.
Nach dem Motto „Ohne Wasser gibt es kein Leben" engagierte sich *Dr. Erwin Wenzl* aber nicht nur für die entsprechende Bereitstellung von Trinkwasser, sondern ebenso für eine geordnete Abwasserentsorgung in Oberösterreich. So war *Wenzl* Gründungsmitglied des Wasserwirtschaftsfonds beim Wirtschaftsministerium und maßgeblich an der Schaffung optimaler Förderungsbedingungen beteiligt, die eine Errichtung dieser aufwendigen Umweltschutzeinrichtungen durch die Gemeinden und die Gemeindeverbände ermöglichten. Als Erfolg dieser Förderungsmaßnahmen waren Ende 1977 rund 45 Prozent der Bevölkerung an kommunale Abwasserbeseitigungsanlagen angeschlossen.
Dr. Wenzl nahm sich bei seinen Aktivitäten besonders der Salzkammergutseen an. Ihre Wasserqualität war durch das weitgehende Fehlen von Kläranlagen alles andere als zufriedenstellend, sodaß gehandelt werden mußte. Für die Seengemeinden freilich eine große, fast nicht zu bewältigende finanzielle Belastung. Dank einer Unterstützung des Landes bei den Annuitätenleistungen konnte die finanzielle Belastung der Gemeindeschatullen aber spürbar gemildert und damit dem jeweiligen Projekt zur schnellen Realisierung verholfen werden.
Mitte der siebziger Jahre wurde das Konzept „Regionale Abwasserbeseitigungsanlagen in Oberösterreich" erarbeitet. 50 Regionalanlagen wurden hier aufgenommen. Die angestrebten Umweltschutzmaßnahmen wurden zur Gänze in den darauffolgenden Jahren bzw. Jahrzehnten realisiert. Ein Beweis mehr, welche Bedeutung das Wirken von *Dr. Erwin Wenzl* hatte, einerseits die gerade herrschende Situation zu verbessern und andererseits eine breit angelegte Basis für künftiges Handeln zu schaffen.

Der große Baumeister

Erwin Wenzl wird zweifelsohne in die oberösterreichischen Geschichtsbücher Eingang finden – als einer der ganz großen Baumeister des Landes.
Bauen als Dienst für den Bürger und gute Straßen als Voraussetzung für eine gute Lebensqualität und florierende Wirtschaft in allen Regionen des Landes waren seine Leitlinien. Auf den von ihm entworfenen Konzepten haben seine Nachfolger auf- und weitergebaut. Bei manchen schwierigen Problemen stelle ich mir auch heute oft die Frage: „Wie hätte das der Wenzl gelöst?"
Bauen und Gestalten ist ein Urauftrag an den Menschen. Bauen ist aber auch eine überaus verantwortungsvolle Aufgabe, denn niemand baut für sich und seine Zeit alleine. In den Bauwerken hinterläßt jede Generation ihre Spuren für die nächsten. Erst kommende Generationen werden uns und unser Bauen letztlich beurteilen.
Eines kann aber heute schon mit Überzeugung gesagt werden: *Erwin Wenzl* hat als Baureferent von Oberösterreich in den fünfziger und sechziger Jahren die richtigen Weichen gestellt für ein Oberösterreich, das seinen Bürgern ein hohes Maß an Lebensqualität bietet.

Die Straßenräumung in Oberösterreich funktionierte vorbildlich.

Brückenbauten waren ein wichtiger Faktor in der Raumplanung und Strukturverbesserung. Die Projekte, wie hier die Linzer VOEST-Brücke, wurden der Bevölkerung als Modell vorgestellt. Im Bild von links nach rechts: Bürgermeister von Linz, Theodor Grill, Dr. Vinzenz Kotzina, Dr. Wenzl.

1972 – Erstes politisches Umweltjahr der Welt

Josef Pühringer

Für den Umweltschutz werden die gesetzlichen Grundlagen und Voraussetzungen geschaffen

Im Jahre 1968 erschien unter dem Titel „Der stumme Frühling" die Übersetzung des amerikanischen Bestsellers „Silent Spring" von *Rachel Carson,* die durch die Schilderung der negativen ökologischen Folgen eines maßlosen Insektizideinsatzes in industrialisierten Landwirtschaftsbetrieben der USA das Umweltbewußtsein breiter Bevölkerungskreise weckte.
Der wirtschaftliche Aufschwung und die damit verbundene Steigerung der Produktion und des Konsums hatten gegen Ende der sechziger und Anfang der siebziger Jahre erste Bedenken über die negativen Veränderungen in der Natur und der Umwelt entstehen lassen. So hatte der damalige Generalsekretär der Vereinten Nationen, *Dr. Kurt Waldheim,* nach rund zweijährigen intensiven Vorbereitungen für die Zeit vom 5. bis 12. Juni 1972 die Vertreter der UNO zur ersten Konferenz über die menschliche Umwelt eingeladen. Nach heftigen Auseinandersetzungen zwischen den Industriestaaten und den Entwicklungsländern einigte man sich schließlich auf eine Deklaration von Grundsätzen, auf 109 Empfehlungen für Aktionen und auf eine Resolution über institutionelle und finanzielle Einrichtungen. An dieser ersten großen Internationalen Umweltkonferenz in Stockholm nahmen der damalige Landeshauptmann *Dr. Erwin Wenzl* und der damalige Staatsminister für Landesentwicklung und Umweltfragen des Freistaates Bayern, *Dr. Max Streibl,* der heutige Ministerpräsident, teil.
In Österreich war eben erst am 1. Februar 1972 das Bundesministerium für Gesundheit und Umweltschutz eingerichtet worden, und die Bundesregierung hatte am 23. Mai einen Gesundheits- und Umweltschutzplan als operatives Arbeitsprogramm des Ressorts genehmigt. Bayern hatte bereits im Dezember 1970 sein Staatsministerium für Landesentwicklung und Umweltfragen gegründet.
Die Konferenz von Stockholm war der Beginn einer neuen weltweiten Epoche des Umweltschutzes. Die Sensibilität für die Bedrohung der Umwelt und die Einsicht in die Notwendigkeit internationaler Solidarität haben das Umweltpro-

Umweltschutz wurde in der Ära Wenzl großgeschrieben. Umwelt sollte aber auch erlebt werden können, weshalb in einer eigenen Aktion an den oberösterreichischen Salzkammergutseen Badeplätze geschaffen wurden.

Wenzl rührt die Trommel für Umweltschutzjahr 1972

LINZ (OÖN-erp). Beispielgebend für das gesamte Bundesgebiet ist der Schritt Oberösterreichs: Landeshauptmann Erwin Wenzl kündigte gestern an, 1972 zum Umweltschutzjahr für Oberösterreich zu deklarieren. Durch besondere gesetzgeberische und administrative Arbeiten soll nicht nur das Bewußtsein für den Grundsatz einer sauberen Landschaft verankert werden, sondern auch Initiativen die klare Durchführung notwendiger Maßnahmen gewährleisten.

Wesentlich wird für alle Gemeinden das Landeskonzept für die Abfallbeseitigung sein. So sollen die zweckmäßigen Einzugsbereiche von Anlagen für die Abfallbeseitigung überprüft werden, damit in kurzer Zeit jede Gemeinde über behördlich die Lärmauszeichnungspflicht auf allen Arten von Maschinen.

- Motorschlittengesetz: Die allgemeine Verwendung von Motorschlitten soll untersagt werden.
- Landschaftsschutz: Soweit dies nicht durch eine Novellierung des Naturschutzgesetzes möglich ist, soll durch ein eigenes Landschaftsschutzgesetz die Beeinträchtigung des Landschaftsbildes kontrolliert und wenn nötig, wirksam verhindert werden können.
- Abfallbeseitigungsgesetz: Das Müllabfuhrgesetz ist praktisch nur auf den Hausmüll beschränkt. Mit diesem Gesetz soll die Anlage von Deponien, der Verbrennung, der Vernichtung oder Verwertung der Abfälle eindeutig geregelt werden.

An finanziellen Förderungsmaßnahmen präsentierte Landeshauptmann Wenzl ein Zehn-Jahres-Sanierungsprogramm für Oberösterreichs Gewässer. Zur umfassenden Kooperation aller Maßnahmen soll ein „Beirat für Umweltfragen" errichtet werden. Im Oktober des nächsten Jahres soll die Bevölkerung zu einem umfassenden **„Landschaftsputz" aufgerufen werden. Als besondere „Zielgruppen" will der Landeshauptmann die Jugend, die Hausfrauen, die Arbeitnehmer, die Bauern und die Unternehmer ansprechen. Schließlich soll auch einem „Umweltschutzinstitut" die Aufgabe zufallen, wissenschaftliche Hilfen für die von Wenzl als „echte Lebensnotwendigkeit" bezeichneten Maßnahmen zu leisten.**

OÖ. Nachrichten, 7. Dezember 1971

gramm der Vereinten Nationen geschaffen. Aus heutiger Sicht entsteht vielfach der Eindruck, die in Stockholm anwesenden Vertreter von 113 Nationen hätten ihre Aufgabe zuwenig schwungvoll begonnen und viele der damals beschlossenen Empfehlungen würden heute noch auf ihre Realisierung warten. Das mag für einige Teilnehmer stimmen, nicht für den ersten oberösterreichischen Umweltreferenten, Landeshauptmann *Dr. Wenzl.* Er hatte schon im Dezember 1971 (!) das Jahr 1972 als Umweltschutzjahr proklamiert und löste damit eine Reihe von Aktivitäten und Impulsen aus, die bis heute fortwirken. Eine Hauptaufgabe des Umweltschutzjahres 1972 sah *Dr. Wenzl* in der Information der Öffentlichkeit, um das Verständnis und die Bereitschaft für die notwendigen Umweltschutzmaßnahmen im Lande zu gewinnen. In seiner Eröffnungsrede zur Vortragsreihe „Wasserwirtschaft und Umweltschutz" sagte dazu *Dr. Wenzl* folgendes: „Es ist gewiß ‚fünf vor zwölf', aber noch nicht zu spät, um eine allmähliche Umkehr des Trends zu erreichen, wenn wir auf allen Gebieten unsere Bemühungen intensivieren. Wunder dürfen wir allerdings keine erwarten, dazu sind die umweltgefährdenden Faktoren unserer industriellen Zivilisation zu groß. Die Umstellung unserer Technologie und unserer Lebensweise ist nicht von heute auf morgen zu erreichen. Wir müssen vielmehr alles daransetzen, um die immer steiler werdenden Zuwachsraten der Verschmutzung zu verringern, schließlich zum Stillstand zu bringen und im besten Fall eine allmähliche Abnahme der Verschmutzung zu erreichen. Dies gilt selbstverständlich für viele Arten von Umweltbelastungen. In einzelnen Sektoren müssen bald entscheidende Verbesserungen des gegenwärtigen Zustandes eintreten, um andere Bereiche, in denen sich eine weitere Zunahme der Belastungen vorerst nicht wird verhindern lassen (z. B. bei der Luftverschmutzung durch Autos), zu kompensieren." Wie recht er doch hatte!

Die Mobilisierung der öffentlichen Meinung für den Umweltschutz begründete er in dieser Rede wie folgt: „Die Öffentlichkeit kann nur durch intensive Information und Aufklärung über Schäden, Gefahren und Abhilfemaßnahmen dazu gebracht werden, die Umweltfragen ernst zu nehmen und dadurch allmählich zu einem Umdenken erzogen werden, denn ohne Umdenken bleibt ein wirksamer Umweltschutz undurchführbar. In einer demokratischen Gesellschaft kann nicht einfach von oben her dekretiert werden, und selbst in Diktaturen ist es fraglich, ob solche einschneidenden Maßnahmen, wie sie ein wirksamer Umweltschutz erfordert, nicht trotz hoher Strafdrohung immer wieder umgangen und unterbrochen werden. Aufklärung ist daher die vordringlichste Aufgabe für Regierung, Verwaltung, Parteien, Schulen und Massenmedien!

Die Kosten des Umweltschutzes werden selbst dann spürbar jeden Bürger belasten, wenn lediglich in den nächsten Jahren das Ausmaß des Zuwachses empfindlich vermindert werden soll, gleichgültig, ob man dabei soweit wie möglich das sogenannte Verursacherprinzip anwenden will oder ob man gewaltige Beträge aus Steuermitteln hiefür bereitstellt. Um für den Umweltschutz das

Die Idee des Umweltschutzes, von Wenzl erstmals aufgegriffen und von LR Dr. Josef Pühringer nun als große Aufgabe weitergeführt.

erforderliche Verständnis zu erreichen, bedarf es daher intensiver Aufklärungsarbeit, die in unserem Bundesland als eine der Hauptaufgaben des Umweltschutzjahres 1972 angestrebt wird. Dieser Aufklärungsarbeit im Umweltschutzjahr sollen u. a. Ausstellungen, Flugschriften, Wandzeitungen, Schülerwettbewerbe, Auszeichnungsaktionen des Gemeindebundes und der Handelskammer für Orte bzw. Betriebe dienen."

Die schwierige Aufbauphase der Raumordnung, die mit der Beschlußfassung des Oberösterreichischen Raumordnungsgesetzes am 23. März 1972 ihren ersten Abschluß fand, lehrte *Dr. Wenzl,* daß eine auf breiter Basis mit Unterstützung der Massenmedien durchgeführte Informationsarbeit Voraussetzung für eine erfolgreiche Umsetzung neuer Ideen und Notwendigkeiten darstellt.

Als Schulreferent war ihm aber auch bewußt, daß neue Verhaltensweisen dann am besten und dauerhaftesten erlernt werden, wenn sie durch praktisches Tun in der Gemeinschaft eingeübt werden. *Dr. Wenzl* erklärte daher den Oktober 1972 zum „Monat der sauberen Landschaft" und rief nicht nur die Feuerwehren, die Schulen und Jugendverbände, sondern die gesamte Bevölkerung auf, alle leicht zu behebenden Verschandelungen der Landschaft in freiwilligen Aktionen zu beseitigen bzw. zu sanieren. Schwerpunkte bildeten dabei die Beseitigung wilder Müllablagerungen, die Säuberung von Bach- und Flußufern sowie von Waldrändern. Erst diese in zahlreichen Gemeinden unseres Bundeslandes durchgeführten Säuberungsaktionen machten vielen Teilnehmern bewußt, wie sorglos sie selbst oder andere Mitmenschen sich bisher ihrer Abfälle entledigt hatten.

In diesem Zusammenhang muß wohl daran erinnert werden, daß es im Jahre 1972 in zahlreichen Gemeinden noch keine öffentliche Müllabfuhr gab und sich daher viele wenig umweltbewußte Menschen „gezwungen" sahen, ihre Abfälle in der nächstgelegenen Geländemulde oder in Wäldern zu hinterlegen.

Die Erfahrungen aus dieser Säuberungsaktion haben sicher wesentlich dazu beigetragen, die Vorbereitungen für das Oberösterreichische Abfallgesetz zu beschleunigen, das schließlich im Jahr 1974 vom oberösterreichischen Landtag beschlossen wurde und als eines der ersten diesbezüglichen Landesgesetze das Gebot der Verwertung von Altstoffen festschrieb.

Mit dem Umweltschutzjahr 1972 rief Landeshauptmann *Dr. Wenzl* aber auch eine Reihe von Sammelaktivitäten ins Leben, die uns heute in einer Zeit ausgeprägten Umweltbewußtseins als selbstverständlich erscheinen, jedoch damals Pionierleistungen waren, deren Sinnhaftigkeit nicht von vornherein von allen Mitbürgern eingesehen wurde. Bei der genannten Landschaftssäuberungsaktion stellte sich heraus, daß an Waldrändern, in Schottergruben, Steinbrüchen und auf ähnlichen Flächen zahllose Autowracks vor sich hinrosteten. Ohne Spezialfahrzeuge und geschulte Mannschaft war dem Problem nicht beizukommen. *Dr. Wenzl* beauftragte deshalb die Straßenmeistereien, mit ihren Fahrzeugen diese herrenlosen Autos einzusammeln, die dann der VOEST-ALPINE-

Rohstoffhandel Ges. m. b. H. zur Verwertung des Schrotts übergeben wurden. Auf diese Weise wurden innerhalb kurzer Zeit mehrere tausend Altautos, aber auch alte Landmaschinen, Öfen und dergleichen aus der Landschaft entfernt und einer Verwertung zugeführt.
Ebenso wie bei alten Autos war es vielfach Gewohnheit, auch die gebrauchten Altreifen in der Landschaft abzulagern. *Dr. Wenzl* hatte den Gedanken, diese Altreifen ebenfalls einzusammeln und in einer zentral gelegenen Deponie – in der Gemeinde Ohlsdorf – zwischenlagern zu lassen, bis sich eine Verwertungsmöglichkeit finden würde. In Zusammenarbeit mit dem Unternehmer und Bürgermeister *Hans Asamer* entstand auf diese Weise die größte Altreifendeponie Österreichs, die heute als Energiequelle für die Zementindustrie dient.
Im Rahmen der von *Dr. Wenzl* initiierten Umweltschutzaktion für ein „sauberes Oberösterreich" wurde aber auch die Altglassammlung eingeführt. Das erstmalige Aufstellen von Behältern zur Aufnahme des Altglases schien vielen als mutiger Schritt *Dr. Wenzls,* da viele Kritiker daran zweifelten, ob die Bürger bereit wären, ihr Altglas zu diesen Sammelstellen zu bringen. Der überwältigende Erfolg dieser Sammelaktion gab *Dr. Wenzl* recht, und er ließ das Sammelnetz Zug um Zug verdichten, so daß heute Oberösterreich im Vergleich zu anderen Bundesländern über die größte Behälterdichte verfügt.
Daß die Frage der Kunststoffverwertung schon damals Anlaß zur Sorge gab, zeigen die Bemühungen um die Erfassung der gebrauchten Düngersäcke und Folien. *Dr. Wenzl* unterstützte die Aktivitäten des Landwirtes *Karl Blaimschein* in St. Marien an der Krems, der die von den Feuerwehren eingesammelten Kunststoffmaterialien zu einem wiedereinsetzbaren Granulat verarbeitete und damit zu einem Pionier der Kunststoffaufbereitung in Österreich wurde. Auch bei der Erfassung des Altpapiers und anderer Altstoffe wurde *Wenzl* initiativ.
Alle diese Aktionen haben einerseits ein rasches Ansteigen des Umweltbewußtseins bewirkt, zugleich aber deutlich gemacht, daß nur in Zusammenarbeit mit der Bevölkerung und mit der Wirtschaft Umwelterfolge erzielt werden können.
Auf weiten Gebieten fehlte zur Durchsetzung der als richtig erkannten Strategien und Maßnahmen das gesetzliche Instrumentarium. *Dr. Wenzl* setzte daher alles daran, für wichtige Teilbereiche des Umweltschutzes – soweit diese in die Zuständigkeit des Landesgesetzgebers fielen – die gesetzlichen Voraussetzungen zu schaffen. Das Oberösterreichische Raumordnungsgesetz aus dem Jahre 1972 wurde bereits angeführt, es bildete die Voraussetzung für die Raumordnung in den Gemeinden durch Schaffung von Flächenwidmungs- und Bebauungsplänen, schuf aber gleichzeitig die Instrumente der überörtlichen Raumordnung in Form der Raumordnungsprogramme. Die erwähnten Bemühungen um eine Verbesserung der Abfallwirtschaft verlangten dringend nach einer gesetzlichen Grundlage, die mit dem Oberösterreichischen Abfallgesetz, das mit Anfang 1975 in Kraft trat, geschaffen wurde. Neben den geschilderten Aktivitäten zur Verwertung von Altstoffen konnte *Dr. Wenzl* mit diesem Gesetz die

Zusammenfassung der Entsorgung in regionalen Müllbehandlungsanlagen erreichen, womit die Vielzahl lokaler Müllablagerungen entbehrlich wurde und diese aufgelassen werden konnten. Freilich fehlte damals das Wissen um die Bedrohung der Grundwasserqualität durch diese Altablagerungen ebenso wie die finanziellen Mittel zur Sanierung dieser Altlasten. Immerhin ist es dadurch gelungen, diese unzähligen Gefahrenherde in einem Kataster zu erfassen und weitgehend zu versiegeln. Unter *Dr. Wenzl* gelangen die ersten Schritte von der ungeregelten Abfallbeseitigung zur modernen Abfallbehandlung.
Ein weiteres wesentliches Anliegen des Umweltschutzjahres 1972 war *Dr. Wenzl* die Reinhaltung der Luft. Diese Bemühungen führten im Jahre 1974 dazu, daß über seinen Antrag beim Amt der oberösterreichischen Landesregierung eine Dienststelle für Immissionsschutz geschaffen wurde. Diese stellte zur Überwachung der Luftqualität an rund 300 Meßpunkten in Oberösterreich Geräte zur Kontrolle des Staub- und Schwefelgehaltes auf. Dazu wurde ein modernes Labor eingerichtet und ein Luftmeßwagen zur mobilen Messung der Luftschadstoffe eingesetzt. Erst nach Jahren folgten solche Aktivitäten auch in anderen Ländern. Oberösterreich verfügt seit dieser Zeit über das umfassendste Luftmeßnetz der österreichischen Bundesländer. Um dem Immissionsschutz die notwendige Wirkung zu verleihen, hat der oberösterreichische Landtag über Initiative von Landeshauptmann *Dr. Wenzl* am 2. April 1976 einstimmig ein Luftreinhaltegesetz beschlossen, das unter anderem auch die Erfahrungen, wie sie im Ruhrgebiet gemacht wurden, berücksichtigte.
Dem Baureferenten *Dr. Wenzl* war schon seit Jahren die Reinigung der Abwässer ein großes Anliegen. Über seine Initiative schlossen sich im Jahr 1965 zehn Gemeinden des Attersees zu einem Wasserverband zusammen, 1970 folgten diesem Beispiel sechs Gemeinden am Traunsee, die den Wasserverband „Kläranlage Traunsee-Nord" bildeten. In den folgenden Jahren entstanden die Reinhaltungsverbände Mondsee, Hallstätter See und Wolfgangsee-Bad Ischl. Die Reinhaltung der oberösterreichischen Voralpenseen durch den Bau der „Ringkanalisationen" und der zentralen Kläranlagen war die zu ihrer Zeit zweifellos teuerste Umweltsanierungsmaßnahme. Wer denkt heute noch daran, daß sich 1971 die Wasserqualität des Mondsees durch eine Massenentwicklung der Burgunderblutalge derartig verschlechterte, daß ein Badeverbot erwogen wurde? *Dr. Wenzl* bestärkte die Gemeinden um den Mondsee, sich zu einem Reinhaltungsverband zusammenzuschließen, und erreichte, daß nicht nur eine vollbiologische Reinigung, sondern zusätzlich eine chemische Fällung der für das Algenwachstum ausschlaggebenden Phosphate vorgenommen wurde. Der großzügige Ausbau von Kanalisationsleitungen – zum Teil als Druckleitungen quer durch den See verlegt – und von zentralen vollbiologischen Kläranlagen an den Seeausflüssen folgte am Attersee, Traunsee, Wolfgangsee, Hallstätter See und Zeller See.
Die Erfolge der Seenreinhaltung und die Forderungen der Raumordnung bewo-

gen aber die anderen Gemeinden, der Abwasserreinigung verstärktes Augenmerk zu widmen. *Dr. Wenzl* konnte in dieser Zeit namhafte Beträge des Wasserwirtschaftsfonds und des Landes Oberösterreich für diese Umweltmaßnahmen den Gemeinden zur Verfügung stellen. Von 1959 bis 1972 wurden in Oberösterreich rund 5,7 Milliarden Schilling in Abwasserbeseitigungsanlagen investiert, fast zwei Milliarden entfielen davon auf Maßnahmen der Seenreinhaltung.

Die Bemühungen um die Erhaltung und Verbesserung der Wasserqualität an den oberösterreichischen Seen bestärkten *Dr. Wenzl* in der Absicht, der Bevölkerung auch die Ufer dieser Seen zugänglich zu machen. Unter der Devise „Erholung am Wasser" förderte Landeshauptmann *Dr. Wenzl* den Ankauf von Seeufergrundstücken, um sie nach entsprechender Gestaltung als frei zugängliche Erholungsflächen der Bevölkerung zur Verfügung zu stellen. Parallel dazu wurden in den „seenarmen" Landesteilen Bademöglichkeiten an künstlichen Stauweihern und rekultivierten Schottergruben angeboten.

Der Rückblick auf das Jahr 1972 macht es deutlich: Es war ein Jahr der großen Umweltinitiativen, die bis heute fortwirken. Die späteren Erfolge von *Dr. Wenzl* und seinen Nachfolgern als Umweltschutzreferenten der oberösterreichischen Landesregierung wären kaum in dieser Form eingetreten ohne den seinerzeitigen mutigen Entschluß von *Dr. Wenzl.*

Erwin Wenzl hat auch als Umweltreferent in Oberösterreich Spuren gezogen und hinterlassen, auf denen sich die Umweltpolitik heute noch bewegt. *Winetzhammer, Kukacka* und ich haben uns bemüht bzw. ich bemühe mich, sein Werk fortzuführen. Auch wenn sich manche Probleme verschärft haben, neue Umweltgefahren erkannt wurden und bei der Lösung mancher Fragestellungen uns die Wissenschaft heute neue Erkenntnisse und Instrumente zur Verfügung stellt – *Wenzls* Grundüberlegungen und seine Handlungsgrundsätze – Sehen – Urteilen – Handeln – haben bis heute Gültigkeit. Sehen – das heißt, die Augen nicht verschließen, auch nicht vor schwierigen Aufgaben. Urteilen – klare Entscheidungen treffen, auch wenn sie unpopulär oder hart erscheinen – entscheidend ist, daß sie richtig sind. Handeln – Maßnahmen setzen und durchsetzen, das reicht von der Adaptierung der Gesetze bis hin zu Veränderungen unserer Lebens- und Wirtschaftsgewohnheiten.

Oberösterreich hat 1972 den Weg in die Ökologiegesellschaft beschritten. Eine seiner besonderen Stärken war die starke Persönlichkeit des ersten Umweltreferenten *Dr. Erwin Wenzl,* dem Wankelmut und Inkonsequenz immer ein Dorn im Auge waren und sind.

Wir danken ihm heute zum 70. Geburtstag dafür – er hat Oberösterreich, er hat uns auf den richtigen Weg gebracht!

Wohnbauförderung

Franz Hiesl

Oberösterreich nahm unter den Bundesländern eine Vorreiterrolle ein

Die Wohnbauförderung in Oberösterreich ist heute im Sinne einer familienfreundlichen Politik der ÖVP in einem hohen Ausmaß dadurch gekennzeichnet, daß sie bemüht ist, dem einzelnen Bürger und dessen Familie ein möglichst sozial gerechtes und objektives System der Chancengleichheit bei der Beschaffung von Wohnraum, sei es bei Siedlungshäusern, Eigentums- oder Mietwohnungen, anzubieten.

Oberösterreichs Wohnbaupolitik ist im Verlauf vergangener Jahrzehnte als gesellschaftspolitisches Problem in einem bedeutenden Ausmaß von der ÖVP im Land als eminent wichtig erkannt und mit großen finanziellen Anstrengungen zielführend im positiven Sinn einer Lösung für den einzelnen Wohnungswerber beeinflußt worden. Die sich wandelnde Bedarfsstruktur, bedingt durch die Entwicklung eines dynamischen und möglichst flexiblen Wohnungsstandards, hatte die ÖVP im Land schon sehr bald nach der Beseitigung der ärgsten Schäden durch den Zweiten Weltkrieg erkannt, wobei sie in den sechziger Jahren mit gezielten Initiativen ihrer Abgeordneten dazu beitrug, daß auch ein Wandel im System der Wohnbauförderung eintrat. Daß auf Grund dieses Wohnbauförderungsgesetzes 1968 mit der Übertragung der Kompetenz im Wohnbau auf die Bundesländer, mit dem Übergang von der Objekt- auf die Subjektförderung und der Neuaufteilung der Förderungsmittel auch ein wichtiges landespolitisches Instrumentarium zur Verfügung stand, erkannte vor allem der damalige ÖVP-Landesparteiobmann und Landeshauptmann-Stellvertreter *Dr. Erwin Wenzl.* Wohl kam in Oberösterreich die Kompetenz in die Hand eines sozialistischen Landesrates, aber das konnte kein Hindernis sein für eine umfassende Initiative der Volkspartei. Die ÖVP im Land setzte sich das Ziel zu beweisen, daß die neue Wohnbauförderung besser geeignet sei, den Wohnraummangel zu verringern, und daß man durch bessere Kenntnis der gesetzlichen Möglichkeiten auch sozialer bauen konnte. Der Wohnbauförderungsbeirat unter Vorsitz von *Dr. Erwin Wenzl,* damals noch Landeshauptmann-Stellvertreter, wurde zu einem wichtigen Impulsgeber für den Wohnungsbau, wobei eine sehr wesentliche Rolle *Dr. Wenzls* enger Mitarbeiter, der heutige Landeshauptmann *Dr. Josef Ratzenböck*, einnahm. *Dr. Erwin Wenzl* als ÖVP-Landesparteiobmann und *Dr. Josef Ratzenböck* als Landesparteisekretär erläuterten in dem über mehrere Monate laufenden ÖVP-Aufklärungsfeldzug die Gesetzesmaterie der Wohnbauförderung für den einzelnen Bürger in so augenfälliger Form, daß die SPÖ im Land äußerst nervös wurde, mit wenig Geschick reagierte und letztlich feststellen mußte, eine Chance im eigenen Wirkungsbereich verpaßt zu haben.

In den siebziger Jahren war die ÖVP im Land, zielstrebig geführt von *Dr. Erwin Wenzl*, im Wohnungswesen sehr initiativ. Viele Auffassungen, die heute als selbstverständlich gelten, wurden damals erstmals realisiert, wobei Oberösterreich auf diesem Gebiet im Rahmen der Bundesländer eine Vorreiterrolle einnahm.

Es sei nur an eine „100.000-Schilling-Aktion" für Eigenheimbauer erinnert, die um ein Wohnbauförderungsdarlehen angesucht hatten, aber auf die Auszahlung wegen der längeren Bearbeitungsfrist nicht warten wollten. Sie konnten mit Hilfe eines Zinsenzuschusses des Landes ein Darlehen von 100.000 Schilling für die Dauer von zehn Jahren aufnehmen.

Eine über die Grenzen des Landes hinausreichende Bekanntheit erhielt aber 1973 die „Aktion 30 plus 3", später auf „35 plus 3" verändert. Landeshauptmann *Dr. Wenzl* erläuterte diese Idee übrigens bei einer Pressekonferenz in Wien, das sich ja immer als Hochburg des sozialistischen Wohnbaues betrachtete, jetzt aber mit einer Initiative Oberösterreichs konfrontiert wurde, die wesentliche soziale Gesichtspunkte zeigte. Mit dieser Aktion schlug *Wenzl* zinsenlose Wohnbaudarlehen für kinderreiche Familien oder für Jungfamilien bei einem Höchstalter des Familienerhalters von 30 Jahren (später 35 Jahren) oder bei mindestens drei Kindern vor. Das Land sollte durch einen Fonds Darlehen bis zu 50.000 Schilling mit einer Laufzeit von zehn Jahren dem erwähnten Personenkreis anbieten. Bestimmt sollten diese Gelder sein für Ausgaben für den Grundanteil bei Eigenheimen, aber auch für Eigentums-, Genossenschafts- oder Mietwohnungen sowie für eine bessere Ausstattung und Aufschließung der Wohnungen. Für die Gewährung des Darlehens wurde eine Höchstgrenze des monatlichen Einkommens vorgesehen. Diese Idee war einem Gedankenaustausch im engen Kreis vor allem zwischen Landeshauptmann *Dr. Erwin Wenzl* und seinem Wohnbaufachmann *Dr. Josef Ratzenböck* gereift, weil immer wieder die Erfahrung gemacht wurde, daß junge Ehepaare schon in der Anfangsphase ihrer Wohnungssuche aufgeben mußten und die zur Wohnungsförderung vorgesehenen Gelder nicht optimal zum Tragen kamen. Die politischen Gegner sprachen zwar damals von einem bloßen Wahlschlager, mußten dann aber zur Kenntnis nehmen, daß die Aktion nach dem Wahlsieg der Volkspartei bei der Landtagswahl im Oktober 1973 verwirklicht wurde und 1976 in einer verbesserten Form auf Vorschlag des damaligen Landesrates *Dr. Ratzenböck* in der oberösterreichischen Landesregierung angenommen wurde. Gab es für diese Aktion 1974 an die 597 Ansuchen, so waren es 1975 schon 785 und 1976 bereits 1.308. Dies war ein Beweis für den Erfolg der von Landeshauptmann *Dr. Erwin Wenzl* drei Jahre zuvor der Öffentlichkeit präsentierten Wohnbauaktion.

Unter der Amtsperiode von Landeshauptmann *Dr. Erwin Wenzl* spielten auch die immer wieder zur Diskussion gestellten Landespläne der ÖVP auf dem Gebiet des Wohnungs- und Siedlungswesens eine entscheidende Rolle als Motor der gesamten Entwicklung. So wurde auf Vorschlag von Landesrat *Dr. Josef Ratzenböck* eine vorzeitige Rückzahlungsaktion für Wohnbaudarlehen erfolgreich eingeleitet, wobei es je nach Restlaufzeit des Darlehens entsprechende lukrative Nachlässe der Darlehensschuld gab. Der Effekt war ein zweifacher: Die Schuldner konnten wesentlich früher über ihr Haus oder ihre Wohnung frei verfügen und die rückfließenden Gelder erneut dem Wohnungsbau zur Verfügung gestellt werden. Überdies kam es durch diese Rückzahlungsaktion zu einer gewissen bürokratischen Vereinfachung, weil viele Betreuungs- und Überwachungsfälle wegfielen.

Verbesserungen wurden auch bei der Wohnbeihilfe vorgenommen, die als wichtige Stütze bei der Rückzahlung des geförderten Darlehens auch heute noch eine bedeutende Aufgabe besitzt, wobei auf diesem Gebiet Oberösterreich großzügiger als andere Bundesländer vorgeht und auch über eine gerechte Regelung verfügt. Was in den wohnungspolitischen Perspektiven der siebziger Jahre bei der ÖVP im Land bereits als Zielvorstellung aufscheint, ist übrigens nicht nur verwirklicht worden, sondern dank der sozialen Kontinuität der ÖVP-Wohnungspolitik weiter verbessert worden. Es sei nur an die Zulässigkeit von nunmehr 150 statt früher 130 Quadratmetern Wohnfläche bei Eigenheimen erinnert oder an die Erhöhung des 300.000-Schilling-Darlehens plus 25.000 Schilling für jedes Kind, nicht rückzahlbar. Fünf Jahre tilgungs- und zinsenfrei, ab dem sechsten Jahr drei Prozent Zinsen, ab dem elften Jahr fünf Prozent Zinsen. Grundsätzlich ist heute die pro Kopf genutzte Wohnfläche um 20 Prozent höher als noch vor 18 Jahren, wobei schon zu dieser Zeit die ÖVP im Land darauf pochte, Wohnungen so zu bauen, daß sie der Dynamik des Lebens der Bewohner, insbesondere der Familien, Rechnung tragen können.

Wenn heute Oberösterreich das Land einer auf die Zukunft hin orientierten Wohnungspolitik ist, müssen die Fundamente hiefür in der gezielten Arbeit des in den sechziger und frühen siebziger Jahren in den verschiedensten Funktionen wirkenden ehemaligen Landeshauptmannes *Dr. Erwin Wenzl* zu suchen sein. Mit seinen Mitarbeitern, unter ihnen als initiativreicher Parteifreund sein Nachfolger *Dr. Josef Ratzenböck*, schlug er jene erfolgreichen Wege ein, die einst hart umkämpft, aber erfolgreich waren. Nur so konnte auch der, gemessen an anderen Ländern, hohe Standard des Wohnens in Oberösterreich erreicht werden.

Agrarpolitik im permanenten Wandel

Leopold Hofinger

Dr. Wenzl: Ein echter Freund der Bauern

Am 1. Oktober 1947 tritt der junge Jurist *Dr. Erwin Wenzl* seinen Dienst bei der Anwaltschaft der land- und forstwirtschaftlichen Genossenschaften Oberösterreichs, dem heutigen Raiffeisenverband, an. Dieser Berufseinstieg ist gleich in mehrfacher Hinsicht bedeutsam. Zunächst trifft *Wenzl* dort auf *Felix Kern*, der sein erster Chef wird. *Kern* ist als Genossenschaftsanwalt, Bauernbunddirektor und Baureferent der Landesregierung einer der großen Männer des Wiederaufbaues in Oberösterreich. Seine Geradlinigkeit, sein strategisches Denken haben den jungen *Erwin Wenzl* geprägt. Acht Jahre später sollte *Wenzl* als Landesrat und Baureferent die direkte Nachfolge von Landeshauptmann-Stellvertreter *Felix Kern* in der Landesregierung antreten.

Die Lehrjahre *Wenzls* im Raiffeisenverband waren Grundlage für ein aufgeschlossenes, ja inniges Verhältnis zur Land- und Forstwirtschaft. Daß Oberösterreich den Wandel vom Agrarland zum Industrieland so gut verkraftet hat, gleichzeitig aber ein starkes Bauernland geblieben ist, hat nicht nur mit dem Fleiß der Bauern zu tun. Es galt auch politische Rahmenbedingungen zu schaffen, die der Landwirtschaft diesen Wandel ermöglichten. Die enge Bindung *Erwin Wenzls* an die bäuerlichen Einrichtungen, seine Vertrautheit mit den Problemstellungen, die er sich beim Raiffeisenverband erwerben konnte, waren dafür eine gute Grundlage.

Das Tempo des Strukturwandels mögen folgende Zahlen untermauern: Im Jahre 1955 arbeitete ein Drittel der Bevölkerung in der Land- und Forstwirtschaft. Zwanzig Jahre später war dieses Drittel auf zehn Prozent geschrumpft. Gleichzeitig mußten wir Mitte der fünfziger Jahre 500.000 Tonnen Getreide importieren, weil die heimische Landwirtschaft nicht in der Lage war, den Tisch der Österreicher ausreichend zu decken. Zwanzig Jahre später waren wir stolz darauf, in den Kreis der Getreideexporteure aufgenommen worden zu sein. Österreichs Landwirtschaft hatte es geschafft. Endlich hatte man die Urangst von Hunger und Not im Land besiegt.

Heute, 15 Jahre später, werden diese Tatsachen oft vergessen. Leichtfertig werden Überschüsse kritisiert. Sie sind auch für die Agrarpolitik zum großen Problem geworden. Manchmal sollten wir aber doch Einkehr halten und uns der eigenen Geschichte besinnen.

Geprägt von *Felix Kern* wurde *Erwin Wenzl* ein Freund der Bauern. Wenn *Wenzl* heute scherzhaft anfügt, daß er es im Raiffeisenverband bis zum „Oberlandwirtschaftsrat" gebracht hat, dann kann ich ihm namens der Bauernschaft auch dankbar bestätigen, daß er sich dieses Titels würdig erwiesen hat. Ich schätze ihn auch heute noch als persönlichen Ratgeber und Freund, mit dem ich gerne Probleme diskutiere.

Besonders danken möchte ich *Wenzl* für seinen unermüdlichen Einsatz um die Weiterbildung unserer Bauern, bäuerlichen Jugend und Funktionäre im Raiffeisensektor durch das Raiffeisenbildungshaus St. Magdalena, dessen Errichtung er mit *Winetzhammer* initiiert hat.

So wie *Wenzl* den agrarpolitischen Wandel mitgeprägt hat, so wurde umgekehrt auch sein beruflicher Wandel – vom Beamten im Raiffeisenverband zum Politiker – von Bauernvertretern mitgestaltet.

Der unvergeßliche Bauernbundobmann und Landeshauptmann-Stellvertreter *Johann Blöchl* schildert in seiner geradlinigen Art die damaligen Zustände in der ÖVP (irgendwie kommen einem die Dinge auch in der heutigen Zeit bekannt vor) und die Berufung *Wenzls* zum Landesparteisekretär:

„Die monatlichen Sitzungen der Parteileitung waren zu 95 Prozent mit den finanziellen Nöten der Partei ausgefüllt, man wußte von einem zum anderen Mal nicht, wie die paar Beamten im nächsten Monat bezahlt werden können. Das war die ‚Kapitalisten-Partei'! *Kern* meinte manchmal: ‚Schauen wir auf den Bauernbund, die Partei geht sowieso zugrunde.' So mies schätzte dieser ausgesprochene Fachmann in Fragen der Organisation die Lage der Partei ein. In einer erweiterten Parteivorstandssitzung im Saal des Raiffeisenhofes anläßlich einer miesen Debatte stellte ich folgende Anträge: 1. Als Parteiobmann wäre Landeshauptmann *Dr. Gleißner,* 2. als Landesparteisekretär wäre Herr *Dr. Wenzl* zu wählen. *Dr. Wenzl,* der bis dahin Beamter der Anwaltschaft war, dessen politisches Fingerspitzengefühl mir sehr bald aufgefallen war, hat früher schon *Kern* über meinen Rat aus der politischen Versenkung geholt. 3. Von jedem Parteimitglied sind zwölf Schilling Mitgliedsbeitrag einzuheben. Alle drei Anträge wurden realisiert. Die Verhältnisse in der Parteileitung veränderten sich nunmehr schlagartig zum Besseren. Der Erfolg blieb nicht aus. Die Partei gewann unter der neuen Führung an Ansehen und Schlagkraft. Im Vorstand konnte nun wieder positive Arbeit geleistet werden. Aber auch die Zusammenarbeit der Bünde gestaltete sich nunmehr unter der Führung unseres unvergleichlichen Landeshauptmannes *Dr. Gleißner* und des neuen Parteisekretärs *Dr. Wenzl* überaus vertrauensvoll zum Vorteil der Gesamtpartei."

Wenzl und Hofinger verbindet eine langjährige Freundschaft. Foto: Wurm

Jede Zeit hat ihre Herausforderungen und Chancen. Sie hat aber auch ihre Gefahren und Modeströmungen. Die Kunst der Politik besteht darin, das eine vom anderen zu unterscheiden und die richtigen Schritte und Rahmenbedingungen zu setzen.

Erwin Wenzl hat in der Zeit seiner politischen Tätigkeit diese Herausforderung verstanden. Die Entwicklung des ländlichen Raumes kann dies besonders verdeutlichen.

In den sechziger und siebziger Jahren zog der Geist der Zentralisierung Experten und Politiker in den Bann. Die Zusammenlegung von historisch gewachsenen Gemeindestrukturen war ungeheuer modern. Andere Bundesländer haben diesen Schritt vollzogen. In Oberösterreich traten die Sozialisten vehement dafür ein. Es ist *Erwin Wenzl* gewesen, der sich in Wort und Tat gegen die Zerstörung des gewachsenen Gefüges und intakter Gemeinschaften aufgelehnt hat.

Oberösterreich ist bewußt den anderen Weg gegangen. Als Baureferent hat *Wenzl* die Infrastruktur, besonders auch den ländlichen Wegebau, gefördert. Wir haben uns gegen die Zentralisierung des Schulsystems gewendet und die Dorfschule als Leitbild unserer Bildungspolitik nicht von gigantischen Schulzentren verdrängen lassen. Lebensqualität sollte auch in unseren Gemeinden einziehen. Denn nur so kann der Lebensraum erhalten werden. Sinnbild für die Aktionen *Wenzls* war der Beginn der Aktion zur Dorfverschönerung und Ortsplatzgestaltung. Das Zentrum einer Gemeinde, der Dorfplatz, sollte Ausdruck der Identität der Menschen sein.

Wenn heute diese Werte neu entdeckt werden, kann in Oberösterreich die Dorfentwicklung darauf aufbauen. Wir müssen heute die Dörfer nicht erneuern, weil wir sie nie verkommen haben lassen. Wir müssen nur weiterentwickeln, was wir durch weitsichtige Politik bis in die heutige Zeit erhalten konnten.

Dorfentwicklung ist auch eine agrarpolitische Grundsatzfrage. Denn ohne Dorf wird es auf Dauer auch keine Bauern geben, genauso wie es ohne Bauern kein Dorf gibt. Landwirtschaft und dörfliche Gemeinschaft sind eben eng miteinander verbunden. Es ist der Bauer, der mit seiner Arbeit das Gesicht des Landes prägt, gleichzeitig aber auch auf das Miteinander und sein Umfeld angewiesen ist.

Unter Landeshauptmann *Dr. Erwin Wenzl* konnten mein Vorgänger, Landesrat *Johann Diwold,* und ich eine Reihe von wichtigen Gesetzen für die oberösterreichische Landwirtschaft umsetzen. Am längsten beraten und gleichzeitig auch für die Bauern am bedeutendsten ist das Landwirtschaftsgesetz. Dieses Gesetz ist die Grundsatzerklärung Oberösterreichs zum Verhältnis zur Land- und Forstwirtschaft und gleichzeitig der Beginn der modernen Agrarpolitik in unserem Land.

Abgeleitet aus dem Landwirtschaftsgesetz, wurden eine Reihe von Direktförderungsaktionen begonnen, die heute zum unverzichtbaren Bestandteil unserer

Agrarpolitik gehören. Oberösterreich war mit diesem Gesetz Vorbild für alle anderen Bundesländer und hat damit bundesweit Maßstäbe gesetzt. Seit 1977 werden Bewirtschaftungsprämien für Bergbauern ausbezahlt. 632 Millionen Schilling sind in den Jahren 1977 bis 1990 für die Bergbauern bereitgestellt worden. Die Einführung der landwirtschaftlichen Wohnbeihilfe, der Alpungsprämien und der Höchstbelastungsgrenze für Wegebauten leiten sich in gleicher Weise aus dem Landwirtschaftsgesetz ab.

Daß der Land- und Forstwirtschaft gerade in benachteiligten Regionen besondere Sorge zuteil werden muß, ist in der heutigen Agrarpolitik unbestritten. Der Bauer ist heute mehr als nur Nahrungsmittelproduzent. Unter dem Eindruck von Hunger und Not stand bis Ende der siebziger Jahre diese Betrachtung im Vordergrund. Die moderne Agrarpolitik erkennt die umfassende Bedeutung der Land- und Forstwirtschaft als Nahrungsmittelproduzent, Energielieferant, Kulturlandschaftserhalter und Hüter der Lebensgrundlagen. Seit wir den kranken Wald sehen können, sind uns die Zusammenhänge zwischen Landwirtschaft und Umwelt klar.

Agrarpolitik heißt, diese Herausforderung annehmen. Mit derselben Entschlossenheit, mit der sich Oberösterreichs Bauern in der Vergangenheit den Problemen gestellt haben, werden wir dies auch in Zukunft tun. Was wir dazu brauchen, sind Wegbegleiter nach dem Maß des *Dr. Erwin Wenzl.*

Landeshauptmann Dr. Erwin Wenzl, im Bild mit Sektionschef Dr. Adolf März, und der amtsführende Präsident des OÖ. Landesschulrates, Dr. Karl A. Eckmayr, waren stets bemüht, für den Ausbau allgemeinbildender und berufsbildender höherer Schulen in Oberösterreich größtmögliche Förderungen des Bundes zu erwirken.

Bildungswesen, Schulbau und Objektivierung

Karl Albert Eckmayr

Das Schulwesen in Oberösterreich: Chancengleichheit für Lehrer und Schüler

Gerade in den letzten Jahren und Jahrzehnten wurden im oberösterreichischen Schulwesen und darüber hinaus im österreichischen neue Akzente gesetzt und wichtige Weiterentwicklungen des Schulwesens insgesamt vorangetrieben. Unser Bundesland verfügt heute über ein äußerst „buntes" und reich strukturiertes Schulsystem, das von unterschiedlichsten Entwicklungen und Ergebnissen gekennzeichnet ist. Mehr noch, wir nehmen eine Vorreiterrolle bzw. führende Stellung im gesamten österreichischen Schulwesen ein. Nicht nur, daß unser Bundesland auf die relativ gesehen meisten Schüler im Regelschulwesen insgesamt bzw. in den allgemeinbildenden und berufsbildenden Schulen verweisen kann, sondern auch auf dem Wirtschaftssektor sind wir Lehrlingsland Nummer eins. Darüber hinaus zeichnet sich unser Bundesland durch eine möglichst große Einbindung aller an der Schule Beteiligten, wie Lehrer, Eltern und Schüler, durch die Einbindung der Landeselternvertretung und der Landesschülervertretung in die Entscheidungsprozesse aus.
Beginnend in den frühen achtziger Jahren war es immer ein Merkmal der oberösterreichischen Bildungspolitik, Klein- und Kleinstschulen in den oberösterreichischen Gemeinden zu erhalten. Wir vertraten und vertreten die Meinung, daß Volksschulstandorte ab einer Zweiklassigkeit erhaltenswert sind, denn vor allem im schulischen Bereich ist Überschaubarkeit ein Prinzip der Menschlichkeit. In kleinen Gemeinschaften fühlt man sich eher wohl, in ihnen kann der junge Mensch leichter die Orientierung finden und die Bereitschaft zur Mitgestaltung dieser Gemeinschaft entwickeln.
Bevor es gesamtösterreichisch verankert wurde, wurde in Oberösterreich der Landeseltern- und Landesschülerbeirat eingeführt. Im Rahmen dieser planmäßigen Aussprache mit Eltern, aber auch Schülern können alle an der Schule Beteiligten ins Gespräch kommen und gleichzeitig eine freie Darstellung und möglichst realistische Bildungspolitik erreicht werden.
In Oberösterreich wurde schon relativ bald der objektiven Postenvergabe im

Schulbereich eine besondere Beachtung beigemessen. Gemeinsam mit Landeshauptmann *Dr. Erwin Wenzl* wurden bereits 1974 und damit erstmals in Österreich Objektivierungsrichtlinien für die Ernennung von Schuldirektoren sowie die Verleihung schulfester Lehrerstellen geschaffen. Ein eigens geschaffenes, leistungsgerechtes Punktesystem wurde für eine objektive Postenvergabe eingeführt. Dies ist auch mehr als ein Jahrzehnt ohne Beispiel in Österreich geblieben. 1983 folgte dann die zusätzliche Einführung der Objektivierung bei der Neulehreraufnahme. Seit diesem Zeitpunkt wurden rund 4.500 Lehrer in Oberösterreich neu in den Dienst aufgenommen, wobei alle Bestellungen in der Objektivierungskommission, in der alle drei Landtagsparteien vertreten sind, jeweils einstimmig erfolgt sind. In diesem Zusammenhang muß ich besonders darauf verweisen, daß an und für sich die Kompetenz für die Neueinstellung von Lehrern dem Präsidenten des Landesschulrates zukommt. Seit nunmehr 17 Jahren werden daher „Machtbefugnisse" in demokratischer Weise auf eine breitere Basis gestellt. Wie wichtig eine derartige objektive Postenvergabe im Schulbereich ist, kommt gerade in Zeiten mit steigender Lehrerarbeitslosigkeit deutlich zum Ausdruck.

Das Land Oberösterreich hat der Forderung der gesamten Bevölkerung nach einer objektiven Postenvergabe und insgesamt nach einer transparenten Personalpolitik im öffentlichen Dienst also schon vor Jahren Rechnung getragen. Was bei den Lehrern schon seit 1974 und bei der Neuaufnahme seit 1983 gang und gäbe ist, wurde schlußendlich 1985 bzw. 1990 für alle Einstellungen im oberösterreichischen Landesdienst verwirklicht – die objektive Postenvergabe.

Im Pflichtschulbereich wurden bis einschließlich der siebziger Jahre vorwiegend Neu- und Erweiterungsbauten errichtet. Aufgrund der in diesen Jahren extrem niedrigen Energiepreise und der damit verbundenen eher billigen Bauweise werden wir heute mit großen Defiziten vor allem in energetischer Hinsicht konfrontiert. Nicht zuletzt wegen des „Ölpreisschocks" und gleichzeitig neuer Erkenntnisse im Bereich der Wärmedämmung kam es aber bereits im letzten Jahrzehnt und nun verstärkt mit Beginn der neunziger Jahre zu einer Schwerpunktverlagerung im oberösterreichischen Pflichtschulbau. In erster Linie werden heute bestehende Schulen saniert, neue Heizanlagen und Fensterkonstruktionen mit optimaler Wärmedämmung eingebaut und Flach- durch Schrägdächer ersetzt. Zusätzlich wird die infrastrukturelle Ausstattung der einzelnen Schulen durch Schaffung von Turnsälen und Sportanlagen sowie zusätzlichen Klassen-, Gruppen- und Sonderunterrichtsräumen verbessert. In den Jahren 1948 bis 1991 wurden bzw. werden für Baumaßnahmen (inklusive Sanierung) an allgemeinbildenden Pflichtschulen in Oberösterreich Förderungsmittel des Landes von mehr als 7,5 Milliarden Schilling gewährt. Mehr als drei Milliarden entfallen davon auf die letzten zehn Jahre. Im heurigen Schulbauprogramm sind mehr als 350 Millionen Schilling für die Weiterführung und teilweise Abdeckung von Kostenerhöhungen aus früheren Bauprogrammen vorgesehen.

Derzeit stehen insgesamt 147 Pflichtschulbauten und Sanierungsvorhaben mit einem Gesamtvolumen von knapp zwei Milliarden Schilling in Ausführung. 66 Prozent davon betreffen Volksschulen und 26 Prozent Hauptschulen, der Rest von acht Prozent verteilt sich auf Sonderschulen und sonstige Bauvorhaben wie Schaffung von Schulsportanlagen, Grundkäufe, Fernwärmeanschlüsse und anderes mehr.
In den Jahren 1987 bis 1991 wurden die Pflichtschulbaumaßnahmen in Oberösterreich mit insgesamt 1,6 Milliarden Schilling, das sind 61 Prozent der Gesamtbaukosten, vom Land Oberösterreich unterstützt. Die restlichen 39 Prozent oder knapp 800 Millionen Schilling sind Eigenleistungen der Gemeinden. Zusätzlich zu diesen knapp zwei Milliarden Schilling werden die Pflichtschulbaumaßnahmen der Stadtgemeinden mit eigenem Statut pauschal aus Schulbauförderungsmitteln jährlich mit zehn Millionen Schilling gefördert.

Im Sinne der Chancengleichheit für alle Oberösterreicher bemühte sich Dr. Wenzl, in Oberösterreich ein möglichst dichtes Netz an Schulen zu schaffen.

Strukturpolitik als Rahmen für die Wirtschaftsentwicklung

Albert Leibenfrost

So wurde Oberösterreich eine Wirtschaftsregion von europäischem Rang

Nach mehr als zwei Jahrzehnten eines äußerst erfolgreichen Wiederaufbaues in Oberösterreich war die Zeit für eine Erneuerung der Denkansätze zur Lösung gesellschaftlicher und öffentlicher Anliegen reif geworden. Ging es zunächst beim Wiederaufbau vorrangig um die Deckung der dringendsten Lebensbedürfnisse der Bevölkerung durch Beseitigung der Kriegsschäden, die Sicherung der Ernährung, die Linderung der Wohnraumnot und den Aufbau der Wirtschaft, zeichneten sich für die siebziger Jahre neue Prioritäten und Zielsetzungen in der wirtschaftlichen Entwicklung des Landes ab.

Oberösterreich hatte sich binnen 20 Jahren nach dem Zweiten Weltkrieg zu einem bedeutenden Industrie- und Agrarland gewandelt. Mit einer stark differenzierten Industriestruktur – darunter einem besonders hohen Anteil an verstaatlichter Industrie im Zentralraum – und einer regional breit gestreuten, aber leistungsstarken, mittelständischen Wirtschaft sowie einem hohen Agrar-Potential lag Oberösterreich hinsichtlich seiner Wirtschaftskraft im Mittelfeld der Bundesländer. Ein deutlich über dem österreichischen Bundesdurchschnitt gelegenes Wachstum der Bevölkerung – verursacht durch eine hohe Geburtenrate und durch Zuwanderungen – signalisierte im Lande ob der Enns neue Chancen für seine wirtschaftliche Prosperität.

Landeshauptmann *Dr. Erwin Wenzl* erkannte und forcierte in enger Partnerschaft mit der oberösterreichischen Wirtschaft und ihrer Standesvertretung die neue Herausforderung. Als Hauptproblem stellte sich für die siebziger Jahre und darüber hinaus die Bewältigung eines gewaltigen Strukturwandels in der Wirtschaft. „Vom Käufer- zum Verkäufermarkt" charakterisierte ein kurzer Slogan den Trend. Stärkere Integration in die Weltwirtschaft, qualitative Verbesserungen im inländischen Wirtschaftsablauf und Ausbau der dazu notwendigen Infrastruktur und Energiebereitstellung waren die vorrangigen Zielsetzungen.

Die guten Kenntnisse über die oberösterreichische Landessituation, seine lang-

jährige Erfahrung als Regierungsmitglied, seine hohe Bereitschaft zur Kooperation und Teamarbeit sowie der politische Weitblick bestärkten Landeshauptmann *Dr. Wenzl* in seinem Engagement. In kürzester Zeit wurde so der „Technokrat *Wenzl*" zum Motor struktureller Veränderungen in Oberösterreich.
Der umfassende Wandlungsprozeß mußte mittel- und längerfristig untermauert werden. Ein enger Mitarbeiter- und Expertenkreis, dem ich angehören durfte, unterstützte dabei den Landeshauptmann. Es wurden realpolitisch umsetzbare Programme für die wirtschaftliche Entwicklung erarbeitet und publiziert, die neue Akzente für den Strukturwandel in Oberösterreich setzten.

Raumordnung und Umweltschutz als neue Schwerpunkte

Die österreichische Wirtschaft stand Anfang der siebziger Jahre in einer kräftigen Aufschwungphase, die in Oberösterreich einen besonderen Niederschlag hatte. Das reale Wachstum des Bruttonationalproduktes erreichte jährlich ca. sechs Prozent und lag damit an der Spitze aller europäischen Industrieländer. Der Export wurde zu einer tragenden Säule im Wirtschaftsgeschehen.
Die Entwicklung der Weltwirtschaft stand ebenfalls im Zeichen eines bedeutenden Prozesses der Umstrukturierung, hat sich doch die neue europäische Wirtschaftsgemeinschaft auf neun Staaten erweitert und die Rest-EFTA auf fünf Länder (Österreich, Schweiz, Schweden, Portugal und Island) reduziert. Die Warenströme und Dienstleistungen zwischen den einzelnen Volkswirtschaften änderten sich gewaltig. Die neue europäische Gemeinschaft erzielte mit einem Anteil von sieben Prozent der Weltbevölkerung das größte Außenhandelspotential der Welt mit einem Importanteil von 36 Prozent und beim Export sogar mit einem Anteil von 37,2 Prozent.
Infolge der beachtlichen außenwirtschaftlichen Verflechtung Oberösterreichs mit dieser Gemeinschaft kam es in unserem Bundesland zu einem starken, dynamischen Wandlungsprozeß. Das oberösterreichische Regionalprodukt vergrößerte sich jährlich stärker als das österreichische und hatte bereits einen Anteil von 16 Prozent. Alle diese Einflüsse und Trends waren für die oberösterreichische Wirtschaft von großer Bedeutung. Das Land drängte noch deutlicher als bisher in die Rolle eines Industrielandes. Charakteristisch für die Wirtschaftsstruktur Oberösterreichs war eine Konzentration von industriellen Großbetrieben. Daneben gab es repräsentative Mittelbetriebe der Industrie in größerer Zahl und regional breit gestreut leistungsfähige Gewerbebetriebe. Von den dreißig größten Produktionsbetrieben in Österreich hatten immerhin zehn Großbetriebe ihren Standort in Oberösterreich.
Das Ergebnis der Volkszählung im Jahre 1971 zeigte für Oberösterreich eine Einwohnerzahl von 1,233.444 Personen. Das bedeutete gegenüber dem Jahre 1961 eine Zunahme von 91.821 Personen oder von 8,1 Prozent. Dies war die stärkste absolute Zunahme unter allen Bundesländern.

Hoch zu Wurst

Die Fleischpreise hatten in Oberösterreich nicht nur die Gemüter erregt und LH Dr. Wenzl auf den Plan gerufen, sondern auch den Zeichenstift von Florian (Nemetz) zu neuen Taten inspiriert.

Bevölkerung und Wirtschaft des Landes waren und sind eng miteinander verflochten. Das Wachstum der Wirtschaft brachte Arbeitsplätze und mehrte den Wohlstand. Die Beschäftigung erreichte im Jahre 1972 Rekordwerte mit dem erstmaligen Höchststand von über 400.000 unselbständig Erwerbstätigen (Frauenanteil 34 Prozent, Ausländeranteil 5 Prozent). Es bestand Vollbeschäftigung.
Die Auswirkungen dieser wirtschaftlichen Kraftfelder berührten praktisch alle Bereiche und beeinflußten in hohem Maße den Strukturwandel und die regionale Verteilung der Bevölkerung. Den Fragen einer sinnvollen Nutzung des Raumes für die Arbeitswelt, für den Wohn- und Freizeitbereich sowie für den Ausbau der Verkehrswege und der Verkehrseinrichtungen kam vorrangige Bedeutung und Dringlichkeit zu. Als Grundlage für die Entscheidungen wurden Zielsetzungen und Konzepte der Raumordnung herangezogen. Auch für den Ausbau des Telefonnetzes und für die Errichtung neuer Ausbildungsstätten für den Wirtschaftsnachwuchs waren die Bedürfnisse regionaler Strukturen maßgebend.
In der Bevölkerung nahm das Interesse und die Sorge für eine intakte Umwelt zu. Die Forderungen nach sauberem Wasser, reiner Luft, Eindämmung des Lärms und der Bodenbelastungen waren zu wichtigen Anliegen geworden. Landeshauptmann *Dr. Wenzl* griff nicht nur die Thematik der Raumordnung nachhaltig auf und setzte im oberösterreichischen Landtag gesetzliche Initiativen, sondern organisierte auch im Bereich der Umweltverbesserung in allen Teilen des Landes Aktionen für ein sauberes Landschaftsbild. Flußläufe wurden von Unrat befreit und Autowracks aus Gelände und Wäldern beseitigt. Eine Altreifendeponie sowie ein Rohstoffrecycling (Abfallbörse) wurden eingerichtet, lange bevor es einen „Grünen" gab. Die Initiativen und der persönliche Weitblick von Landeshauptmann *Dr. Wenzl* machten die Raumordnung und die Umweltpolitik zu Schwerpunktthemen in der Landespolitik und bildeten damit eine neue Zielorientierung.

Regionalisierung der Wirtschaftsentwicklung

Mit der Anerkennung einer eigenständigen Aufgabe der Strukturpolitik, die zu Beginn der siebziger Jahre erst erworben und durchgesetzt werden mußte, beschritt Oberösterreich als erstes Bundesland neue Wege einer regionalisierten und effizienten Entwicklungspolitik. Das Können und der Fleiß der Bevölkerung, die Leistungskraft der industriellen und mittelständischen Betriebe sowie klare Leitlinien für eine landes- und regionsbezogene Strukturpolitik bildeten den Rahmen für die Bewältigung der Zukunftsaufgaben.
Das Hauptproblem bei der Erstellung eines landesweiten neuen Raumordnungsmodells bestand in der Regionalisierung der wirtschaftlichen Zielsetzungen. Das „Entwicklungsmodell für ein modernes Oberösterreich" baute auf den gewachsenen wirtschaftlichen und infrastrukturellen Gegebenheiten sowie

erkennbaren Entwicklungstendenzen auf. Unter Berücksichtigung naturräumlicher Komponenten wurde Oberösterreich in sechs strukturell unterschiedliche Wirtschaftsräume gegliedert, und zwar

- oberösterreichischer Zentralraum,
- Vöckla-Ager-Zone,
- oberösterreichisches Seengebiet,
- Steyr-Enns-Zone,
- Inn- und Hausruckviertel,
- Mühlviertel.

In der regionalen Entwicklungspolitik wurde die Meinung vertreten, daß vom oberösterreichischen Zentralraum aus, der das wirtschaftliche Rückgrat des Bundeslandes bildet, Wirtschaftsentwicklungsachsen (geeignete Schwerpunktzonen und Verkehrslinien) forciert und ausgebaut werden sollten, die eine Erschließung des ganzen Landes rationell ermöglichen. Diese Grundkonzeption eines regionalen Entwicklungsmodells ist bis heute eine allgemeine langfristige Orientierungshilfe für Unternehmer bei ihrer Standortwahl und Investitionsentscheidung und für die öffentliche Hand beim volkswirtschaftlich günstigen Ausbau der Infrastruktur geblieben.

In Übereinstimmung mit Landeshauptmann *Dr. Erwin Wenzl* und mit dem damaligen Wirtschaftsreferenten in der oberösterreichischen Landesregierung, Landesrat *Komm.-Rat Rudolf Trauner*, bot sich in der Struktur- und Regionalpolitik des Landes ein vordringliches Aufgabengebiet. In meiner damaligen Funktion als Leiter der Abteilung für Wirtschaftspolitik in der oberösterreichischen Handelskammer und als Geschäftsführer des Institutes für Mittelstandspolitik konnte ich gemeinsam mit einem kleinen Expertenkreis umfassende Grundlagenarbeiten leisten. In Detailanalysen über oberösterreichische Regionen und ihre strukturellen Veränderungen entstanden spezielle Entwicklungsprogramme für das Mühlviertel, die Donauregion, für das westliche Grenzgebiet zu Bayern, für das Salzkammergut und die Alpinregion Eisenwurzen. Gemeinsam mit dem Österreichischen Institut für Wirtschaftsforschung wurde die oberösterreichische Industriestruktur und die Funktion des oberösterreichischen Zentralraumes durchleuchtet. Diese Untersuchungen bildeten die Basis für ökonomisch fundierte Aktivitäten und dienten der oberösterreichischen Landesregierung als neue zielorientierte Entscheidungshilfen für strukturpolitische Maßnahmen. Das Wirtschaftsressort des Landes baute schrittweise das Instrumentarium der Wirtschaftsförderung aus und beschleunigte durch gezielten Einsatz öffentlicher Mittel den Strukturwandel.

Wichtige Vorleistung zur Strukturverbesserung

Die anhaltende Konjunktur Anfang der siebziger Jahre und der rapide Strukturwandel im Wirtschaftsleben des Landes führten in der gewerblichen Wirtschaft

vielfach zu Investitionen, die eine zunehmende Arbeitsteilung und Spezialisierung des Produktionsablaufes und das Entstehen neuer Dienstleistungen zur Folge hatten. Ebenso erhielt die Mobilität der Bevölkerung im Erwerbsleben und in der Freizeit durch die beinahe schon erreichte Vollmotorisierung neue Impulse. Dem Ausbau der Infrastruktur, insbesondere des überregionalen Straßennetzes, kam daher höchste Bedeutung zu.
In Oberösterreich haben Mittel- und Kleinbetriebe einen Anteil von mehr als 98 Prozent an der Gesamtzahl der Unternehmungen. Sie stellen über zwei Drittel der Arbeitsplätze und ca. 70 Prozent der Ausbildungsplätze für die Jugend zur Verfügung. Rund 60 Prozent des jährlichen Investitionsvolumens der Wirtschaft werden den Mittel- und Kleinbetrieben zugeschrieben, die insgesamt auch mehr als zwei Drittel des Bruttonationalproduktes erarbeiten.
Ohne Verkennung der außerordentlichen Bedeutung der Großindustrie in Oberösterreich wurde daher – nicht zuletzt als Ausgleich zur Bundespolitik – der Stärkung und Förderung der mittelständischen Wirtschaft ein hoher Stellenwert in der Landespolitik eingeräumt. Aktions- und Leistungsberichte des oberösterreichischen Wirtschaftsressorts legten dafür Zeugnis ab. Durch die Akzentuierung struktureller Maßnahmen in bezug auf die Belange der mittelständischen Wirtschaft sind aber auch wichtige Vorkehrungen für die spätere Krisenbewältigung in der verstaatlichten Industrie und zur weiteren Expansion der oberösterreichischen Wirtschaft getroffen worden. Für den notwendigen Strukturwandel setzte man in Oberösterreich hauptsächlich auf das breite Fundament der Mittel- und Kleinbetriebe in allen Regionen und baute auf deren Zuverlässigkeit in der wirtschaftlichen Prosperität auf. Die seither eingetretenen sichtbaren volkswirtschaftlichen Erfolge bestätigen den richtigen Kurs dieser Wirtschaftspolitik.

Oberösterreich heute: Schauplatz eines Wirtschaftswunders

Das komplizierte Gebilde einer modernen Volkswirtschaft ist ohne die Kenntnis ihrer Grundlagen und Strukturelemente inhaltlich nicht zu erfassen. Die strukturbestimmenden Faktoren, die das Wirtschaften und den Wirtschaftsprozeß erst ermöglichen, sind die Nutzung des Wirtschaftsraumes, die Mobilität der Bevölkerung, die Wirtschaftsordnung, aber auch das Verhältnis der Wirtschaftszweige zueinander, die Betriebsgrößenstrukturen sowie die Standort- und Einkommensverteilung. Nicht minder von Bedeutung ist auch die Relation privater und öffentlicher Wirtschaft, der Stand von Wissenschaft und Technik, die Kapitalausstattung der Betriebe und ihre Integration in eine weltwirtschaftliche Verflechtung. Jedes ernsthafte wirtschaftspolitische Konzept muß diese realen Gegebenheiten berücksichtigen.
Die Forderung nach einem Strukturwandel ist kein Zauberwort. Strukturelle Verbesserungen können nur in einem wohlabgestimmten Prozeß einer Fülle

von Einzelentscheidungen in den Betrieben und einer günstigen Zusammenfügung von verschiedenen Strukturelementen zu einem einheitlichen Ganzen in der Volkswirtschaft erreicht werden.
Ein solcher Veränderungsprozeß wurde von Landeshauptmann *Dr. Wenzl* durch klare politische Zielorientierungen Anfang der siebziger Jahre massiv in Gang gesetzt, durch ein Expertenteam in Analysen untermauert und in der Landespolitik konsequent verfolgt.
Der „Löwe *Wenzl*" hat vor zwanzig Jahren mit seinen politischen Visionen und der ihm eigenen Umsetzungskraft weitgehend die Grundlagen für einen fundamentalen Strukturwandel in Oberösterreich geschaffen. Seine zukunftsorientierten Weichenstellungen haben sich in der wirtschaftlichen und gesellschaftspolitischen Praxis der siebziger und achtziger Jahre – wie heute für jedermann erkennbar – bestens bewährt. Das Modell für ein regionalisiertes Oberösterreich sowie die Vielfalt und Qualität der Infrastruktur des Landes und auch die Leistungskraft der Mittel- und Kleinbetriebe begründen heute zusammen mit den weltweiten Exporten der Industrie den guten Ruf Oberösterreichs als Wirtschaftsregion von europäischem Rang.

Politik, Kirche und Entwicklungshilfe

Eduard Ploier

Ein Erwin-Wenzl-Flugplatz in Bolivien

Dr. Erwin Wenzl war einer der ersten in der politischen Landschaft Oberösterreichs, der sehr klar die Frage des Nord-Süd-Konfliktes als eine der großen Menschheitsfragen des auslaufenden 20. Jahrhunderts erkannt hat und glaubhaft bezeugte, daß diese Frage auch eine Herausforderung an die Politik, noch konkreter: an die Landes- und Kommunalpolitik ist.
Der Skandal, daß etwa 20 Prozent der Menschheit über 80 Prozent der Güter und umgekehrt 80 Prozent der Menschheit nur über 20 Prozent der Güter verfügen, kann nicht mit bloßen Lippenbekenntnissen und der Förderung der Almosenmentalität beendet werden. *Wenzl* erkannte, daß Lippenbekenntnisse ohne konkretes Engagement einen Zynismus gegenüber den Armen darstellen. *Dr. Erwin Wenzl* war der erste namhafte oberösterreichische Politiker, der das Engagement der Katholiken der Diözese Linz, insbesondere der Gliederungen der Katholischen Aktion, gegenüber der Dritten Welt öffentlich anerkannte und die Engagierten immer wieder ermunterte, sich trotz aller Widerstände einzusetzen. Der Autor dieser Zeilen hatte mit *Dr. Erwin Wenzl* eine Reihe von Erlebnissen, die belegen, daß er selbst jederzeit bereit war, sich in die Reihe dieser Engagierten zu stellen: Insbesondere war ihm der Einsatz der oberösterreichischen Entwicklungshelfer und -helferinnen ein großes Anliegen. Er ließ sich immer wieder über Einsätze berichten und suchte bei Zusammenkünften von Entwicklungshelfern und -helferinnen (auch wenn der Kreis oft klein war) die Gelegenheit für stundenlange Gespräche.
Die Information für wichtige Träger des gesellschaftlichen Lebens, was Fragen der Entwicklungspolitik und die Tätigkeit der Oberösterreicher und Oberösterreicherinnen in den Missions- und Entwicklungsländern betrifft, fand *Wenzl* wichtig, weil er meinte, daß in diesen Reihen sehr viele Frauen und Männer wirken, die zwar grundsätzlich bereit sind, ihr Gesichtsfeld auch auf die Dritte Welt hin zu erweitern, denen aber oft die konkrete Information, die auch betroffen macht, fehlte.

Dr. Wenzl unternahm auch eine Informationsreise nach Tansania und Kenia, u. a. auch zu dem vom im August 1991 verstorbenen oberösterreichischen Priester und Arzt Dr. Herbert Watschinger (links im Bild) geleiteten Spital.

Entwicklungsförderung und Entwicklungspolitik kann nicht vom grünen Tisch aus geschehen. Es bedarf der konkreten Kenntnis der vielfältigen Situationen der Menschen in Not. Wer Not nicht gesehen, nicht gerochen, nicht angegriffen hat, wird nicht in der Lage sein, Politik so zu gestalten, daß sie nicht über die Armen „paternalistisch" übergestülpt wird, sondern mit den Augen, dem Herzen und den Möglichkeiten der Armen solidarisch gestaltet wird. Dies wissend hat *Dr. Erwin Wenzl* mit Weihbischof *Dr. Alois Wagner* eine spezielle Informationsreise nach Tansania und Kenia zu Entwicklungsprojekten, unter anderem auch zu dem vom Priester und Arzt *Dr. Herbert Watschinger* geleiteten Spital unternommen. Oberösterreichische Missionare (Priester, Ordensleute) hat *Dr. Erwin Wenzl* immer auch als erste Träger der Entwicklungshilfe gesehen, weil diese oft in beeindruckender Weise mit den Armen lebten, ihr Leben mit ihnen teilten und gemeinsam mit ihnen Wege suchten, um „Promotion" einzuleiten. Für diese „Animateure" aus Oberösterreich hatte *Wenzl* nicht nur ermutigende Worte, sondern auch eine konkrete Hilfe.

Über die Haltung und das Wirken *Dr. Erwin Wenzls* haben sich natürlich auch in der öffentlichen Auseinandersetzung sehr bald die Geister geschieden. Ich erinnere mich an eine Podiumsdiskussion im überfüllten Saal der VHS Linz, bei der die Frage nach dem „*Erwin-Wenzl*-Flughafen" in Bolivien besprochen wurde. Die einen behaupteten, es handle sich um einen Militärflughafen, für den oberösterreichische Gelder in dunkle Kanäle flossen, die anderen – und ich durfte für diese am Podium die Wortführung übernehmen – wiesen nach, daß obige Feststellung falsch ist und daß die Förderung dieser Landepiste in Bolivien eine Verbesserung der Infrastruktur für die Armen darstellte.

Damit hat *Dr. Erwin Wenzl* für den politischen Raum Oberösterreichs mitübernommen, was für die Christen Oberösterreichs schon ab den fünfziger Jahren, in denen der Hunger in der Welt „entdeckt" wurde, Aufgabe war. Es gab noch keine „Entwicklungsdekade", keine festgeschriebenen Wachstumsziele des Bruttonationalproduktes, ja kaum genauere Erhebungen über die sich damals schon anbahnende Katastrophe des Welthungers.

Bei den kirchlichen Organisationen hatte die Orientierung auf „Übersee" durch die Mission bereits eine lange Tradition. Die Beziehungen zu den Missionaren und Missionarinnen waren für Österreich, das Binnenland ohne Kolonien, die wichtigsten Überseekontakte. Sie waren verständlicherweise auch die ersten Ansatzpunkte für die Entwicklungshilfe, die anfangs auch noch Missionshilfe genannt wurde.

1955 gingen erstmals die „Sternsinger" der Katholischen Jungschar für die Mission sammeln. 1958 wurde der erste Familienfasttag – die Idee dazu kam von der Oberösterreicherin *Sidonie Oberthaler,* Pasching – von der Katholischen Frauenbewegung organisiert, 1960 erstmals die Aktion „Bruder in Not" von der Katholischen Männerbewegung. Von 1958 an befaßte sich die Katholische Landjugend intensiv mit dem Thema „Hunger in der Welt". In Zusammenhang

Das Engagement der Katholiken in der Dritten Welt war Wenzl stets ein großes Anliegen, und er hatte für die Probleme der Kirche immer ein offenes Ohr. Im Bild von links nach rechts: Weihbischof Dr. Wagner, LH Wenzl, LR Diwold, Diözesanbischof DDr. Zauner und LR Trauner.

Dir. Ploier im Gespräch mit Dr. Erwin Wenzl.

mit einem Weltkongreß der Katholischen Landjugendbewegungen 1960 in Lourdes hat die Katholische Landjugend Österreichs die ersten Personaleinsätze vorbereitet und durchgeführt; aus denen ist innerhalb weniger Jahre ein umfangreiches Entwicklungshelferprogramm geworden.
Oberösterreich hat bei all diesen Initiativen die Federführung übernommen und bei den Leistungen und Ergebnissen weit über ihren österreichischen Bevölkerungsschlüssel hinaus Spitzenleistungen erbracht: Dreikönigsaktion der Katholischen Jungschar (1955–1991): in Oberösterreich 269 Millionen Schilling, Gesamtösterreich 1,3 Milliarden Schilling; Familienfasttag der Katholischen Frauenbewegung (1958–1991): in Oberösterreich 183,1 Millionen Schilling, Gesamtösterreich 598 Millionen Schilling; Bruder in Not der Katholischen Männerbewegung (1960–1990): in Oberösterreich 150 Millionen Schilling; Österreichischer Entwicklungsdienst (1961–1990): Von den 1.318 Personaleinsätzen wurden 375 von oberösterreichischen Entwicklungshelfern und -helferinnen geleistet.
Die Diözese Linz hat entsprechend ihren Synodenbeschlüssen als eine der ersten und wenigen Diözesen Österreichs beschlossen, ein Prozent ihres Diözesanbudgets der Missions- und Entwicklungsförderung zur Verfügung zu stellen. 1967–1990: 80 Millionen Schilling. Seit 1986 gibt die Diözese Linz darüber hinaus jährlich 1,6 Millionen Schilling (bisher insgesamt 9,6 Millionen Schilling) für spezielle Entwicklungsprojekte aus. Auch die Pfarren wurden aufgerufen, im Rahmen ihrer Kirchenrechnung einen bestimmten Anteil (neben den Sammlungen für Weltanliegen) zu spenden.
So leisten die Christen der Diözese Linz wichtige Impulse zur Entwicklung in der Welt, wissend, daß Befreiung der Menschen von den Fesseln der Armut – diese drückt sich zwar aus im Mangel an den Grundbedürfnissen (Nahrung, Gesundheit, Wohnung, Bildung...) – eine Suche nach den eigentlichen Ursachen der Armut ist. Wenn dem Armen geholfen werden soll, darf bei dem biblischen Beispiel des barmherzigen Samariters nicht nur nach dem Beraubten gefragt werden, sondern auch nach den Räubern.
In dem Buch „Christenverfolgung in Südamerika" (Herderbücherei 770) wird festgestellt, daß es z. B. in Lateinamerika für Christen lebensgefährlich ist, nach ihrem authentischen Glauben zu leben. Es wird von einer Christenverfolgung berichtet, der zwischen 1970 und 1980 850 Priester und eine nicht mehr feststellbare, weit höhere Zahl von Laien zum Opfer fielen.
Mit der Option für die Armen steht heute für die katholische Kirche die Glaubwürdigkeit ihrer Botschaft auf dem Spiel. Religion kann für die Gesellschaft weniger Öl als Sand im Getriebe sein. Nur eine Botschaft, die für den Armen ohne Abstriche und entschieden votiert, wird die nächsten Jahrzehnte und das nächste Jahrhundert gestalten und Zeichen für Hoffnung wider alle Hoffnung sein können.

Entstehung und Erfolg der Kepler-Universität Linz

Ernest Kulhavy

Für seine Verdienste um die Linzer Universität erhielt Dr. Wenzl den Ehrensenatortitel

Linz, die Stahlstadt..., Linz, die Donaustadt..., Linz, die Universitätsstadt... Ein Ruf, den die Johannes-Kepler-Universität in einem Zeitraum von lediglich 25 Jahren erringen konnte und der heute weit über die Grenzen unseres Landes hinausreicht. Genauso lange ist es nämlich her, daß hier die Universität, damals noch Hochschule für Sozial- und Wirtschaftswissenschaften, ihre Pforten öffnete. Und sie öffnete sie weit, sehr weit sogar: 7.800 Studenten haben sie seither durchwandert und hier das akademische Rüstzeug für ihr späteres Berufsleben erlangt.

Daß dem so ist, ist auch dem damaligen Landeshauptmann *Dr. Erwin Wenzl* zu verdanken. Er wirkte bereits Anfang der sechziger Jahre in zahlreichen Kommissionen an der Entstehung der Hochschule mit, setzte sich schon 1962 im Parlament für ihre Errichtung ein und gehörte ab 1963 dem Vorstand des Hochschulfonds an. Er forcierte auch den Bau des ersten Studentenheimes im Auhof, das noch vor der Eröffnung der Hochschule fertiggestellt werden konnte. Auch die Gründung der juridischen Fakultät geht in der Folge auf seine Initiative zurück. Ein überdurchschnittlich hohes Engagement, das *Dr. Erwin Wenzl* hier erbrachte und für das ihm die Würde eine Ehrensenators verliehen wurde. Eine Auszeichnung, der sich *Dr. Wenzl* bis zum heutigen Tage mit seiner großen Verbundenheit zur Universität als würdig erwiesen hat.

Freilich, als die Hochschule im Oktober 1966 aus der Taufe gehoben wurde, wagte wohl auch er nicht zu erahnen, welch große Dimensionen sie in nur 25 Jahren annehmen würde. Eine steile Aufwärtsentwicklung nahm damals ihren Anfang. 1972 dem Bund übergeben und 1975 „Johannes-Kepler-Universität" benannt, haben das Land Oberösterreich und die Stadt Linz stets den engen Kontakt mit „ihrer" Universität erhalten und sie entsprechend unterstützt. Als Verbindungsglied fungierte dabei der bereits erwähnte Linzer Hochschulfonds, dessen Präsidenten jeweils der Landeshauptmann und der Linzer Bürgermeister sind.

Aus den anfänglich 600 Studenten sind heute fast 13.000 geworden. Ihnen steht ein großes Angebot an Studienrichtungen zur Verfügung, die in der rechtswissenschaftlichen, in der sozial- und wirtschaftswissenschaftlichen sowie in der technisch-naturwissenschaftlichen Fakultät zusammengefaßt sind. Interfakultäre Studiengänge sowie Universitätslehrgänge ergänzen das Bildungsangebot. Auch die Lehrgänge, wie jener zur Ausbildung von Exportkaufleuten, haben große Zustimmung gefunden. Eine eigene Abteilung für Weiterbildung bietet seit Jahren ein anspruchsvolles Programm an, wobei sie von einem Beirat, in dem Wissenschaft und Praxis eng zusammenarbeiten, unterstützt wird.
Auch von der baulichen Seite her betrachtet, hat die Universität kräftig zugelegt. Umfaßte sie ursprünglich neben dem Schloß Auhof nur das vor dem Weiher befindliche Kepler-Gebäude, so stehen heute auf dem Areal insgesamt zehn Gebäude, wobei gerade zwei neue errichtet werden. Außerhalb des Campus verfügt die Universität auf Schloß Hagenberg über ein international angesehenes Forschungszentrum und veranstaltet überdies jährlich im Seeschloß Ort und in der Villa Toscana in Gmunden Sommerakademien. Zur Zeit wird die Idee diskutiert, das Seeschloß Ort zu einer „Forschungsinsel" der Universität zu machen.
Auch wenn es sich im Vergleich zu anderen österreichischen Universitäten bei der Johannes-Kepler-Universität um eine junge handelt, so kann sie doch auf bereits bemerkenswert gute internationale Kontakte verweisen. Dementsprechend verfügt die Universität etwa über ein Institut für Internationale Managementstudien und darüber hinaus auch über ein Büro für Auslandsbeziehungen, das vor allem der Koordination dient und 1992 als Anlaufstelle für das sogenannte „Erasmus-Programm" der Europäischen Gemeinschaften fungieren wird. Der internationale Status der Universität wurde schließlich auch durch die Abhaltung der Donaurektoren-Konferenz 1991 unterstrichen, die zwei große Themenbereiche zum Inhalt hatte: die Auswirkungen des Rhein-Main-Donau-Kanals und die Notwendigkeit der internationalen Zusammenarbeit zwischen den Universitäten der Donauländer.
Die Vermittlung von akademischer Ausbildung, internationale Zusammenarbeit und praxisorientierte Forschungsarbeit sind wichtige Säulen der Johannes-Kepler-Universität. Damit gab man sich noch nicht gänzlich zufrieden. So ist hier etwa seit kurzem die Linzer Management-Akademie etabliert, die junge Führungskräfte und jene, die es in absehbarer Zeit werden, praxisnah in die „hohe Schule des Managements" einführt. In dem Bestreben der Universität, den Praxiskontakt zu intensivieren, wurde somit die Linzer Management Akademie, LIMAK, mit der Johannes-Kepler-Universität affiliiert. Hier schließt sich der Kreis der Betrachtung, denn der Präsident der Linzer Management Akademie ist *Dr. Erwin Wenzl.*

Ein Landeshauptmann und die Medien

Hannes Leopoldseder

Dr. Wenzl war der erste Politiker in Österreich, der für das Regionalfernsehen eingetreten ist

20. Februar 1975. An der Johannes-Kepler-Universität Linz hat eine Veranstaltungsreihe Premiere, die Linz in den achtziger Jahren zu einem bestimmenden Austragungsort der österreichischen Medienpolitik werden lassen sollte: die „Linzer Mediengespräche". Veranstalter sind das ORF-Landesstudio Oberösterreich und der Verband oberösterreichischer Volkshochschulen. Thema der ersten „Linzer Mediengespräche": „Perspektiven der Regionalisierung des Fernsehens in Österreich". Damit haben die „Linzer Mediengespräche" 1975 ein Thema aktualisiert, das 13 Jahre später, im Mai 1988, in Österreich mediale Wirklichkeit werden sollte.

Das „Europa der Regionen" ist heute nicht nur geopolitisch zu einem wesentlichen Begriff geworden, sondern die Regionalisierung des Rundfunks, insbesondere auch des Fernsehens, ist ein Ergebnis einer sich radikal wandelnden Medienlandschaft. Wenn im Juni 1991 in Straßburg 300 Fernsehjournalisten, Programmgestalter und Experten aus allen regionalen Fernsehstudios Europas, auch aus den ehemaligen Ostblockländern, zur jährlichen „Circom-Konferenz" zusammenkommen, einer Vereinigung, die sich seit einem Jahrzehnt die Stärkung des Regionalfernsehens zum Ziel gesetzt hat, dokumentiert dies die kraftvolle Entwicklung, die das regionale Fernsehen genommen hat. Gemessen an der Größe des Landes, zählt Österreich zu den am meisten föderalisierten Ländern in Europa, wenn nicht der Welt.

Heute sind regionale Fernsehprogramme ein Erfolg, als Gegengewicht zur zunehmenden Internationalisierung der Programmangebote der Fernsehanstalten. In Österreich haben alle Generalintendanten ihren Anteil an der Regionalisierung des Fernsehens, angefangen bei Generalintendant *Gerd Bacher,* über *Dr. Otto Oberhammer* bis zu *Thaddäus Podgorski.* Jeder reklamiert zu Recht seinen Anteil an der Regionalisierung des Fernsehens.

Wenn das Regionalfernsehen viele Väter unter den Generalintendanten, Intendanten und Experten hat, läßt sich eines lückenlos dokumentieren: Der erste

Politiker in Österreich, der politische Vater, der konsequent für den Ausbau des Regionalfernsehens eingetreten ist, ist der ehemalige oberösterreichische Landeshauptmann *Dr. Erwin Wenzl.*
Ausgangspunkt sind für *Wenzl* die „Linzer Mediengespräche" 1975 mit einem für die damalige Zeit kühnen Vorstoß. Um die Brisanz der Initiative von *Erwin Wenzl* im Jahre 1975 beurteilen zu können, ist es notwendig, die damalige rundfunkpolitische Situation zu beleuchten. Der von *Bruno Kreisky* als Bundeskanzler initiierten Änderung des Rundfunkgesetzes 1966, nämlich dem Rundfunkgesetz 1974, gingen erbitterte Debatten voraus. Damit ging die Ära *Bacher I* zu Ende, *Dr. Otto Oberhammer* aus dem Justizministerium wurde von der SPÖ-Mehrheit im Kuratorium zum Generalintendanten bestellt.
Während es nach wie vor ÖVP-Parteilinie war, die neue Rundfunkführung unter *Oberhammer* unter Beschuß zu halten, setzte *Erwin Wenzl* bei den „Linzer Mediengesprächen" 1975 auf Kooperation mit der neuen ORF-Führung, und zwar mit einem konstruktiven Vorschlag:
Er deponiert die Forderung nach einem Länderfernsehen und bietet gleichzeitig die Mitwirkung des Landes an. Die „AZ" bezeichnet den Vorstoß von *Wenzl* als „überraschendes Kooperationsangebot an den ORF". Die „Kleine Zeitung" in Graz will *Wenzl* noch mehr festnageln: „*Wenzl* schließt Separatfrieden mit der neuen ORF-Führung", betitelt die Zeitung einen Kommentar.
Wenzl spricht sich bei den „Mediengesprächen" zunächst positiv dafür aus, daß die neue ORF-Führung die Regionalisierung des Fernsehens zu einem wesentlichen Thema des Unternehmenskonzeptes mache. Damit werde, so *Wenzl*, den Zielsetzungen des Rundfunkgesetzes bezüglich der Bedachtnahme auf die bundesstaatliche Gliederung unserer Republik und damit auch unseres Fernsehprogramms und der Errichtung von Fernsehregionalprogrammen Rechnung getragen.
Wenzl bleibt aber, für die Medienbeobachter überraschend, nicht beim Allgemeinen bei diesen „Linzer Mediengesprächen" an der Universität Linz vor der neuen ORF-Führung. *Wenzl* deponiert zwei ganz konkrete Vorschläge:
Erstens spricht er sich dafür aus, in Oberösterreich ein Versuchsprogramm für das Regionalfernsehen einzuleiten. Seine Begründung: Oberösterreich habe eine ausgeglichene Bevölkerungsstruktur, ein leistungsfähiges Wirtschaftsleben, ein eigenständiges kulturelles Leben. *Wenzl* wörtlich: „Mit einem Wort: Weil Oberösterreich meiner Ansicht nach reich ist an Dingen, die sich für ein regionales Fernsehen geradezu anbieten."
Der zweite Vorschlag von *Wenzl* überrascht noch mehr, denn er beläßt es nicht bei der Forderung, sondern bietet bares Geld an: Ähnlich wie bei der Errichtung des Studiogebäudes an der Franckstraße, so *Wenzl*, sei das Land bereit, einen finanziellen Beitrag zu leisten. *Wenzl* nennt 18 Millionen Schilling, jene Summe, die die Landesregierung für den Österreichischen Rundfunk zur Beteiligung am Gesellschaftskapital einst beschlossen hat.

Schon früh erkannte Dr. Wenzl die Bedeutung der Medien für die politische Arbeit und forcierte in diesem Sinne auch die ORF-Regionalisierung. Im Bild bei einem Interview mit Chefredakteur Waldherr.

Die „Salzburger Nachrichten" betiteln ihren Bericht über Linz: „Kampf um Länder-TV hat begonnen – Oberösterreich bietet 18 Millionen Schilling für eigenes Programm." *Erwin Wenzl* appelliert an *Oberhammer*, dieses Angebot aus Oberösterreich anzunehmen, sowohl was die finanzielle Mitwirkung angeht, als auch was Oberösterreich als Testland betrifft. Der damalige Kulturlandesrat und heutige Landeshauptmann *Dr. Josef Ratzenböck* wartet mit einem Vergleich auf: „Oberösterreich könnte das Fernseh-Galizien werden. So, wie in der alten Monarchie wichtige Gesetze zunächst in Galizien ausprobiert wurden, soll nun das regionale Fernsehen in Oberösterreich ausprobiert werden."
Die Reaktion der neuen ORF-Führung auf diesen ungewöhnlich konkreten Vorstoß war unterschiedlich. Generalintendant *Oberhammer* begrüßte auf der einen Seite die Initiative, auf der anderen Seite stellte er die Aufgabe der Fernsehregionalisierung generell dar, vor allem unter dem Aspekt der Gleichbehandlung aller Bundesländer.
Die Bereitschaft des Landes Oberösterreich, 18 Millionen Schilling zur Verfügung zu stellen, hebt *Oberhammer* anerkennend hervor, allerdings kann er sich nicht für einen Alleingang von Oberösterreich als Testland entscheiden: *Oberhammer* ist es klar, daß er alle Bundesländer für sein Projekt braucht, letztlich ist ihm auch klar, wie politisch umstritten die Fernsehregionalisierung ist. Das „Neue Volksblatt" betitelt die „Linzer Mediengespräche": „GI *Oberhammer* schlägt Angebot *Wenzls* aus: Kein Versuchs-Regional-TV im Studio Linz." In den „Oberösterreichischen Nachrichten" spricht *Hermann Polz* von „Seifenblasen": „Da die Herren (gemeint ist die neue ORF-Führung) aber keinerlei konkrete Vorstellungen oder gar Modelle zu bieten haben, sondern nur Seifenblasen, hätten sie sich den Weg ersparen können. Das Angebot von Landeshauptmann *Wenzl*, für die Regionalisierung 18 Millionen Schilling zur Verfügung zu stellen, konnte nicht mit der Zusicherung honoriert werden, Oberösterreich mehr Sendezeit zur Verfügung zu stellen, denn der § 3 des Rundfunkgesetzes fordert die gleiche Behandlung aller Bundesländer."
Trotz allem: *Wenzl* hat eine Lawine losgetreten. Er hat Oberösterreich die Initiative im regionalen Fernsehen gesichert. Die „Kronen-Zeitung" ist optimistisch und spielt den Ball den anderen Ländern zu: „Nach dem erfolgreichen Vorstoß der Oberösterreicher in Sachen Regionalfernsehen – jetzt sind die anderen Länder am Zug."
Die Initiative von Landeshauptmann *Dr. Erwin Wenzl* bedeutet 1975 ein Mehrfaches: Einerseits schert *Wenzl* aus der VP-Front der generellen Ablehnung der ORF-Führung unter *Otto Oberhammer* aus, er setzt positive Signale, insbesondere, wenn die neue ORF-Führung den Ländern entgegenkommt. Damit sichert sich *Wenzl* unter den Landeshauptleuten der ÖVP in Sachen Medien die Initiative, sowohl innerparteilich als auch innerhalb der Bundesländer, die nach den „Linzer Mediengesprächen" sofort eigene Überlegungen anstellen. *Erwin Wenzl* sicherte aber mit dieser Initiative dem Landesstudio Oberösterreich vom Bun-

desland Oberösterreich aus von Beginn an in der Debatte um die Fernsehregionalisierung einen Vorsprung.
Innerhalb der Bundes-ÖVP baute *Wenzl* seine Eigenständigkeit aus, in diesem Fall in Medienfragen, wobei gerade das Regionalfernsehen bei den Großparteien 1975, aber auch in den folgenden Jahren ein äußerst umstrittenes Thema war und bleiben sollte. Die Diskussion dauerte 13 Jahre.
Das Landesstudio Oberösterreich und seine Mitarbeiter konnten aber durch den mutigen Schritt *Wenzls* Initiative und Federführung bei der Einführung des regionalen Fernsehens bei sich behalten.
Die einzelnen Stationen:
Gerd Bacher hatte durch den Bau der neuen Funkhäuser 1972 den Grundstein zur Föderalisierung des Rundfunks gelegt.
1975 visiert *Oberhammer* die Fernsehregionalisierung als Unternehmenskonzept an.
Im Herbst 1975 ermöglicht *Oberhammer* die ersten eigenständigen Fernsehsendungen, das „Österreich-Bild am Sonntag": *Dr. Franz Rohrhofer* aus dem Landesstudio Oberösterreich eröffnet die traditionsreiche Reihe am Sonntag, dem 6. April 1975, mit der Sendung „Pendler aus dem Mühlviertel".
1977 – der erste Spatenstich zum Fernsehzubau im Studio Oberösterreich, die erste Folge von „Ö 9".
1979 – das Landesstudio Oberösterreich initiiert Ars Electronica, das Festival für Kunst, Technologie und Gesellschaft, die gedankliche Weiterführung der Mediengespräche.
1982 – Regionalisierungsbeschluß durch das Kuratorium, personelle und finanzielle Sanierung, wieder unter *Bacher.*
1984 – Generalintendant *Bacher* beauftragt *Dr. Hannes Leopoldseder,* mit einer Arbeitsgruppe ein Konzept zur Regionalisierung des Fersehens zu erarbeiten.
1986 – das Projekt Fernsehregionalisierung von *Dr. Hannes Leopoldseder* und seinem Team ist durchführungsreif, wird allerdings aus Budgetgründen nicht realisiert.
Als im Herbst 1986 *Thaddäus Podgorski* zum ORF-Generalintendanten gewählt wird, findet er das fix und fertige Konzept für das Regionalfernsehen vor, und innerhalb von neun Monaten wird dieses Konzept auch für das Fernsehpublikum Wirklichkeit. Das historische Datum für diese medienpolitische Neueinführung: 2. Mai 1988. Jedes Bundesland kann von Montag bis Freitag eine halbe Stunde lang aus dem Land für das Land berichten.
Oberösterreich sichert sich von Anfang an eine gute Position bei den Zuschauern: Das Regionalfernsehen wird zu einem Pflichttermin beim Fernsehpublikum in Oberösterreich. Um 19 Uhr wird die Fernsehreichweite um ein Drittel erhöht, in Oberösterreich werden Spitzenwerte von 300.000 bis 400.000 Zuschauern erreicht. Besondere Aktionen des Regionalfernsehens finden in Oberösterreich eine breite Popularität. Eines der markanten Beispiele: „Das

Umweltauge", eine Aktion des Regionalfernsehens, bei der innerhalb von zwei Jahren über 50 illegale Mülldeponien in Oberösterreich beseitigt werden konnten. Als modellhaftes Beispiel erhält „Das Umweltauge" weit über Oberösterreich hinaus Anerkennung, die kanadische Zeitung „The Globe and Mail" berichtet beispielsweise in großer Aufmachung über diesen „Spy in the sky".
Als das Regionalfernsehen 1988 eingeführt wurde, schrieb die „Presse" über die Geschichte des regionalen Fernsehens: „Oberösterreich – Schrittmacher für das Regionalfernsehen". Den ersten Schritt dazu hat Landeshauptmann *Dr. Erwin Wenzl* Mitte der siebziger Jahre bei den „Linzer Mediengesprächen" gesetzt: als erster Politiker in Österreich, der geradlinig die Regionalisierung des Fernsehens ansteuerte, und zwar ohne Wenn und Aber. Nicht nur in der medienpolitischen Strategie, sondern auch von seiner Persönlichkeit her hat *Erwin Wenzl* zu den elektronischen Medien eine besondere Affinität entwickelt. Dies kam zum ersten Mal in seinem entscheidenden Wahlkampf zum Ausdruck, als *Wenzl* 1973 den Löwen zum Wahlkampfsymbol werden ließ: Die Geradlinigkeit seiner Persönlichkeit wurde nicht nur über den Slogan, über Plakate, sondern auch im wohl direktesten Medium, in dem die Persönlichkeit am stärksten gefordert ist, transportiert. Erst durch das elektronische Medium Fernsehen, in dem ich damals als Fernsehjournalist in der Dokumentationsabteilung eine Einstundendokumentation über die Wahlentscheidung in Oberösterreich gestaltete, konnte der Kreislauf geschlossen werden. Es ist vom Marketing her nicht möglich, jemanden als „Löwen" zu apostrophieren, wenn die Grundzüge der Persönlichkeit nicht zutreffen. Das elektronische Medium Fernsehen ist gnadenloser und enthüllender als jedes andere Medium. Es entlarvt schwache Persönlichkeiten, es stärkt starke Persönlichkeiten. Die Glaubwürdigkeit, das Vertrauen, die Geradlinigkeit, die *Wenzl* über das Fernsehen den Wählern im Wahlkampf vermitteln konnte, haben die kecken Parolen rund um den Löwen einerseits möglich gemacht, andererseits in der Wirkung verstärkt. *Wenzl* signalisierte über den Bildschirm Vertrauenswürdigkeit und Kompetenz, zwei Eigenschaften, die maßgeblich zum Aufbau seines Profils und damit wohl auch zu seinem politischen Erfolg beigetragen haben.
In der Geschichte des Österreichischen Rundfunks, insbesondere in der Geschichte des Rundfunks in Oberösterreich, bleibt *Erwin Wenzl* als Schrittmacher des regionalen Fernsehens mit einer der wesentlichsten Innovationen in der medialen Entwicklung in Österreich verbunden.

Dr. Erwin Wenzl und die Raiffeisenorganisation

Ludwig Scharinger

Weltweit bekannte Börsenfachleute präsentieren sich im Raiffeisen-Wirtschaftsforum

Der junge Doktor der Rechtswissenschaften, *Erwin Wenzl*, fand im Jahr 1947 seine berufliche Heimat in der Anwaltschaft der land- und forstwirtschaftlichen Genossenschaft, heute Raiffeisenverband für Oberösterreich. Sein Studium hatte *Wenzl* im Juli 1947 mit der Promotion an der Innsbrucker Universität abgeschlossen, und schon am 1. Oktober konnte er in die Räume der Anwaltschaft in der Harrachstraße in Linz als frischgebackener Jurist einziehen. Der damalige Landesrat, Genossenschaftsanwalt und spätere Landeshauptmann-Stellvertreter *Felix Kern* war durch seinen Sohn, einem Studienkollegen *Wenzls*, auf den jungen Akademiker aufmerksam geworden und hatte ihn kurzerhand in seine Dienste aufgenommen. Der Raiffeisenverband für Oberösterreich ist die gesetzliche Prüfungsinstanz der Genossenschaften nach dem System Raiffeisen. Seine Aufgabe damals wie heute ist es, die Genossenschaften im Lande zu prüfen, ihnen bei der Erfüllung ihres genossenschaftlichen Förderungsauftrages Hilfe zu leisten und ihre Interessen koordiniert zu vertreten. Aber auch genossenschaftliches Gedankengut zeitgemäß umzusetzen und weiterzuentwickeln, gehört zu den Inhalten des Raiffeisenverbandes. Ein weites Feld also für den engagierten Juristen *Erwin Wenzl*, der sich voll und ganz mit den Ideen des Sozialreformers *Friedrich Wilhelm Raiffeisen* identifizierte, vereinigte er doch selbst Eigenschaften in sich, die den Grundsätzen *Raiffeisens* entsprachen, wie Eigenständigkeit und Eigeninitiative, soziales Gewissen, Vertrauen in seine Mitmenschen, gelebte Subsidiarität und Solidarität. Der in Niederösterreich geborene *Erwin Wenzl* bekannte einmal später, er habe erst durch seine Arbeit im Raiffeisenbereich Oberösterreichs Land und Leute richtig kennengelernt, da ihn seine Arbeit bis in die letzten Winkel Oberösterreichs geführt hätte. Und diese Erfahrungen seien die Grundpfeiler für seine spätere politische Entwicklung gewesen, ja sie hätten ihm die Aufgabe als Landeshauptmann erleichtert.

Landesrat *Felix Kern*, nicht nur Genossenschaftsanwalt, auch Bauernbunddirektor, hatte nämlich schon nach kurzer Amtszeit *Wenzls* in der Anwaltschaft der land- und forstwirtschaftlichen Genossenschaft dessen politische und organisatorische Begabung erkannt. *Dr. Wenzl* begann nun auch, neben seiner Arbeit als Jurist für den Raiffeisensektor, bald im ganzen Land herumzufahren und Vorträge und politische Versammlungen abzuhalten. Dieses über den Beruf hinausgehende Engagement brachte ihm bereits 1949 die erste Kandidatur ein. Er wurde über Vorschlag seines Mentors *Felix Kern* bei der Nationalratswahl auf die Liste des Wahlkreises Innviertel gesetzt, allerdings auf einer nicht aussichtsreichen Stelle.

Schließlich ging *Erwin Wenzl* dem Raiffeisenverband als Arbeitskraft dennoch verloren. Als nämlich der wegen seines resoluten Eintretens für seine Landsleute während der russischen Besatzungszeit im Mühlviertel als „Vater des Mühlviertels" titulierte Landeshauptmann-Stellvertreter *Johann Blöchl* dem damaligen Landeshauptmann *Heinrich Gleißner* vorschlug, den dreißigjährigen Juristen aus dem Raiffeisenverband zum neuen Landesparteisekretär zu machen, willigte dieser ein. *Wenzl* begann sofort mit dem Aufbau einer effizienten Organisation, ordnete die Parteifinanzen und übersiedelte mit dem Parteisekretariat in den Raiffeisenhof an der Oberen Donaulände, dem heutigen *Heinrich-Gleißner*-Haus. Obwohl nun der direkten Arbeit für die Raiffeisenfamilie entzogen, blieb *Dr. Wenzl* in seinem Innersten den Raiffeisenideen verbunden, in seinen Handlungen stets ein Förderer.

So auch bei der Errichtung des Bildungshauses St. Magdalena. *Dr. Wenzl* war schon zu Zeiten *Felix Kerns* im Vorstand des Landwirtschaftlichen Bildungs- und Förderungsvereins – heutiger Name „Raiffeisen-Bildungs- und Förderungsverein". Dem Bildungsverein stand damals das Schloß Tollet zur Verfügung. *Wenzls* Idee aber war ein zeitgemäßes, genossenschaftliches Bildungszentrum, das im Zentralraum angesiedelt sei. Schulung, Ausbildung und Weiterbildung waren schon von jeher ein „Steckenpferd" *Wenzls,* da, wie er meinte, eine Idee nur weiterbestehen könne, wenn ihre Vermittler bestens ausgebildet seien. Auch mit dieser Meinung konnte er sich auf eine Grundidee *Friedrich Wilhelm Raiffeisens* berufen, der schon seinerzeit gemeint hatte, „Darlehenskassen-Vereine" sollten auch „erziehlich auf ihre Mitglieder einwirken. Durch Vorträge oder durch volkstümliche Besprechungen sollen die Mitglieder über alles, was zur Verbesserung ihrer wirtschaftlichen Lage nottut, belehrt werden". Denn: „Wir müssen uns selbst helfen. Es ist durchaus nicht nötig, nach fremder Hilfe auszuschauen", so *Raiffeisen* im Jahr 1879 am Vereinstag. Und wer könnte sich besser helfen, als der, der Wissen und Bildung sein eigen nennt. So kam es mit Landesrat *Hans Winetzhammer* als Geschäftsführer und mit *Erwin Wenzl* als Initiator und Förderer zur Grundsteinlegung des Bildungshauses in St. Magdalena. Auch heute noch ist *Dr. Wenzl* im Vorstand des Bildungshauses vertreten.

Als vor einigen Jahren von der Raiffeisenlandesbank Oberösterreich das Raiffeisen-Wirtschaftsforum gegründet wurde, war er bereit, in dieser Runde von

Wissenschaftern, Unternehmern und Führungskräften aus den Bereichen des öffentlichen Lebens mitzuarbeiten. So wurde er zum Vorsitzenden des Raiffeisen-Wirtschaftsforums gewählt, und unter seinem Vorsitz entwickelte sich diese Institution, die den „Raiffeisensektor als dezentrales, nach den Grundsätzen des christlichen Sozialreformers *Friedrich Wilhelm Raiffeisen* aufgebautes und nach privatwirtschaftlichen Prinzipien geführtes Bankensystem der Öffentlichkeit darstellen will" – so die Statuten – zu einem unentbehrlichen, impulsgebenden Instrument der Raiffeisen-Geldorganisation. Das Raiffeisen-Wirtschaftsforum wertet und interpretiert nationale und internationale handels-, währungs- und wirtschaftspolitische Ereignisse und informiert über unternehmenspolitische Entwicklungen. Eine Vielzahl von Veranstaltungen, mit oft über 1.000 Besuchern, dienen dem Wirtschaftsforum, sich in der Öffentlichkeit darzustellen. So präsentierte das Raiffeisen-Wirtschaftsforum so illustre und weltweit bekannte Börsenfachleute wie André Kostolany und Heiko Thieme ebenso wie den russischen Wirtschaftswissenschafter und Gorbatschow-Berater Dr. Ruslan Grinberg, den tschechischen Privatisierungsminister Dr. Tomas Jezek, aber auch den Chef einer der größten Reedereien der Welt, den in Linz geborenen Dr. Helmut Sohmen.

Bildung und Wissen als Fundament von Lebensauffassung und Weltanschauung

Roland Spitzlinger

Bildung und Wissen sind nicht als neutrale Faktoren eines wertfreien Lebens zu sehen

Die ersten Schritte in Richtung einer Erwachsenenbildung, wie wir sie heute verstehen, wurden in Österreich in der Zwischenkriegszeit gesetzt. Pionierarbeit auf diesem Gebiet leistete in der Steiermark Hofrat *Josef Steinberger,* er schuf das Volksbildungsheim St. Martin bei Graz, und in Niederösterreich *Leopold Teufelsbauer,* der ein bäuerliches Volksbildungsheim in Hubertendorf im Bezirk Amstetten errichtete. Beide waren Priester, die den neuen Weg der Volksbildungsheime, wie sie damals genannt wurden, beschritten. Aber nicht nur die unmittelbar angesprochene bäuerliche Jugend kam in großer Zahl, sondern auch und vor allem jene Personen, die wir heute Multiplikatoren nennen: Lehrer, Priester, Ärzte, Kammerbeamte, Jugendführer...

Nach dem Zweiten Weltkrieg setzten *Steinberger* und *Teufelsbauer* ihre Tätigkeit fort. Aber auch in den anderen Bundesländern wurden nun in dieser Richtung entscheidende erste Schritte getan. Und so gehört Landeshauptmann-Stellvertreter *Felix Kern* zu den Pionieren im Bundesland Oberösterreich, der mit dem bis heute gültigen Begriff „Erwachsenenbildung" einen Meilenstein gesetzt hat. Am 27. März 1947 eröffnete *Kern* im Schloß Tollet bei Grieskirchen einen ersten Kurs „für bäuerliche männliche Jugend".

Für *Felix Kern* war Erwachsenenbildung ein Gebot der Stunde, nicht nur in der schwierigen Nachkriegssituation, sondern vor allem in Anbetracht der Tatsache, daß die Bildungsmöglichkeiten für die Landbevölkerung damals noch nicht sehr ausgeprägt waren. Weiterbildung und Schulung für die bäuerliche Bevölkerung waren daher der Leitgedanke von *Felix Kern,* und mit den ersten Kursen begann auch das Bildungs- und Schulungsheim Tollet seine umfangreiche und langjährige Tätigkeit.

Bereits 1950 wurde der „Landwirtschaftliche Bildungsverein" gegründet, eine Trägerorganisation für das Kursgeschehen in Tollet und Vorgängerorganisation des Raiffeisen-Bildungs- und Förderungsvereines, der heutigen Trägerorganisation des Bildungszentrums St. Magadalena. Als Mitte der fünfziger Jahre Lan-

Abschiedsfeier im Schloß Tollet. Von links nach rechts: LH Dr. Wenzl, LAbg. Hans Winetzhammer, Präsident Rudolf Trauner, Generaldirektor Dipl.-Ing. Dr. Hermann Zittmayr.

Bei einer Besprechung im Bildungshaus St. Magdalena. Im Bild von links nach rechts: der ehemalige und leider früh verstorbene Landwirtschaftskammerpräsident Oberösterreichs Dr. Lehner, LR Diwold und LH Dr. Wenzl.

deshauptmann-Stellvertreter *Felix Kern* junge Mitarbeiter in sein Büro holte, waren dies u. a. *Dr. Erwin Wenzl* und *Hans Winetzhammer.* Beide hatten vom Tag ihres Amtsantrittes bei *Kern* auch das Bildungsheim Tollet in ihrem Aufgabenbereich vorgefunden. Schon in dem Vorstandsprotokoll aus dem Jahre 1956 ist das diesbezügliche Engagement *Dr. Wenzls* spürbar. So schlägt er etwa vor, den „alten Wehrmachtsvolkswagen" durch einen neuen VW-Kombi zu ersetzen, um so den Transport der Teilnehmer und Referenten vom Bahnhof Grieskirchen ins Schulungsheim besser zu bewältigen. Sekretär *Winetzhammer* wiederum regte an, einen Kühlschrank für das Schulungsheim anzuschaffen, um so auf Vorrat einkaufen zu können...
Im weiteren Verlauf wurde *Dr. Wenzl* von *Felix Kern* beauftragt, für den „Landwirtschaftlichen Bildungverein" Satzungen auszuarbeiten. Bei der Vollversammlung 1956 konnte *Dr. Wenzl* den Mitgliedern bereits einen Entwurf vorlegen, der schon damals mit der Finanzlandesdirektion für Oberösterreich ausgehandelt wurde, da es neben den inhaltlichen Schwerpunkten der Tätigkeit des Schulungsheimes Tollet natürlich auch um seine finanzielle Sicherheit ging. Diese Satzungen wurden einstimmig beschlossen und sind auch heute noch in weiten Bereichen Inhalt der Satzungen des „Raiffeisen-Bildungs- und Förderungsvereins". Die Intention war klar, nämlich Schloß Tollet sowohl den Söhnen und Töchtern von Bauern und Kleinhäuslern zu öffnen, als auch schon damals den Landarbeitern und Angehörigen ländlicher Gewerbe einschlägige Kurse anzubieten.
In einer Vorstandssitzung des Jahres 1965 war es der damalige Landesrat *Dr. Erwin Wenzl,* der erstmals die Überlegung zur Diskussion stellte, ob man nicht Schloß Tollet aufgeben sollte, um ein neues Bildungshaus zu errichten. Die räumliche Situation des Schlosses Tollet, das sich noch immer im Eigentum von Graf *Dipl.-Ing. Nikolaus Revertera* befand, war alles andere als optimal: Nur wenige und zu große Kursräume und Unterbringungsmöglichkeiten nur in Mehrbettzimmer, teilweise sogar noch in Schlafsälen! *Dr. Wenzl* führte in der Folge sowohl im Vorstand als auch nach außen zielstrebig die Verhandlungen. Nachdem der damalige Geschäftsführer der mittlerweile in „Raiffeisen-Bildungs- und Förderungsverein" umbenannten Trägerorganisation, Landtagsabgeordneter *Hans Winetzhammer,* in St. Magdalena in Linz-Urfahr ein passendes Grundstück gefunden hatte, wurde auf Antrag von *Dr. Erwin* Wenzl am 29. September 1969 der Beschluß gefaßt, dieses Grundstück anzukaufen und darauf ein neues Bildungshaus zu errichten. Im Juni 1970 unterzeichneten *Dr. Erwin Wenzl* und Ök.-Rat *Johann Diwold* den Kaufvertrag, und am 17. Dezember 1973 erließ der Magistrat Linz den Baubescheid. Mit Auslaufen des Kalenderjahres 1975 endete somit auch der Mietvertrag mit Schloß Tollet. Mehr als 85.000 Kursbesucher waren bis dahin im Schloß begrüßt worden!
Bei der feierlichen Eröffnung des neuen Bildungshauses St. Magdalena im Mai 1976 hob Landeshauptmann *Dr. Wenzl* die Bedeutung einer derartigen Institu-

tion, vor allem aber die Bedeutung von Bildung in unserem Leben hervor, nämlich Bildung und Wissen nicht als neutrale Faktoren eines wertfreien Lebens, sondern Bildung und Wissen als Fundament von Lebensauffassung und Weltanschauung. „Jeder Schilling", erklärte er wörtlich, „für das Bildungshaus ist ein Schilling dafür, daß sich die Genossenschaften in diesem Land auch in Zukunft behaupten. Wir wollen nicht nur, daß Fachleute gut aus- und weitergebildet werden, sondern wir hoffen und erwarten, daß gute Demokraten mit christlicher Weltanschauung dieses Bildungshaus verlassen!"
Sowohl unter der Obmannschaft von Landesrat Ök.-Rat *Diwold* als auch unter Obmann Präsident *Dr. Hans Lehner*, Ök.-Rat *Dipl.-Ing. G. Ritzberger* und heute unter Landesrat *Leopold Hofinger* galt und gilt dieser Satz stets als Maxime der Arbeit. Nach dem so plötzlichen Tod von Präsident *Dr. Hans Lehner* hob der neugewählte Obmann des „Raiffeisen-Bildungs- und Förderungsvereines", Ök.-Rat *Dipl.-Ing. Ritzberger*, nochmals den wesentlichen Beitrag hervor, den *Dr. Wenzl* schon als Sekretär von *Felix Kern*, dann als Landesrat, vor allem aber als Landeshauptmann für das Bildungshaus geleistet hatte. Der damalige und für alle, die ihn kannten, unvergeßliche Geschäftsführer *Hans Winetzhammer* wiederholte bei dieser Gelegenheit einen Ausspruch *Dr. Erwin Wenzls*, den dieser noch in den Anfangsjahren als Sekretär bei *Felix Kern* im Schulungsheim Tollet getan hatte: „Wenn die Genossenschaften und somit der Bauernstand generell in Zukunft Bestand haben wollen, dann muß weiterhin der Schulung und Bildung Priorität eingeräumt werden. Dabei darf aber nicht übersehen werden, daß für den Schulungserfolg das entsprechende Lernumfeld und die richtige Lernatmosphäre sehr entscheidend sind."
Wie weitblickend diese Sätze waren, merkt man unter anderem, wenn man zum Beispiel im bayerischen Genossenschaftsblatt vom 15. März 1991 in einem Interview mit dem bayerischen Genossenschaftsdirektor lesen kann: „Im Wettbewerb der neunziger Jahre werden diejenigen überleben, die die qualifizierteren, leistungsfähigeren und auch motivierteren Mitarbeiter einsetzen können. Die Aus- und Weiterbildung der Mitarbeiter gewinnt daher zunehmend an Bedeutung und erfordert die volle Anstrengung aller unserer Kräfte."

Ein Manager mit politischem Denken

Josef Simbrunner

Mit Dr. Wenzl begann die Umwandlung eines Stromversorgungs- in ein Dienstleistungsunternehmen

Am 3. Oktober 1977 überraschte *Dr. Erwin Wenzl* die Oberösterreicher und eigentlich die gesamte Politszene Österreichs mit der Ankündigung seines Rücktrittes als Landeshauptmann. Gleichzeitig teilte er mit, daß er den Posten des Generaldirektors der Oberösterreichischen Kraftwerke AG antreten werde, die als Aktiengesellschaft zu 100 Prozent dem Land Oberösterreich gehört.

Während der Weg von einer Wirtschaftsfunktion in eine politische auch damals durchaus üblich war, wurde ein Wechsel von der Politik in die Wirtschaft sehr kritisch betrachtet. *Wenzl* hat aber in seiner neuen Funktion innerhalb kürzester Zeit Freunde wie Skeptiker davon überzeugt, daß ein guter Politmanager auch ein guter Wirtschaftsmanager sein kann.

Bereits nach wenigen Jahren war er einer der Sprecher der gesamten Elektrizitätswirtschaft, und seine detaillierte Kenntnis der wirtschaftlichen und politischen Zusammenhänge hat der österreichischen Elektrizitätswirtschaft sehr viel gebracht.

Seit 1955 im Aufsichtsrat

Das Metier Elektrizitätswirtschaft war ihm keineswegs fremd. Das zweite Verstaatlichungsgesetz (1947), das die Organisation der Stromversorgung regelt, ermöglicht eine enge Verbindung zwischen Stromversorgung und den Interessen des Eigentümers, in diesem Fall des Landes Oberösterreich. So hat es hier viele Querverbindungen gegeben, vor allem mit dem oberösterreichischen Braunkohlebergbau, aber auch mit anderen regionalpolitischen und beschäftigungspolitischen Aufgaben.

Seit 1955 war *Wenzl* bereits im Aufsichtsrat der OKA vertreten, und nach seiner Wahl zum Landeshauptmann 1971 war er Vorsitzender. Diese enge Verbindung hat bereits frühzeitig zu einer intensiven Beschäftigung mit energiepolitischen

Information maß Wenzl stets große Bedeutung zu. Im Bild bei einem Gespräch mit Pressereferent Ignaz Ömer und LH-Stv. Gerhard Possart.

Fragen geführt, sodaß er bei seinem Wechsel mit sehr detaillierten und umfassenden Kenntnissen in das Unternehmen eingestiegen ist.

Energie im gesellschaftspolitischen Wandel

1977 war die Energiewelt nicht mehr heil. Spätestens nach der Ölkrise des Jahres 1973, als die OPEC (Organisation erdölexportierender Länder) das Öl als politisches Druckmittel einsetzte und die Preise über Nacht vervielfacht hat, ist Energie kein billiges Massenprodukt mehr. Die Industrienationen hatten schwer unter den neuen Energierechnungen zu leiden, was schließlich zu Inflation und zu einer hohen Staatsverschuldung führte. Eine Neuauflage der Ölpreissteigerungen in den Jahren 1979/80 brachte den Industrieländern auch eine hartnäckige Arbeitslosigkeit.
Energie wurde neu bewertet, ihr Einsatz unter dem Blickwinkel der Umweltbelastung anders gesehen. Die Energiegesellschaften, vor allem die Elektrizitätsversorgungsunternehmen, gerieten zunehmend unter gesellschaftspolitischen Druck, der sich verschieden äußerte: Energiesparen, bis dahin kein öffentliches Diskussionsthema, wurde großgeschrieben, Kraftwerksbauten, vor allem der Bau des Kernkraftwerkes Zwentendorf, wurden immer kritischer betrachtet. Die gesellschaftspolitische Situation der Elektrizitätswirtschaft wurde auch prinzipiell angegriffen und in Frage gestellt. Der Druck grüner und alternativer Gruppierungen auf die traditionellen politischen Parteien hatte mittelbar natürlich auch Auswirkungen auf die Stellung der Elektrizitätsversorgungsunternehmen, konkret natürlich in erster Linie auf den Kraftwerksbau. Diese Entwicklung ging Hand in Hand mit einer generellen Diskussion über gesellschaftliche und ethische Wertvorstellungen, wobei immer mehr sogenanntes postmaterielles Gedankengut in die Diskussion einzufließen begann.
Für die Unternehmen der Elektrizitätswirtschaft ging es nun darum, ihre Position im veränderten Umfeld neu zu definieren, ihre Zielsetzungen zu überdenken und ihr Handeln den neuen Erfordernissen anzupassen. Hier hatte die OKA zweifellos mit *Dr. Wenzl* zur richtigen Zeit den richtigen Mann. Als ehemaliger Spitzenpolitiker brachte er das Gespür für neue gesellschaftspolitische Strömungen mit, und er verstand es, diese auch entsprechend zu bewerten und die Konsequenzen zu ziehen.

Energiedienstleistung

Die neuen Erfordernisse waren – dokumentiert durch demoskopische Untersuchungen – relativ klar. Die Stromkunden und damit auch die Bürger erwarteten sich von der OKA eine intensive Auseinandersetzung mit der sinnvollen Energieanwendung, eine entsprechende Berücksichtigung des Umweltgedan-

kens bei Kraftwerks- und Leitungsbauten sowie eine höhere Transparenz des Unternehmens.
Dr. Wenzl erkannte diesen Trend und hat die OKA auf diesem Weg geführt. Dies setzte entsprechendes Fingerspitzengefühl und Stehvermögen voraus, um den richtigen Weg zwischen den Erfordernissen der Stromversorgung bei kontinuierlich steigendem Bedarf, den Wünschen der Stromkunden, aber auch den Vorstellungen der Mitarbeiter des Unternehmens zu finden. Natürlich war es nicht einfach, die Mitarbeiter von der Richtigkeit dieser neuen Unternehmensphilosophie zu überzeugen, waren sie doch jahrzehntelang ausschließlich dazu da, Elektrizität zu erzeugen und zu verteilen. So begann mit *Dr. Wenzl* die Umwandlung eines Stromversorgungs- in ein Dienstleistungsunternehmen, das Elektrizität nicht als industrielles Produkt, sondern eben als Dienstleistung betrachtet. Diese mußte in Konkurrenz zu anderen Energieträgern entsprechend verkauft werden. Das bedeutete eine verstärkte Information zu energiepolitischen Themen und über die Geschäftspolitik der OKA, aber auch eine verstärkte Beratung zur sinnvollen Energieanwendung bei der gleichzeitigen Notwendigkeit des verstärkten Ausbaus von Kraftwerken und Leitungen.
Die Zeit des *Dr. Wenzl* in der OKA ist daher von zwei Merkmalen geprägt: der Öffnung des Unternehmens nach außen, verbunden mit einem Zugehen auf den Stromkunden im Sinne einer Dienstleistung; zu keiner Zeit wurden aber in der Geschichte des Unternehmens so viele Kraftwerksbauten realisiert wie in den achtziger Jahren.

Strom wird Schlüsselenergie

Bei aller Diskussion um Elektrizität, Energiesparen und Kraftwerksbau mußte auch Österreich, wie alle Industrienationen, zur Kenntnis nehmen, daß die Bedeutung der Elektrizität und damit auch der Verbrauch laufend im Ansteigen waren. Dafür gab es viele Gründe: In den siebziger Jahren waren es die Ausstattung der Haushalte, in der späteren Zeit die gute Konjunktur der Wirtschaft. Rationalisierung und Modernisierung in Wirtschaft und Industrie ziehen allgemein einen Mehrverbrauch an Elektrizität nach sich, da andere fossile Energieträger durch die saubere und exakt einsetzbare Edelenergie Strom ersetzt werden.
Dazu kommen die ständig steigenden Anforderungen an den Umweltschutz. Alle Luftreinhaltungsmaßnahmen wie Entstaubung, Entschwefelung oder Entstickung benötigen ebenso wie die Kläranlagen zur Reinhaltung der Flüsse bedeutende Mengen an elektrischer Energie. Strom ist zwar mit 19 Prozent Anteil an der gesamten Energieversorgung eher ein „Energiezwerg", von der praktischen Bedeutung her aber eine Schlüsselenergie, die am Beginn der dritten industriellen Revolution immer wichtiger wird.
Die großen Umweltprobleme, wie der Treibhauseffekt, werden diese Entwick-

lung noch beschleunigen. Wenn der Einsatz fossiler Energien mit zusätzlichen Steuern belegt wird, wie sich das in Westeuropa bereits abzeichnet, gewinnen die Elektrizität und die erneuerbaren Energien an zusätzlicher Bedeutung.
Diese Entwicklung zeichnet sich international ebenso ab wie ein Ansteigen des Weltenergiebedarfes bis zum Jahr 2020 um 50 bis 75 Prozent. Verursacht wird dieses hohe Energiewachstum in erster Linie durch die Bevölkerungsexplosion in den Entwicklungsländern. Umso größer wird aber die moralische Verpflichtung der hochindustrialisierten und hochtechnisierten Länder zu möglichst sparsamem und umweltfreundlichem Einsatz von Energie.

Eine Renaissance der Wasserkraft

Österreich hat eine wirklich bedeutende heimische Energiequelle, die Wasserkraft. Sie ist derzeit zu rund zwei Dritteln ausgebaut. Das Land hat also noch Reserven, deren Nutzung von der Internationalen Energieagentur in Paris dringend empfohlen wird.
Im Zuge der gesellschaftspolitischen Auseinandersetzung über Energiefragen kam der Ausbau der Wasserkraft in der zweiten Hälfte der achtziger Jahre weitgehend zum Stillstand. Österreich ist aufgrund eines Volksentscheides aus der Nutzung der Kernenergie ausgestiegen, und manchmal schien es, daß dieses Land trotz aller Verbalbekenntnisse auch aus der Wasserkraft ausscheiden möchte. Die Volksabstimmung in Wien im Frühjahr 1991 brachte mit 72,64 Prozent eine überwältigende Zustimmung zum Ausbau des Donaukraftwerkes Freudenau. Es ist zu hoffen, daß dieses klare Bekenntnis auch von Politik und Administration in diesem Sinne aufgefaßt wird.
Österreichs Wasserkraft wurde in mehreren Schüben ausgebaut. Der Ausbau kam mit den ständig sinkenden Erdölpreisen und mit der Erwartung der Kernenergienutzung zu Beginn der siebziger Jahre eher ins Stocken. Die Ölkrise des Jahres 1973 brachte neue Impulse, und so ging man in Oberösterreich in den siebziger Jahren an den Ausbau der unteren Traun. Dieser wurde begonnen mit dem Kraftwerk Marchtrenk, das bereits unter dem Aufsichtsratsvorsitzenden *Dr. Erwin Wenzl* als Landeshauptmann beschlossen wurde. Als das Kraftwerk 1979 in Betrieb ging, wurde es bereits unter Generaldirektor *Dr. Wenzl* eröffnet. Im direkten Anschlußverfahren wurde das Kraftwerk Traun-Pucking errichtet, das 1983 in Betrieb ging und das größte Laufkraftwerk der OKA ist.
Die nächsten Wasserkraftpläne wurden im Bundesland Salzburg verwirklicht, wo die OKA alte Wasserrechte und aus historischen Gründen auch kleine Versorgungsgebiete hat. Von 1977 bis 1989 investierte die OKA in Ersatzneubauten und Sanierungen ihrer Salzburger Kraftwerke 1,15 Milliarden Schilling. Es handelte sich dabei um die Kraftwerke Großarl, Plankenau, Wagrain, Mühlbach und Arthurwerk. Die beiden Traunkraftwerke Marchtrenk und Traun-Pucking haben weitere 2,2 Milliarden Schilling an Investitionsmitteln erfordert. Die

Mit LH Dr. Josef Ratzenböck verband Wenzl auch als OKA-Generaldirektor nicht nur beruflicher, sondern auch freundschaftlicher Kontakt.

Kraftwerksbauten waren wichtige Impulse für die oberösterreichische und österreichische Wirtschaft, da die Aufträge gerade bei Wasserkraftwerksbauten fast ausschließlich von österreichischen Unternehmen durchgeführt werden.
Der Bau des Wasserkraftwerkes Lambach-Saag, mit dessen Planung in den achtziger Jahren begonnen wurde, wird, so ist zu hoffen, in der nächsten Zeit in Angriff genommen werden können.

Riedersbach II: größte Investition der OKA

Das Unternehmen braucht auch Energie für den Winter, wenn die Leistung der Wasserkraftwerke stark zurückgeht, weil die Niederschläge als Schnee und Eis im Gebirge liegen bleiben. Das Rückgrat der Winterversorgung bildeten immer die Dampfkraftwerke Timelkam und seit 1969 das Kraftwerk Riedersbach I. Beide Standorte sind mit Kohlengruben unmittelbar verbunden, Timelkam mit der Wolfsegg-Traunthaler Kohlenwerks-GmbH (WTK), Riedersbach mit der Salzach Kohlenbergbau-Ges. m. b. H. (SAKOG). Die Verbindung zwischen der Kohle und der OKA ist alt, die Firma Stern & Hafferl nahm ihr erstes Werk in Timelkam bereits 1924 in Betrieb.
Als in den sechziger Jahren das Erdöl die Kohle immer mehr vom Wärmemarkt verdrängte, brauchte die SAKOG einen neuen großen Abnehmer, um ihr Überleben zu sichern. Das Kraftwerk Riedersbach I wurde über Wunsch der Landesregierung errichtet, und das in erster Linie im Sinne regionalpolitischer Arbeitsmarktüberlegungen. Zu diesem Zeitpunkt wäre Öl sehr preiswert zu haben gewesen, und die Nutzung der Kernenergie schien sich abzuzeichnen.
In der folgenden Energiekrise der siebziger Jahre, als die Ölpreise stark gestiegen sind, war die heimische Braunkohle für die OKA eine durchaus akzeptable Primärenergie. Heute ist die Situation wieder anders, denn der Preis der Kohle auf den internationalen Märkten liegt wesentlich unter dem der WTK und SAKOG.
In den achtziger Jahren brauchte die OKA ein neues Dampfkraftwerk, und nach eingehenden Prüfungen entschlossen sich Aufsichtsrat und Vorstand, dieses in Riedersbach zu errichten.
Riedersbach II gehört zu den modernsten Kohlekraftwerken Österreichs und ist mit ausgezeichneten Umwelteinrichtungen ausgerüstet. Mit der Investitionssumme von rund 3,2 Milliarden Schilling ist es die größte Einzelinvestition in der Geschichte der OKA. Das Werk erzeugt ca. 675 Millionen Kilowattstunden jährlich, das sind rund 14 Prozent des von der OKA verkauften Stromes. Rund ein Viertel der Gesamtinvestition wurde für die Entstaubung und Entschwefelung der Rauchgase aufgewendet. Riedersbach II ist das erste Braunkohlekraftwerk der Welt, in dem eine Naßentschwefelung eingebaut wurde. Der garantierte Entschwefelungsgrad von 90 Prozent wird in der Betriebspraxis um einige Prozentpunkte übertroffen.

Konziliant zu seinen Mitarbeitern, deren Erfahrung er vielfach in Entscheidungsprozesse einbezog. Pressereferent Ignaz Ömer, Redakteurin Gabriele Beran.

Bei der Verleihung des Großen Ehrenzeichens des Landes Oberösterreich: Ilse Wenzl, LH Dr. Ratzenböck, Dr. Wenzl, Landtagspräsidentin Johanna Preinstorfer.

Die Entscheidung für diese große Investition wurde von der OKA gemeinsam mit den im Aufsichtsrat vertretenen politischen Kräften des Landes getroffen. Es war eine freiwillige Leistung, denn der Bescheid sah keine Entschwefelungsanlage vor. Die OKA hat damit ein deutliches Zeichen dafür gesetzt, daß ihr die Umweltpolitik ein Anliegen ist, wenngleich auch gesagt werden muß, daß alle diese Einrichtungen den Strompreis entsprechend belasten.
Im April 1987 wurde Riedersbach II von Landeshauptmann *Dr. Ratzenböck* eröffnet. Während beim Bau anderer Kraftwerke heftigste Diskussionen und Auseinandersetzungen während der gesamten Bauzeit das Bild prägten, konnte der Bau von Riedersbach in einem guten nachbarschaftlichen Klima abgewickelt werden. Dieses Kraftwerk war also für die fortschrittlichen Techniken unter der Leitung des Vorstandsdirektors *Dipl.-Ing. Robert Hochwimmer* und auch für die Öffentlichkeitsarbeit der OKA und den diesbezüglichen Einsatz ihrer Mitarbeiter ein beispielhafter Erfolg.

Umweltschutz

Der Schutz unserer Umwelt ist eine der größten Herausforderungen an diese Generation, um unsere Erde für unsere Nachkommen lebenswert zu erhalten. *Dr. Wenzl* hat als Landeshauptmann die Bedeutung des Umweltschutzes schon sehr früh erkannt und 1972 das weltweit erste Jahr des Umweltschutzes als politische Zielsetzung ausgerufen. Es folgten im Land entsprechende Gesetze zur Sanierung der Gewässer, zum Bau von Kläranlagen, zum Aufbau einer geordneten Entsorgung und zur Schaffung eines landesweiten Luftmeßnetzes.
Natürlich hatte diese Entwicklung auch Einfluß auf die Elektrizitätswirtschaft, und zwar in mehreren Bereichen: Die Erzeugungsanlagen mußten diesen neuen Forderungen entsprechend ausgerüstet werden. Für das Unternehmen ergaben sich neue Zielsetzungen wie die Fernwärme, und schließlich mußte auch zusätzliche Verantwortung hinsichtlich des sinnvollen Energieeinsatzes übernommen werden.
Umweltschutz gemeinsam gesehen mit dem sinnvollen und sparsamen Energieeinsatz fand schließlich im Jahr 1985 Eingang in die Statuten der OKA. Beide wurden als wichtige Unternehmensziele definiert und in die Satzungen aufgenommen.
Im Wasserkraftausbau, wo Österreich eine große ökologische Tradition hat, wurde noch mehr Augenmerk auf standortgerechte Landschaftsgestaltung gelegt. Deshalb sind die Kraftwerke Marchtrenk und Traun-Pucking, aber auch Gmunden heute beliebte Erholungszentren der Bevölkerung.
Die hohen zusätzlichen Investitionen, welche von der OKA hier getätigt wurden, haben sich im Interesse der Oberösterreicher ausgezahlt. Die Dampfkraftwerke des Unternehmens mußten ebenfalls entsprechend aus- bzw. umgerüstet werden. Das Werk I in Timelkam, das älteste Kraftwerk der OKA, wurde 1986

Bei der Geschäftsübergabe: der Vorsitzende des OKA-Aufsichtsrates, LH Dr. Josef Ratzenböck, mit dem „alten" und dem „neuen" Generaldirektor.

nach über 40jährigem Betrieb stillgelegt. Das neue Dampfkraftwerk Riedersbach II wurde bereits mit neuesten Rauchgasreinigungsanlagen ausgestattet. Die älteren Anlagen Riedersbach I und Timelkam wurden 1985 zunächst mit Entschwefelungsanlagen nach dem sogenannten Trockenadditivverfahren ausgerüstet. Nach einer eingehenden technischen Überprüfung beider Werke wird die OKA in den neunziger Jahren die Entschwefelung verbessern und Naßentschwefelungsanlagen errichten.
Eine wichtige Überlegung beim sinnvollen und umweltfreundlichen Energieeinsatz ist die optimale Ausnutzung der Energie durch einen möglichst hohen Wirkungsgrad. Dies führte schließlich zum Ausbau von Fernwärmenetzen von beiden Dampfkraftwerken aus. Begonnen wurde damit 1980 in Riedersbach, wo zunächst die umliegenden Gemeinden mit Fernwärme versorgt wurden. Dazu kam im Jahr 1990 das größte Glashaus Österreichs, das ebenfalls an die Fernwärme angeschlossen wurde.
Nach langen Verhandlungen fiel auch der Startschuß für die Fernwärme für Timelkam und Vöcklabruck. Hier wurde 1985 mit dem Bau begonnen, die Versorgung von Timelkam ist abgeschlossen, jene von Vöcklabruck weitgehend, und an der Versorgung von Lenzing und weiterer Siedlungsgebiete wird derzeit gebaut.
Fernwärme ist eine umweltfreundliche Wärmeversorgung. Sie führt zur besseren Ausnutzung der Primärenergie und bringt auch eine wesentliche Verbesserung der Luft, da die Abgase aus den vielen Einzelheizungen wegfallen, die natürlich ungefiltert in die Umgebung gelangen. Die zentralen Fernwärmeversorgungen sind wie das Kraftwerk mit entsprechenden Umwelteinrichtungen ausgerüstet.

Energiesparen und neue Techniken

Beide Punkte sind seit langer Zeit Wünsche an die OKA oder an die Elektrizitätswirtschaft im gesamten Bundesgebiet. Die OKA hat in diesem Bereich eine Vorreiterrolle übernommen, was zweifellos das Verdienst des Expolitikers *Wenzl* war, der die Ziele des Unternehmens immer wieder auch nach den Wünschen der Kunden ausgerichtet hat.
Als erstes Stromversorgungsunternehmen Österreichs hat die OKA bereits 1977 die erste Sondernummer der Kundenzeitung zum Thema Energiesparen herausgebracht. Als dieses Thema immer bedeutender wurde, verfolgte das Unternehmen eine zweifache Überlegung: Sinnvoller Energieeinsatz konnte am ehesten durch ein Serviceangebot erreicht werden, das aus den Komponenten Information und persönlicher, individueller Beratung bestand, wobei im Bereich der Beratung auch die Erforschung und Überprüfung neuer Energietechniken inbegriffen sind.
Im März 1984 wurden im Unternehmen die Abteilungen „Energieberatung und

Installationstechnik" sowie „Presse und Information" (als Nachfolger des Pressereferats) gegründet. Das vorrangige Ziel waren Information und Beratung als spezielles Kundenservice, und das nicht nur für den privaten Stromkunden, sondern auch für Gemeinden, Schulen und die Wirtschaft.

Das Unternehmen ließ zwei Erhebungen des Energiesparpotentials durchführen: die eine bei Oberösterreichs Pflichtschulen, die zweite bei Ein- und Mehrfamilienhäusern. Beide zeigten ein hohes Energiesparpotential und gleichzeitig auch die Schwachpunkte in der Wärmeversorgung der Oberösterreicher: zu groß dimensionierte, oft schlecht gewartete Heizungen, veraltete Steuerungen und Mängel an der Isolierung der Häuser. Die OKA begann diesem Manko mit speziellen computerunterstützten Beratungsprogrammen sowie einer Kreditaktion zu Leibe zu rücken.

Durch die laufende Information, durch die Herausgabe von gutverständlichen Unterlagen, durch Schulungen der eigenen Mitarbeiter sowie relevanter Berufsgruppen, durch das immer wieder erweiterte Angebot der persönlichen Beratung, z. B. bei den Messen, konnte das Unternehmen im Bewußtsein der Oberösterreicher einen guten Platz in bezug auf Energiefragen erreichen und ausbauen. Diesem Ziel fühlt sich die OKA heute mehr denn je verpflichtet, und im Sinne der 1990 eingeleiteten Regionalisierung wird auch die Beratung in den Bezirksstädten noch näher an den Kunden heranrücken.

Diese Kombination aus Information und Beratung hat wesentlich dazu beigetragen, auch in Zeiten heftigster politischer Auseinandersetzungen über die Elektrizitätswirtschaft den Ruf der OKA als solider Energiepartner der Oberösterreicher zu erhalten und auszubauen. Regelmäßige Meinungsumfragen bestätigen diese erfreuliche Tatsache immer wieder.

Die Einführung neuer Energietechniken, die besonders energiesparend und umweltfreundlich sind, machte im Spiegel der Energiekrise und der Ölpreisverteuerung weltweit schnelle Fortschritte. Auch hier hat die OKA schon sehr bald die Initiative ergriffen. Die Wärmepumpe, eine vor mehr als 150 Jahren von *Peter Ritter von Rittinger* in Ebensee bei der Saline erfundene Energietechnik, erlebte weltweit in den letzten 15 Jahren eine große Renaissance.

Die OKA hat in Oberösterreich den Einsatz der Wärmepumpe durch verschiedene Tests, die Errichtung von Pilotprojekten, dauernde Überprüfungen und technisches Know-how wesentlich unterstützt. Schließlich wurde auch ein eigener Tarif zur Förderung der Wärmepumpe eingeführt.

Österreich gehört mit Schweden und Frankreich zu den führenden Wärmepumpenländern Europas. Kein Wunder, daß rund ein Viertel aller Wärmepumpen Österreichs in Oberösterreich stehen. Gerade bei der Wärmepumpe wird die Überlegung des Energie-Fullservice sehr deutlich: Das Angebot der OKA umfaßt hier die Grundinformation, die Detailinformation, die technische Beratung, den speziellen Tarif sowie Unterstützung bei der Finanzierung. Die Wärmeerzeugung der Wärmepumpen in Oberösterreich übertrifft jene der OKA-

Fernwärme. Wenn man bedenkt, daß beim Einsatz der Wärmepumpe Tausende Tonnen fossiler Brennstoffe eingespart werden, kann man die umweltpolitische Bedeutung dieser Technik ermessen.
Auch bei der Einführung der Photovoltaik, der direkten Umwandlung von Sonnenlicht in elektrische Energie, war die OKA maßgeblich beteiligt. Die erste größere Solaranlage in den Alpen wurde 1986 auf dem Hochleckenhaus zur Versorgung der dortigen Schutzhütte errichtet. Ein Jahr später erfolgte die erste netzgekoppelte Kleinanlage auf dem Gelände der OKA in Gmunden, und 1989 hat die OKA gemeinsam mit der Verbundgesellschaft eine 30-Kilowatt-Solaranlage in 1.600 Meter Seehöhe auf dem Loser in der Steiermark errichtet.
Auch um das Elektroauto, das vielleicht eine Zukunftsoption für unsere vom Verkehr und von Abgasen überlasteten Ballungsräume sein könnte, hat sich das Unternehmen gekümmert. 1988 wurde von der OKA das erste Elektroauto, ein umgebauter Fiat Panda, in den Dienst gestellt. Das Unternehmen pflegt in diesen Fragen, initiativ vertreten durch Vorstandsdirektor *Dipl.-Ing. Dr. techn. Michael Schneeberger*, eine enge Zusammenarbeit mit den österreichischen Universitäten und der internationalen Wissenschaft.
Schließlich wurde in den achtziger Jahren auch noch ein weiterer Bereich von der OKA angegangen:

Die Entsorgung

Müll wird ein immer größeres Problem und eine umweltgerechte Entsorgung immer dringender. Die OKA hat sich daher auf Wunsch des Eigentümers, vertreten durch die Landesregierung, entschlossen, ihr technisches Wissen im Bereich der Verbrennungsanlagen und des damit verbundenen Umweltschutzes in den Dienst dieser Sache zu stellen und ist 1990 als Partner in jene Gesellschaft eingestiegen, die die neue Müllverbrennungsanlage der Stadt Wels bauen und betreiben wird.
Der Ruf des Unternehmens in diesem Bereich hat auch internationale Anerkennung gefunden, und so wurde gemeinsam mit der Rheinisch-Westfälischen Energieversorgung (RWE) 1991 ein eigenes Unternehmen, die Abfallverwertungs- und Entsorgungs-GmbH (AVE) mit Sitz in Linz gegründet, deren Ziel die Planung und Verwirklichung gesamter Entsorgungskonzepte in Österreich, der ČSFR, Ungarn und anderen Nachbarländern sind. Die RWE ist das größte Energieversorgungsunternehmen Deutschlands und eines der größten Europas.

Regionalpolitische Aufgaben

Viel zuwenig beachtet werden die der OKA aufgetragenen regional- und arbeitspolitischen Aufgaben. Diese sind historisch dem Landesunternehmen

zugewachsen und von großer Bedeutung für die wirtschaftliche Entwicklung in den verschiedenen Landesteilen.
Das Kohlekraftwerk Timelkam ist seit Jahrzehnten lebenswichtig für den Braunkohlenbergbau im Hausruckgebiet. Die Kraftwerke Riedersbach I und II haben mit der Salzach-Kohlenbergbau-Ges. m. b. H. (SAKOG) im Raum St. Pantaleon–Ostermiething im Innviertel erfolgreich zusammengearbeitet.
Das Elektrodenwerk Steeg in der Gemeinde Bad Goisern, an dem die OKA mit 50 Prozent beteiligt ist, hat vorteilhafte arbeitsmarkt- und wirtschaftspolitische Auswirkungen in diesem Bereich. Die andere Hälfte des Gesellschaftskapitals hält das deutsche Chemieunternehmen Hoechst.
Die 50-Prozent-Beteiligung der OKA an Sprecher Energie, Linz, bedeutet für diese Sparte der Elektroindustrie eine wertvolle Unterstützung für ihre unternehmenspolitischen Pläne. Die andere Hälfte des Gesellschaftskapitals hält das gleichnamige Schwager-Unternehmen bzw. dessen französischer Eigentümer Astohm.
Der Besitz von 30 Prozent der Aktien der Elektro-Bau AG, Linz, war für die unternehmenspolitische Sicherung von Erzeugungssparten in Linz von entscheidender Bedeutung, die von der Belegschaft anerkennt wird.
Diese Aufgabenbereiche sind für die Sicherung der Arbeitsplätze in diesen Betrieben – insgesamt fast 3.000 – und den Landesteilen außergewöhnlich bedeutsam. Der OKA-Vorstand hat auch diese Verhandlungen mit ausländischen Partnern in beiderseits korrekter Weise zu bewältigen verstanden.

Im Dienst der Elektrizitätswirtschaft Österreichs

Mit 1. November 1977 wurde *Dr. Wenzl* Vorsitzender des OKA-Vorstandes. Bereits 1981 wurde er zum Vorsitzenden der Arbeitsgemeinschaft der Landesgesellschaften und zum Präsidenten des Verbandes der Elektrizitätswerke Österreichs (VEÖ) gewählt, eine Funktion, die er von 1986 bis 1989 in einer zweiten Periode ausübte. Der VEÖ ist eine gemeinsame Interessenvertretung aller Elektrizitätsversorgungsunternehmen, also der Landesgesellschaften, der Verbundgesellschaft mit den Sondergesellschaften, der landeshauptstädtischen und auch der kommunalen und privaten Elektrizitätsversorgungsunternehmen. Da die Elektrizitätsversorgungsunternehmen nicht Mitglied der Handelskammer sind, hat der VEÖ eine besondere Bedeutung als Interessenvertretung: Er vertritt die Interessen der Unternehmungen nach außen sowie bei den zuständigen Behörden. In dieser Funktion arbeitet er auch bei der Vorbereitung relevanter Gesetze mit. Der VEÖ ist kollektivvertragsfähig und verhandelt die Löhne und Gehälter für den gesamten Wirtschaftszweig. Eine Reihe von Fachausschüssen sorgen im Rahmen des Verbandes für eine ständige Koordinierung und Anpassung in technischen Fragen. Schließlich betreibt der VEÖ auch die gemeinsame Öffentlichkeitsarbeit der Elektrizitätswirtschaft.

Die Aufgabe des Präsidenten ist also vielfältig, und Erfahrung im Umgang mit der Öffentlichkeit, der Politik sowie als ausgleichender Vorsitzender in Gremien ist ein wichtiger Bestandteil dieses Amtes.
Dr. Wenzl wurde als „junger" Generaldirektor bereits nach vier Jahren an die Spitze des Verbandes berufen, was zweifellos eine besondere Anerkennung für ihn, aber auch für die OKA bedeutet hat.
Natürlich gibt es auch zwischen den einzelnen Gruppen der Elektrizitätswirtschaft Meinungsverschiedenheiten und Interessengegensätze, wie z. B. über den geeigneten Mittelweg zwischen Zentralismus und Föderalismus, die sich in vielen Detailproblemen widerspiegeln.
Dr. Wenzl war hier immer erfolgreich bemüht, ausgleichend zu wirken und spektakuläre Konflikte zu vermeiden. Dies hat wohl auch den Erwartungen jener entsprochen, die ihn zweimal in diese Funktion gewählt haben. Auch nach seiner Pensionierung ist er als Aufsichtsrat der Verbundgesellschaft und der Donaukraftwerke AG für die Elektrizitätswirtschaft tätig. In beide Funktionen wurde er als Vertreter des Landes Oberösterreich entsandt.
Im Jahr 1978 wurde nach einer Volksabstimmung die friedliche Nutzung der Kernenergie in Österreich verboten. Die österreichische Elektrizitätswirtschaft hat dieser Entscheid hart getroffen. Das Kernkraftwerk Zwentendorf wäre praktisch fertiggestellt und betriebsbereit gewesen. Neben Baukosten von zwölf Milliarden waren auch bereits beträchtliche Summen in ein zweites Kraftwerk investiert worden. Mit diesem Entscheid hat die Elektrizitätswirtschaft nicht nur Milliardenbeträge verloren, es stand auch eine beachtliche Stromerzeugung, die eingeplant war, nicht zur Verfügung.
Das Problem war also vielschichtig: Ersatzkraftwerke oder Importe für Zwentendorf wurden gebraucht, die bestehende Anlage in Zwentendorf mußte in irgendeiner Form verwertet oder abgerissen werden. Die verschiedenen Bundesländer halten in Zwentendorf über ihre Landesgesellschaften einen Anteil von 50 Prozent. *Dr. Wenzl* hat sich dieser Aufgabe von Anfang an gestellt und als Vorsitzender der GKT (Gemeinschafts-Kernkraftwerk Tullnerfeld GmbH) bzw. als Stellvertreter maßgeblich die Entwicklung Zwentendorfs mitbestimmt. Dies betraf die Konservierung der Anlage, den Verkauf einzelner Komponenten sowie die Planung für einen eventuellen Umbau in ein konventionelles Wärmekraftwerk.

Neue Ziele und Aufgaben auch für OKA-Mitarbeiter

Die politische Entwicklung, die Erwartungen der Kunden, die internationale Entwicklung der Elektrizitätswirtschaft und schließlich die Veränderungen in Europa haben in der Elektrizitätswirtschaft in den letzten 15 Jahren mehr Umdenken erfordert als vorher in Jahrzehnten. Dieses Karussell wird sich in Zukunft noch schneller drehen, denn das veränderte Europa bringt immer neue

Herausforderungen und Aufgaben für die Energieversorgung und damit auch für die OKA.
Dr. Wenzl hat als Generaldirektor den Zug der Zeit erkannt und diesen Wandel in den Zielsetzungen und Aufgaben schon sehr früh in die Wege geleitet. Vor allem waren es zunächst die Fragen des Umweltschutzes und des Energiesparens, die neue Überlegungen notwendig machten.
Die heftigen öffentlichen Diskussionen über Zwentendorf oder den Wasserkraftausbau, die 1985 in der Krise um Hainburg den Höhepunkt erreichten, haben auch Glaubwürdigkeitsprobleme für den gesamten Wirtschaftszweig gebracht. Die Elektrizitätswirtschaft mußte ihre Zielsetzungen und Aufgaben neu überdenken und formulieren.
Dies wurde in der OKA schon bald in Angriff genommen, und wichtige Meilensteine waren, wie schon erwähnt, die Gründung einer großen Beratungsabteilung, die Aufnahme des Umweltschutzes und des Energiesparens in die Satzungen (1985), der Ausbau der Umweltschutzeinrichtungen bei den Wärmekraftwerken und der Fernwärme sowie die Entwicklung und der Einsatz neuer Energietechniken.
Alle diese Entwicklungen stellten auch große Anforderungen an die Mitarbeiter des Unternehmens. Sie mußten umdenken, sich auf neue Situationen einstellen, lernen, sich ständig weiterzubilden und neue Aufgaben zu übernehmen. Die OKA hat einen Stab ausgezeichneter Mitarbeiter, die sehr gut ausgebildet sind und die das umfangreiche Aus- und Weiterbildungsprogramm gerne in Anspruch nehmen.
Neben diesem Umstellungsprozeß mußten die Mitarbeiter auch ständige, oft unqualifizierte Angriffe auf den Wirtschaftszweig verkraften. Oft wurde das Unternehmen auch in die politischen Auseinandersetzungen hineingezogen.
Bei ständig steigendem Arbeitsumfang, bei gleichzeitiger kollektivvertraglicher Verlängerung von Urlauben und Verkürzung der Arbeitszeit wurde ein beachtliches Rationalisierungsprogramm bei der OKA durchgeführt, obwohl neue Kraftwerke dazugekommen sind, neue Aufgaben, wie die Fernwärme und die Energieberatung. Obwohl die Anzahl der Kunden von 1970 bis 1990 um 126.200 (mehr als ein Drittel) gestiegen ist, ging die Anzahl der Mitarbeiter von 2.791 auf 2.740 im Jahr 1991 zurück. Das Unternehmen konnte diesen Abbau an Personal durch rechtzeitige und konsequente Nutzung des natürlichen Abganges ohne soziale Härte durchführen.
Die Haltung von Generaldirektor *Dr. Wenzl* war hier geprägt vom Bewußtsein der Verantwortung für die Mitarbeiter, aber auch von den Notwendigkeiten einer betriebswirtschaftlichen Unternehmensführung und schließlich auch von den Erfordernissen einer volkswirtschaftlichen Denkweise. In diesem Beziehungsfeld gegensätzlich erscheinender Komponenten einen gangbaren Mittelweg zu finden, war und ist auch für die Zukunft sicher nicht einfach.

Der Blick über den Zaun

Gerade die Energiewirtschaft ist ein Wirtschaftszweig, der sehr stark international bestimmt wird. Rund 67 Prozent der in Österreich verwendeten Energie müssen eingeführt werden. Österreich ist ein wichtiger Partner im europäischen Stromaustausch. Die Entwicklung neuer Energietechniken wird in vielen europäischen Ländern mit unterschiedlicher Intensität betrieben. Ein internationaler Erfahrungsaustausch ist daher wichtiger denn je. In seiner Funktion als Präsident, aber auch als Generaldirektor der OKA hat *Dr. Wenzl* diesen internationalen Erfahrungsaustausch immer gefördert und ihm einen hohen Stellenwert eingeräumt.
Die OKA hat seit 1983 eine Partnterschaft mit der EdF (Electricité de France) in Avignon, mit der es gerade im Bereich der neuen Techniken eine sehr intensive Verbindung gibt. Eine ähnlich formelle Partnerschaft folgte im Jahre 1986 mit Ungarn, und zwar mit dem nordostungarischen Stromversorger EMASZ, und 1990 wurde auch noch eine weitere Partnerschaft mit Prag gegründet. Während in der Zusammenarbeit mit EdF oder deutschen und schweizerischen Unternehmen technische Fragen im Vordergrund stehen, spielen im Verhältnis zu Ungarn und der ČSFR auch gesellschaftsrechtliche und -politische Fragen eine Rolle, die mit der Umwandlung dieser Länder eng im Zusammenhang stehen.
Die OKA wurde aber auch zunehmend für ausländische Besucher interessant, die sich vor allem für die Umweltschutzmaßnahmen bei Dampfkraftwerken, aber auch für die Erkenntnisse im Bereich der Wärmepumpen oder Photovoltaik interessieren.
Mit *Dr. Wenzl* begann hier im Hause eine Öffnung, und konsequenterweise konnten sich auch die Mitarbeiter in den verschiedenen Sachbereichen im Ausland umsehen und weiterbilden.

Das Unternehmen und seine Öffentlichkeit

Jedes Unternehmen hat sein Umfeld, steht mit diesem dauernd in kommunikativer Verbindung und muß dieses Verhältnis zu seiner Umwelt gestalten. Die Frage der Öffentlichkeitsarbeit stellte sich in vermehrtem Maße, je schwieriger die Position der gesamten Branche in der Öffentlichkeit wurde.
Das Verhältnis eines Elektrizitätsversorgungsunternehmens zur Politik, zu den Medien, zu den Kunden ist ein anderes geworden, und es wurde umso besser, je gestalterischer das Unternehmen selbst im Sinne dieser Gruppen agiert hat. Als im Jahr 1972 die große Tagung des VEÖ in Linz stattfand, hielt der erst seit einem Jahr amtierende Landeshauptmann *Dr. Erwin Wenzl* ein Referat, in dem er festhielt, daß sich die Elektrizitätswirtschaft um die Durchsetzung ihrer Projekte in Hinkunft in vermehrtem Maß mit entsprechender Öffentlichkeitsarbeit selbst kümmern müsse und diese Durchsetzung nicht vornehmlich den Politikern überlassen könne. Diese Bemerkung wurde damals entweder nicht in ihrer

Tragweite erfaßt oder ignoriert. Sehr schnell wurde jedoch die Elektrizitätswirtschaft aufgerüttelt.
Die Entwicklung kulminierte schließlich in der Volksabstimmung Zwentendorf (1978) und dem Ereignis um das geplante Donaukraftwerk in Hainburg (1985).
Natürlich war *Dr. Wenzl* im Umgang mit neuen Strömungen besser vertraut als zum damaligen Zeitpunkt die Manager der Elektrizitätswirtschaft. Politischer Erfolg, wie er ihn zweifellos hatte, hängt eben sehr wesentlich mit dem richtigen Gespür für die Menschen zusammen. Dieses Gespür hatte er in die OKA und in die gesamte Elektrizitätswirtschaft mitgebracht. Es war in vielen Bereichen ein neues Denken, an das man sich erst gewöhnen mußte, das sich aber als richtig herausgestellt hat.
Die OKA trat in einen ständigen und vielschichtigen Dialog mit der Öffentlichkeit, mit Meinungsbildnern aus Politik, Verwaltung, Wirtschaft, mit den politischen Parteien, mit Umweltschutzgruppen und insbesondere mit ihren Kunden. Und auch hier vollzog sich ein wichtiger Wandel: Aus dem Stromabnehmer wurde ein Kunde und ein echter Partner. Die Information und in der Folge auch die Beratung des Kunden erhielten im Unternehmen einen hohen Stellenwert. Die Arbeit mit den Medien, das Informationsangebot und der ständige Dialog wurden intensiviert.
Es gab natürlich auch immer mehr Themen und Probleme zu besprechen. Die OKA war bald bei den oberösterreichischen Medien als offenes und informationsfreudiges Unternehmen bekannt. Die Teilnahme an Ausstellungen und Messen, ein immer wichtiger werdendes Informations- und Beratungselement, wurde ganz wesentlich erweitert. Die Schulinformationen, bestehend aus Sachinformation für den Lehrer, Diskussionen sowie Kraftwerksbesichtigungen und Informationsunterlagen für den Schüler, wurden verstärkt angeboten und fanden schließlich einen neuen Weg in der Gründung des Pädagogischen Beirates unter dem Vorsitz des damals amtsführenden Präsidenten des Landesschulrates Dr. Karl Eckmayr. Symposien zu Sachfragen, regelmäßige Referats- und Diskussionsveranstaltungen mit vielen Gruppen und Vereinigungen im Land ergänzten den Dialog mit den Menschen.
So konnten Erfahrungen ausgetauscht, Kritik behandelt und Berührungsängste von beiden Seiten abgebaut werden. Es war seine politische Erfahrung, die der ehemalige Landeshauptmann in die Wirtschaft einbrachte und die in einem Stromversorgungsunternehmen von essentieller Bedeutung ist: Für die OKA und für ihre Arbeit sind das Ansehen und das Vertrauensverhältnis von entscheidender Bedeutung, denn ohne solide Vertrauensbasis werden Kraftwerks- und Leitungsbauten und auch andere Aktivitäten immer schwieriger.
Durch *Dr. Wenzl* hat die OKA hier einen Vorsprung, den es zu halten gilt und an dem hart weitergearbeitet wird, denn die Zukunft braucht eine echte Energiepartnerschaft. Ein Versorgungsunternehmen kann die besten Ideen nur dann durchsetzen, wenn der Kunde aus Überzeugung freiwillig mitmacht.

Energie, Wirtschaft und Umwelt sind keine naturgegebenen Gegensätze. Es ist der Interessenausgleich, der vielleicht oft schwierig zu finden, der aber sehr wohl möglich ist.

Ein neuer Stellenwert in Oberösterreich

Bis in die siebziger Jahre war die Energiewelt auch in Österreich in Ordnung. Die Aufbauarbeit nach dem Zweiten Weltkrieg, der zügige Ausbau der Wasserkraft, der generelle Glaube an Technik und Fortschritt waren für die Elektrizitätswirtschaft gute Voraussetzungen.

Ende der sechziger Jahre kam, bereits angekündigt durch die Studentenbewegung des Jahres 1968, eine Wandlung vieler Werte, die natürlich vor der Wirtschaft und auch vor der Elektrizitätswirtschaft nicht haltmachte. Die OKA mußte sich dieser Entwicklung stellen, auf neue Gedanken und Werte eingehen und ihre Rolle neu definieren, gleichzeitig aber die Verantwortung für das Funktionieren der Stromversorgung übernehmen.

Generaldirektor *Dr. Wenzl* hat beide Dinge erkannt und die richtigen Weichen gestellt. Er hat die OKA geöffnet, die Entscheidungen des Unternehmens transparenter gemacht, die Information und Beratung des Bürgers sehr stark forciert. Im Sinne eines neuen Verhältnisses zum Stromkunden hat er damit begonnen, das Unternehmen in ein Dienstleistungsunternehmen umzuwandeln. Die Meinung und die Wünsche der Stromkunden wurden in die Zielsetzungen des Unternehmens aufgenommen, sodaß es gelungen ist, trotz aller Kritik und Diskussionen ein tragfähiges Vertrauensverhältnis zwischen Kunden und OKA zu erhalten.

Gleichzeitig gelang es, wichtige Kraftwerksprojekte und auch Leitungsbauten zu verwirklichen, die für die Stromversorgung der Zukunft von entscheidender Bedeutung sind. Schließlich hat sich die OKA im Bereich der Energieberatung und der Anwendungsforschung bei der Bevölkerung eine hohe technische Kompetenz erworben, die vom Fachwissen und vom Einsatz ihrer Mitarbeiter getragen wird.

Innerhalb der österreichischen Elektrizitätswirtschaft, und darüber hinaus auch im Ausland, hat das Unternehmen in vielen Bereichen ein gutes Ansehen.

Der Politker *Dr. Wenzl* hat seinen politischen Instinkt, der zweifellos das Geheimnis seines Erfolges war, in die Wirtschaft miteingebracht und, verbunden mit seiner Begabung als Manager, für die OKA und für die österreichische Elektrizitätswirtschaft erfolgreich und zukunftsorientiert gewirkt.

Der Präsident der LIMAK

Gerhard Stürmer

Praxisnahe Weiterbildung für Führungskräfte

Die Linzer Internationale Management-Akademie (LIMAK) wurde in Kooperation zwischen Wirtschaft, öffentlichem Sektor, Interessenvertretungen und Universität Linz gegründet. Grundlegendes Ziel der LIMAK ist die Förderung der Managementaus- und -weiterbildung. Mit der Gründung der LIMAK folgt die Johannes-Kepler-Universität der Struktur amerikanischer Business Schools: Der studentischen Ausbildung steht als zweite Säule die Weiterbildung von Führungskräften gegenüber.

Die institutionelle Verbindung stellt die Eingliederung der LIMAK als Universitätsinstitut dar. Die personelle Verbindung wird durch die Besetzung des wissenschaftlichen Leiters und des wissenschaftlichen Beirats der LIMAK geleistet, der Professoren aller Fakultäten einschließt.

Das Generalmanagement-Programm der LIMAK beinhaltet ein internationales Management-Trainingsprogramm in Zusammenarbeit mit der Linzer Kepler-Universität und der Emory Business School in Atlanta (USA).

Das LIMAK-Programm für Generalmanager dient dazu, Führungskräfte auf ihre Führungsfunktion vorzubereiten und den Generalmanager mit jenem Wissen und Fähigkeiten auszustatten, die er braucht, um den ständig steigenden Anforderungen gerecht zu werden. Zu den Themen gehören unter anderem Strategie, Marketing, Organisation, Führung, Controlling sowie ein begleitendes Sprachtraining und Aktivierungsprogramm. Es ist das Verdienst von *Dr. Erwin Wenzl*, daß er in einer kritischen und schwierigen Phase um die Jahreswende 1989/90 nach einem Gespräch mit Generaldirektor *Dr. Ludwig Scharinger*, einem LIMAK-Gründungsmitglied, und dem Autor bereit war, die Präsidentschaft der LIMAK zu übernehmen. Wie sich bald zeigte, kam hier Präsident *Dr. Wenzls* Geschick in organisatorischen Fragen der LIMAK besonders zugute. Über alle politischen Lager hinweg entwickelt *Dr. Wenzl* jene wichigen Initiativen, die der LIMAK neuen Schwung geben. Als nächste Aufgabe steht die Sicherung des Bergschlößlausbaues in Linz und die Errichtung eines Gästehauses bevor, um der LIMAK als Business School einen festen Sitz zu geben.

Daten und Zahlen

Erwin Wenzl

2. August 1921: in Annaberg, Bezirk Lilienfeld (NÖ), geboren
April 1929: Übersiedlung nach Wolfsegg, Bezirk Vöcklabruck (OÖ.), aus beruflichen Gründen der Eltern
1932 bis 1938: Humanistisches Gymnasium Kollegium Petrinum Linz
1938 bis 1940: Staatsgymnasium Linz
26. Februar 1940: Matura
19. April bis 30. August 1940: Reichsarbeitsdienst
September 1940 bis Februar 1941: Universität Wien, juridische Fakultät
4. Februar 1941 bis 27. April 1945: Funker bei der 10. Kompanie, III. Abteilung, IV. Luftnachrichtenregiment
November 1941 bis Juni 1944: Rußland, Rumänien, Ungarn; letzter Dienstgrad: Obergefreiter
Oktober 1945 bis Juli 1947: Universität Innsbruck, juridische Fakultät
19. Juli 1947: Promotion zum Doktor beider Rechte
1. Oktober 1947: Sekretär im Raiffeisenverband Oberösterreich, Linz, und im Personalstand der Landwirtschaftskammer für Oberösterreich
1. Juli 1964: Ernennung zum Oberlandwirtschaftsrat
1. Jänner 1952 bis 30. November 1968: Landesparteisekretär der ÖVP Oberösterreich
23. Oktober 1955: Abgeordneter zum oberösterreichischen Landtag
19. November 1955: Landesrat (für Straßen- und Bauwesen)
24. Jänner 1966: Landeshauptmann-Stellvertreter
1. Dezember 1968: Landesparteiobmann der ÖVP Oberösterreich
30. Jänner 1969: Ehrensenator der Kepler-Universität Linz
3. Mai 1971: Landeshauptmann von Oberösterreich (bis 19. Oktober 1977)
16. Oktober 1973: Wiederwahl zum Landeshauptmann
8. Oktober 1974: Ernennung durch Papst *Paul VI.* zum Ritter vom Großkreuz des Päpstlichen Silvesterordens
11. März 1975: Verleihung des Großen Silbernen Ehrenzeichens am Bande für

Verdienste um die Republik Österreich durch Bundespräsident *Dr. Kirchschläger*
22. Februar 1977: Ehrenring der Landeshauptstadt Linz
8. Juni 1977: Übergabe des Bayerischen Verdienstordens durch Ministerpräsident *Dr. Alfons Goppel* in München
19. Oktober 1977: Zurücklegung der Funktion des Landeshauptmannes von Oberösterreich aus gesundheitlichen Gründen
31. Oktober 1977: Kündigung des Dienstverhältnisses bei der Landwirtschaftskammer Oberösterreich
1. November 1977: Generaldirektor und Vorsitzender des Vorstandes der Oberösterreichischen Kraftwerke AG (OKA Oberösterreich) (bis 31. Oktober 1989)
3. November 1977: Zurücklegung des Mandats als Abgeordneter des oberösterreichischen Landtages
25. November 1977: Akademischer Ehrentitel „Ehrenmitglied der Hochschule für künstlerische und industrielle Gestaltung", Linz
31. Oktober 1989: Pensionierung als OKA-Generaldirektor

Der (nach den Landtagswahlen) singende Löwe Wenzl.

Sieger im Motocross-Hindernisrennen, Habakuk, 21. Oktober 1973.

Für Erwin Wenzl, herzlichst gewidmet von Ironimus, 1973.

Laßt's mi wenigstens über die Feiertag außi!
Florian, OÖ. Nachrichten, 21./22./23. April 1973.

Der „Löwe" von Linz, Ironimus, Wochenpresse, 8. August 1973.

Aufgespießt
VON FLORIAN
HERR LANDESHAUPTMANN!

LÖWENSAFARI AUF OBERÖSTERREICHISCH.

FLORIAN

Die „Zielbewußten", Halbzeitbilanz, Florian.

Rudolf Dirr, Arbeiterzeitung, 4. Oktober 1977.

Wenzl in Ruhe, Ironimus, Die Presse, 4./5. Oktober 1977.

„Im Land der aufgehenden Sonne", Florian, OÖ. Nachrichten, 1977.

Die Autoren dieses Buches

Gabriele **Beran**
Redakteurin und Verfasserin von Informationen für Energiewirtschaft, Umwelt und Technik.

Theodor **Detter**
Dr. jur., Kommerzialrat, Generaldirektor der Versicherung „Collegialität", Versicherungsverein auf Gegenseitigkeit, Wien, seit 1983, Präsident der Arbeitsgemeinschaft Katholischer Verbände seit 1979.

Karl Albert **Eckmayr**
Dr. phil., Professor, Direktor der Pädagogischen Akademie des Bundes von 1968 bis 1973, Gemeinderat von Linz von 1973 bis 1979, amtsführender Präsident des oö. Landesschulrates von 1973 bis 1989, Landeshauptmann-Stv. von Oberösterreich seit 1989.

Johann **Grünn**
Dkfm., Kommerzialrat, ÖVP-Abgeordneter zum Landtag vom 19. Oktober 1960 bis 25. März 1967, Generaldirektor-Stv. der VOEST-ALPINE AG von 1976 bis 1982.

Leo **Habringer**
Landesparteisekretär der SPÖ von Oberösterreich von 1967 bis 1974, Mitglied des Bundesrates von 1967 bis 1973, zweiter Präsident des oö. Landtages von 1973 bis 1982, Landesrat von 1982 bis 1991.

Josef **Hackl**
Regierungsrat, Sekretär des Klubs der ÖVP-Landtagsabgeordneten von 1961 bis 1982, Generaldirektor der OÖ. Versicherung seit 1982.

Wilfried **Haslauer**
Dr. jur., Kammeramtsdirektor der Handelskammer Salzburg von 1959 bis 1973, Landeshauptmann von Salzburg von 1977 bis 1989.

Gottfried **Heindl**
Dr. phil., Ministerialrat, Chefredakteur des ÖVP-Pressedienstes von 1955 bis 1961, Hauptgeschäftsführer in der ÖVP-Bundesparteileitung von 1961 bis 1966, Leiter des österreichischen Kulturinstitutes in New York von 1966 bis 1970, Leiter der Bundestheaterverwaltung von 1970 bis 1971, Direktor für kulturelle Angelegenheiten im Bundestheaterverband von 1971 bis 1989.

Franz **Hiesl**
Landtagsabgeordneter von Oberösterreich seit 1985, Landesparteisekretär der ÖVP von Oberösterreich seit 1988, Klubobmann des ÖVP-Landtagsklubs seit 1991.

Leopold **Hofinger**

Landwirt „Moar z' Parschallern" in Grieskirchen, Abgeordneter des oö. Landtages seit 1973, Landesrat für Land- und Forstwirtschaft seit 1978, Obmann des OÖ. Bauern- und Nebenerwerbsbauernbundes seit 1984.

Wolfgang **Holzinger**

Dr. jur., Rechtsanwalt in Braunau, ÖVP-Hauptbezirksparteiobmann in Braunau von 1969 bis 1979, Vorsitzender des Aufsichtsrates der Vereinigten Metallwerke Ranshofen-Berndorf von 1958 bis 1980.

Sepp **Käfer**

Dr. phil., Hofrat, Direktor des Bundesoberstufenrealgymnasiums in Grieskirchen von 1975 bis 1986.

Peter **Klar**

Chefredakteur des Neuen Volksblattes seit 1971.

Helmut **Kukacka**

Mag. rer. soc. oec., Landesparteisekretär der ÖVP von 1973 bis 1986, Generalsekretär von 1987 bis 1990, Landesrat für Bauten und Umwelt, Abgeordneter zum Nationalrat seit 1990.

Ernest **Kulhavy**

Dkfm., Dr., O. Univ.-Prof., Vorstand des Institutes für Handel und Marketing an der Johannes-Kepler-Universität in Linz seit 1966, Rektor der Johannes-Kepler-Universität Linz von 1989 bis 1991.

Otto **Lackinger**

Dr., Professor, Wirkl. Hofrat, Leiter der Statistischen Abteilung der oö. Landesregierung von 1955 bis 1985.

Albert **Leibenfrost**

Dr. jur., Leiter der Abteilung Industrie der Handelskammer Oberösterreich von 1949 bis 1980, Abgeordneter zum Nationalrat von 1975 bis 1980, Landesrat für Wirtschaft der oö. Landesregierung von 1980 bis 1990.

Hannes **Leopoldseder**

Dr. phil., Landesintendant des ORF-Landesstudios Oberösterreich seit 1974.

Andreas **Maurer**

Ökonomierat, Abgeordneter zum nö. Landtag ab 1959, Landesrat für Land- und Forstwirtschaft ab 1964, Landeshauptmann von Niederösterreich von 1966 bis 1981, ÖVP-Landesparteiobmann von März 1967 bis November 1980, seit November 1980 Ehrenobmann der ÖVP Niederösterreich.

Wilhelm **Mayr**

Mitinhaber der Werbegesellschaft MMS, Linz, Landessekretär der Jungen ÖVP Oberösterreich von 1960 bis 1968.

Ignaz **Ömer**

Leiter der Presseabteilung der Oberösterreichischen Kraftwerke AG seit 1984, Gemeindevorstand in St. Marien von 1979 bis 1985, Gemeinderat von 1985 bis 1991.

Walter **Pasteyrik**

Dr. jur., Pressereferent der ÖVP-Landesparteileitung Oberösterreich von 1955 bis 1987.

Friedrich **Peter**

Hofrat, Landesschulinspektor i. P., Abgeordneter zum oö. Landtag von 1955 bis 1966, Abgeordneter zum Nationalrat 1966 bis 1986, Bundesobmann der FPÖ von 1958 bis 1978, Obmann des Klubs der Nationalratsabgeordneten der FPÖ von 1970 bis 1986.

Eduard **Ploier**

Direktor des Bildungshauses Schloß Puchberg bei Wels seit 1970, Präsident der Katholischen Aktion Österreichs von 1976 bis 1986, Präsident der Katholischen Aktion der Diözese Linz seit 1972.

Josef **Pühringer**

Dr. jur., Landesparteisekretär der ÖVP von 1986 bis 1987, Landesrat für Bauten und Umweltschutz seit 1987.

Josef **Ratzenböck**

Dr. jur., Landesparteisekretär der ÖVP von 1953 bis 1977, Landesparteiobmann der ÖVP Oberösterreich seit 1977, Landesrat für Finanzen und Kultur ab 1973, Landeshauptmann seit 1977.

Ludwig **Scharinger**

Mag., Dr. rer. soc. oec., Kommerzialrat, Generaldirektor der Raiffeisenlandesbank für Oberösterreich seit 1985.

Josef **Simbrunner**

Dr. jur., Generaldirektor der Oberösterreichischen Kraftwerke AG seit 1989.

Harry **Slapnicka**

Dr. jur., Prof., Chefredakteur des Linzer Volksblattes von 1961 bis 1971, Leiter der Abteilung Zeitgeschichte am OÖ. Landesarchiv von 1971 bis 1983, Autor von zehn Büchern zur Zeitgeschichte.

Wolfgang **Sperner**

Professor, Chefredakteur-Stv. des Neuen Volksblattes von 1971 bis 1989, Autor von Büchern und Hörbildern, Publizist.

Roland **Spitzlinger**

Direktor des Bildungszentrums St. Magdalena des Raiffeisen-Bildungs- und -Förderungsvereins seit 1980, Gemeinderat von Traun seit 1973, Stadtrat von Traun seit 1985.

Max **Streibl**

Dr. h. c., Ministerpräsident des Freistaates Bayern seit 1988, Generalsekretär der CSU von 1967 bis 1971, Staatsminister für Landesentwicklung und Umweltfragen von 1970 bis 1977.

Gerhard Karl **Stürmer**

Dr. rer. soc. oec., Univ.-Lektor für Marketing an der Universität Linz, Gemeinderat von Linz seit 1973.

Rudolf **Trauner**

Kommerzialrat, Senator h. c. der Johannes-Kepler-Universität Linz, Druckereibesitzer, Abgeordneter zum oö. Landtag von 1971 bis 1991, Landesrat für Wirtschaft von 1971 bis 1980, dritter Präsident des oö. Landtages von 1985 bis 1991, Präsident der Kammer der gewerblichen Wirtschaft von 1980 bis 1990.

Allen bei der Gestaltung und Herausgabe Mitwirkenden
wird bestens gedankt,
insbesondere Frau Gabriele Beran, Herrn Ignaz Ömer und
Herrn Professor Wolfgang Sperner.

Für die freundliche Zurverfügungstellung
der Bilder auf Seite 125 danken die Herausgeber
Herrn Kreativ-Direktor Rainer Sery,
Werbeagentur Sery, Linz